# Zu diesem Buch

«In den ‹kalamazonischen Reden› reagiert Bernd Wagner auf die sich überstürzenden Ereignisse in der DDR, jenem untergegangenen Staat ‹Kalamazonien› (einer Wortkreuzung aus ‹Kalamität›, ‹Zone› und ‹Amazonien›), dem er keine Träne nachweint. Er rechnet ab, ruft in Erinnerung, spricht Tacheles, damit das, was hinter ihm liegt, nicht gleich wieder den Weg des Vergessens nimmt. Er läßt die jahrelang angestaute Wut aus dem Koffer, ohne sich jedoch seinem Zorn oder der Larmoyanz zu überlassen. Mit viel Witz und lustvoller Neugier antwortet er auf die Irritationen und Verwerfungen der ‹Wende›. Das ist ein ganz neuer Ton, der sich hier Luft macht.» («Nürnberger Nachrichten»)

Bernd Wagner, geboren 1948 in Wurzen, war Dorfschullehrer, Mitherausgeber der Ost-Berliner Untergrundzeitschrift «Mikado» und übersiedelte 1985 von Ost- nach West-Berlin. Er veröffentlichte Erzählungen, Lyrik und Essays.

1992 erhielt Bernd Wagner Einsicht in die Akte, die der Staatssicherheitsdienst der DDR über ihn angelegt hatte. Im Anschluß daran wurde «Die Wut im Koffer» überarbeitet und erweitert: Es entstanden die kalamazonischen Reden 10 und 11.

Bernd Wagner

# Die Wut im Koffer

*Kalamazonische Reden*
*I – II*

rororo
Rowohlt

Lektorat: Ingrid Krüger

Erweiterte Neuausgabe
Veröffentlicht im Rowohlt Taschenbuch Verlag GmbH,
Reinbek bei Hamburg, April 1993

Umschlaggestaltung Walter Hellmann

Gesamtherstellung Clausen & Bosse, Leck
Printed in Germany
1490-ISBN 3 499 13253 2

1

# Blitzschlag, Angst und Vaterlandsliebe

*Rede an die Kreuzberger Sperlinge*

Obwohl ihr euch versteckt, werde ich zu euch reden, denn ich weiß, daß ihr da seid, unter der Dachrinne und im Knöterich, so wie auch ich noch da bin, obwohl ich mich verstecke hinter Vorhängen, im Kohlenkeller und in Paris. Ich werde zu euch reden, auch wenn ich mich wochenlang nicht auf dem Balkon habe blicken lassen, obzwar ich oft im Begriff dazu war, doch jedesmal, wenn ich den Mund aufmachen wollte, kam eine neue Nachricht dazwischen, die das, was mir auf der Zunge lag, einholte, widerlegte und lächerlich machte.

Und obwohl es jetzt nicht anders ist, obwohl die Fensterscheiben unseres Hauses eingeworfen sind, obwohl die Dachdecker das Dach entdecken, obwohl alles Treibsand ist, obwohl meine Rede konfuser und verwirrter denn je sein wird, obwohl ihr euch taub stellt und zu zwitschern beginnt zum Zeichen dafür, daß ihr nichts hören wollt, werde ich zu reden beginnen, denn ich weiß, auch ihr hört mit den Schnäbeln.

Ich muß zuerst vom geheimsten und schändlichsten Teil meines Wesens zu euch reden, von meiner Angst, und das, obwohl ich mir nicht einmal sicher bin, ob ich von ihr noch in der Gegenwart, in der vollendeten Vergangenheit oder schon wieder in der

Gegenwart reden soll, weil sich ihr größter Teil unterwegs in besoffene Freude wandelte und nun, diffus gemischt, aber in konkreter Gestalt, um mich ist.

Ihr kennt den Egoismus und die Kleingläubigkeit, aus dem diese Angst wächst, so wie ihr von der Hinfälligkeit des Glückes wußtet, das mich vorher euch zujubeln ließ und über das ihr genauso gespottet habt wie jetzt über meine Furcht. Ihr könnt dafür zeugen, daß ich schon immer mehr Angst als Vaterlandsliebe hatte!

Ich werde von dieser Angst reden, wie ich von ihr geredet hätte, als ich sie noch hatte, nackt und sauber.

Ich habe Angst, wollte ich sagen, daß etwas endet, was für mich gerade erst begonnen hatte und von dem ich nie wissen werde, ob es je auszuschöpfen gewesen wäre; ein unaufhörlicher Anfang.

Ich habe Angst, wollte ich sagen, daß die wuchernde Insel, auf der ich lebe, aufhört eine Insel zu sein, Angst, daß es Westberlin, der einzige Ort, an dem ich in Deutschland leben kann, nicht mehr geben wird, daß das Floß unter den Füßen zersplittert, die Eisscholle schmilzt, daß wir Schiffbrüchigen, die sich schon gerettet glaubten, wieder ins Meer hinausgetrieben werden und wie alle anderen schwimmen müssen.

Ich habe Angst, wollte ich sagen, daß ich aus Verhältnissen gerissen werde, die mich nichts angehen, und ich wieder mit Menschen zu tun haben soll. Mit Menschen, deren Geschichte ich kenne, an der man mich wieder beteiligen will, obwohl ich mich von ihr verabschiedet habe. Daß ich nicht mehr Voyeur sein darf und wieder agieren soll.

Ich habe Angst, nicht mehr Einzelner sein zu können und damit nicht mehr frei. Ich habe jämmerliche Angst, nichts Besonderes mehr zu sein und nichts Besonderes mehr zu besitzen, da es alle haben können und es keiner Entscheidung mehr bedarf und nicht den Verzicht auf anderes bedeutet.

Ich habe Angst, daß mein Entschluß, aus der DDR zu gehen, der doch als wirkliche Entscheidung gedacht war, revidiert und zum Fehler, ja, mehr als zum Fehler, als einfach unnütz erklärt wird. Der Schlußstrich, wollte ich sagen, den ich gezogen habe, wird ausradiert, weil ich nicht weit genug gegangen bin, nicht wirklich weg; weil ich das Spiel von Nähe und Ferne auskosten wollte, das Beteiligt- und Nichtmehrgetroffensein, das Leben auf der schmalen Brücke zwischen den Welten. Ich habe Angst, daß jetzt alle meine Geheimnisse entdeckt werden, die im Leben zwischen diesen Welten möglich sind. Auch das Geheimnis meiner Kunst, das darin besteht, von etwas zu erzählen, das keiner kennt.

Jetzt kommt es in eigener Gestalt über die Grenzen. Jetzt kommt meine eigene Vergangenheit (die es auch noch von sich weist, das zu sein), dieses tiefste Geheimnis, das nur mir gehörte, das mich heraushob, mir einen Namen gab, die Vergangenheit, die zu ergründen, zu imaginieren, zu verwandeln, meine geheimste Aufgabe war und es mir ermöglichte, ein Fremdling zu bleiben.

Ich habe Angst, kein Fremdling mehr zu sein. Ich habe Angst, daß diese Vergangenheit mich einholt und mir etwas von einer Zukunft vorfaselt. Ich will keine Zukunft, wollte ich euch sagen, ich hasse die Zukunft wie die Vergangenheit, ich will die unaufhörliche Gegenwart!

Ich will, daß alles so bleibt, wie es ist, wollte ich sagen. Ich will keine Veränderung, ich will nie mehr eine Wende, außer der, die ich selbst vollziehe.

Ich will nicht, daß die Geschichte wieder von vorn beginnt, ich will ihren unwiderruflichen Stillstand, ich will ein für allemal drüben den Stalinismus und Batman hier; ich will nicht die Einheit, ich will die Unterschiede, ich will die Trennung Europas in eine erste und zweite Welt und daß ich zur ersten gehöre.

Ich will die Mauer, ich brauche sie, denn ich bin schutzlos. Ich habe Angst, wollte ich sagen, daß die Grenze fallen wird zwischen dem Reich des Alten und des Neuen, des Bösen und Guten; jene Grenze, die blieb, auch wenn ich die Reiche vertauschte und mit ihnen die Etikette.

Ich habe Angst, mich geirrt zu haben, wollte ich sagen, mich und andere grundlegend und in allem getäuscht zu haben, weniger in der Entscheidung, das Land, das mich krank machte, zu verlassen, als in der Art, diese Entscheidung zu begründen; im Haß und in der Verachtung, die man zu brauchen glaubt, um sich von etwas zu lösen, die man sammelt, um diese Lösung möglich zu machen, wie die Schlange Gift im Zahn sammelt und die im nachhinein in einer unaufhörlich sich selbst feiernden Umgebung verstärkt wird. Ich habe Angst, diese Verachtung und diesen Haß zu verlieren, Angst vor neuem Wohlwollen, neuer Sympathie, innerem Beteiligtsein und der Angst, nicht tatsächlich beteiligt zu sein.

Ich habe Angst, nicht mehr recht gehabt zu haben und nicht mehr im Recht zu sein. Daß mich jeder Tag widerlegt, eine neue Lüge, einen neuen Irrtum, Verrat und ein Meer von Neid, Eifersucht und abgrundtiefer Schlechtigkeit in mir offenbart. Denn ich habe Angst, etwas verpaßt zu haben, etwas zu verpassen. Nicht dabeizusein beim großen Reinemachen, das ich mir nie anders vorgestellt habe als ein um zwanzig Jahre verspätetes Zurückbringen von leeren Flaschen.

Meine Flaschen stehen drüben. Jetzt kassieren andere das Pfand, wenn es sie überhaupt interessiert und sie nicht vielmehr den Spaß am Polterabend der großen Hochzeitsfeier vorziehen oder sonst etwas, wovon ich keine Ahnung habe.

Ich wollte sagen, ich habe Angst vor dem Volk von Revolutionären, von dem ich mich als von einer Masse von Duckmäusern, Opportunisten und Psychopathen verabschiedet habe. Mich packte die Angst, kurz nachdem mich die Freude geschüttelt hatte, weil dieselben Leute, vor deren Sprachlosigkeit ich geflüchtet bin, plötzlich ihre Sprache fanden. Habt ihr es gehört? Die sächsische Rede blüht in den Foren, die Friseuse wird zum Tribun und verkündet, was die Funktionärsfrau unter der Haube ausplaudert. Wenn alle sprechen, was bleibt dann für mich noch zu reden übrig? Soll ich etwa zu tschilpen beginnen?

Ich hatte das Gefühl, als öffnete man mit schnellen

Meißelschlägen meinen Brustkorb, schnitt meine Bauchdecke auf und weidete mich aus: das Banner, die Transparente, die über allem wehten, waren meine blutigen Eingeweide; Herz, Leber, Nieren auf Spießen: *Ich* war der, der jetzt endlich an den Pranger gestellt wurde, *ich* war der Betrüger und Mafioso, *ich* war der Kollaborateur, der sich aus dem Staub gemacht hatte, während andere tapfer ausharrten, und die ganzen Kinkerlitzchen vorher waren nur schäbige Tricks, um mich im Westen einzukratzen. *Ich* habe jeden an jeden verraten, *ich* bin Stalin, Ulbricht, Hitler, Honecker, *ich* gehöre gerädert, gevierteilt, gehängt, geteert und gefedert.

Ich habe Angst, wollte ich euch zurufen, panische Angst vor dem Tag der großen Einheit. Ich habe keine Angst vor der wirklichen Kernfusion. Ich habe Angst vor der Kernfusion von Dummheit, Verdrängung, Arbeitswut und Lüge.

Ich habe Angst, daß auf all die getrennten Einzellügen nun die große definitive Gesamtlüge folgt, die große Verbrüderung. Ich hasse die Verbrüderung! Ich habe Angst vor der zweiten Kollektivierung, der dritten, diesmal unentrinnbaren Verstaatlichung meiner Person.

Ich habe Angst, daß auf die Einheitspartei der Einheitsstaat folgt, daß die beiden Hände auf dem Emblem sich nur fester umklammern und mich zerquetschen, und daß, wenn mein wäßriges Blut heruntertropft, alle schreien: Seht nur, wie dünn, kein Vitamin B mehr, keine Minerale mehr drin, alle Enzyme vom Alkohol längst herausgewaschen!

Alles wird sich vereinigen: Die Schafe werden sich

vereinigen und die Schlächter, die Flugzeuge werden sich vereinigen, die Kartoffelkäfer, die Postbeamten und die Müllabfuhr, die Familien werden sich vereinigen, die Banken und Behörden werden sich vereinigen, die Finanzämter werden sich vereinigen (das erste, was ich von der Vereinigung fordere, ist ein allgemeiner Schuldenerlaß!), die Geheimdienste werden ihre Dossiers zusammenlegen, Bockwurst und Bier werden sich vereinigen, Nieder- und Oberburschla, Berlin wird sich vereinigen, der KOB und der ABV werden sich vereinigen, der Harz wird sich vereinigen, der Himmel wird sich vereinigen und der deutsche Wald!

Ich wollte euch sagen: Nie wieder will ich Pilze suchen in einem deutschen Wald. Ich will das ewige Tschernobyl, ich will die Angst vor Berührung und Ansteckung, ich will meine Einsamkeit und Phobie leben, ich will den Westkurs «Lerne leben ohne Vereinigung» weiterführen und ins «Café Zufall» gehen können, ohne daß mein Barhocker von meinem alten, verlassenen Ost-Ich besetzt ist! Ich habe Angst, daß nichts mehr bleibt, wie es ist, und es nie wieder so wird!

Alle diese Dinge wollte ich sagen, auch wenn sie euch weniger interessieren als die trocknen Weißbrotkrümel, um die ihr gerade streitet. Ich habe übrigens von einer toten und längst vermoderten Angst gesprochen, falls ihr es nicht gemerkt habt. Ich weigere mich, welche zu haben, wenn es keine Leistung mehr ist. Es ist lächerlich und überflüssig: Wir sind in allem bereits mittendrin.

Inzwischen ist die Welt tatsächlich eine andere geworden. Inzwischen ist vor unseren Augen ein anscheinend festes Gebäude zusammengestürzt, vom Dachstuhl abwärts alle Stockwerke in einem Zug mit sich nehmend bis hinunter zum Keller, dessen Decke allerdings hielt. Darunter werden die Öfen mal wieder mit Akten geheizt.

Inzwischen ist auch die Mauer gefallen, von der mittlerweile jeder begriffen hat, daß sie West-Berlin vor der DDR schützte und nicht umgekehrt. Inzwischen habe ich die furchtbaren Löcher, die man in sie schlug, auch von der Ostseite aus gesehen. Von dort, von der Bernauer, von der Bornholmer Straße aus betrachtet, sind sie doppelt so groß. Ich durfte zum erstenmal seit vier Jahren wieder den Stadtteil besuchen, in dem ich ein Jahrzehnt gelebt habe, und wußte nicht, was mich mehr irritierte, das, was ich sah oder wie ich es sah. Ich kann mit meiner Reaktion bestätigen, was ich schon lange ahnte, nämlich, daß der Mensch konditionierbar ist wie ein Pawlowscher Hund, daß er davon geprägt ist, was er hört, riecht, frißt, trinkt, liest und sieht. Ich sah eindeutig mit den Augen eines Westberliner Kostgängers am Tisch des Arbeitsamtes III.

Mit der Mauer ist das schmutzigweiße Schamtuch gefallen, die Begründung für die Häßlichkeit, die ich plötzlich sah. Übriggeblieben ist die nackte Armut eines Hinterhofs und die Schönheit stehengebliebener Zeit (oder vielmehr außer Kraft gesetzter *menschlicher* Zeit, in der Abläufe nur noch als Verfall sichtbar werden, den der ungestörte Wechsel der Jahreszeiten hinterläßt), die Nachkriegskulisse einer

Unterwelt, über der das glitzernde Westberlin seine Feste feiern konnte, ohne sich durch den Anblick seiner armen Nachbarn stören lassen zu müssen.

Es gibt eine Erzählung von Eliade, in der die Situation eines an seinen Heimatort zurückkehrenden Fremden oder Emigranten geschildert wird, wie es deutlicher nicht möglich ist. Der Held wird auf dem Nachhauseweg von seinem Stammlokal vom Blitz getroffen, überlebt, erfährt dadurch die schamanistische Initiation, irrt die folgenden Jahrzehnte durch das Europa des Kriegs, Nachkriegs und kehrt schließlich als Hundertjähriger, der alle Gefahren und Geheimnisse dieser Welt kennengelernt hat, in seine Heimatstadt Bukarest zurück. Er sucht sein Stammlokal auf, fragt den Portier (der ihn problemlos wiedererkennt) nach den Herren Soundso und Soundso, ob sie noch leben. «Aber natürlich, da drinnen sitzen sie.» Sie sitzen tatsächlich alle um den Tisch, wie er sie verlassen hat, sein Platz ist frei und die Spielkarten liegen umgekehrt auf dem Tisch. «Wo warst du so lange?» begrüßen sie ihn. «Was hast du so lange auf der Toilette gemacht, spiel endlich aus.» Er versucht ihnen zu erklären, daß inzwischen vierzig, fünfzig Jahre vergangen sind. Vergebens. Er versucht ihnen klarzumachen, daß es inzwischen eine große Revolution gegeben hat, einen Zweiten Weltkrieg, daß inzwischen die Atombombe erfunden und gezündet worden ist. – Sie glauben ihm nicht.

Ich möchte damit nur die Fremdheit illustrieren, die möglich ist bei der Wiederbegegnung von Menschen, deren Wege sich getrennt haben. Ich behaupte nicht, daß in den Gesichtern, die ich in meiner Stammkneipe wiedertraf, die Zeit stehengeblieben war. Nein, in ihnen waren die Spuren eines Blitzschlags zu sehen, der nicht weniger intensiv war als die Stöße aus dem Stromnetz, an das ich inzwischen angeschlossen bin.

Das so schwer Faßbare an Berlin ist, daß diese zwei unterschiedlichen Welten, diese verschiedenen Zeitrhythmen so dicht nebeneinander existierten. Jetzt, wenn die Nachbarn durch die Breschen in der Mauer hereinströmen, geschieht nichts anderes, als daß der proletarische Osten Berlins, das verkommene Umland der Schießplätze und Wälder wieder von seiner Stadt Besitz nimmt. Das erschreckt. War das Schaudern, wenn man das Nachkriegsmuseum DDR besuchte, immer ganz wohlig (so wie wenn man sich nach zu vielen Farbfilmen mal wieder einen Schwarzweißstreifen ansieht), so treten jetzt die härteren Züge dieser Zeit nach vorn.

Das bezieht sich nicht nur auf die wie bei Fliegeralarm leergefegten und dunklen Straßen des Prenzlauer Bergs. Die Traumata der Flüchtlingsströme zu Kriegsende werden bei denjenigen, die sie erlebt haben, wieder wach, wenn sie jetzt in einen Zug von Dresden oder Görlitz nach Berlin geraten. Die gesamte Bevölkerung läßt alles stehen und liegen, nimmt die Säuglinge auf die Arme und die Alten aufs Kreuz und stürmt die Züge in Richtung Westen, um einen Hunger zu stillen, der nicht wie damals dem Brot gilt, sondern allem, was mehr als «das Brot allein» ist: nach Süßem, Farbigem, Unnützem, Neuem.

Das unverkennbar Barbarische, das nach den ersten Nächten und Tagen der fassungslos geöffneten Herzen durchbricht, berührt unangenehm. Aber es handelt sich ja schließlich um eine Völkerwanderung! Und es entspricht genau der Hemmungslosigkeit, mit der die Mauer, so wie sie gebaut, über Nacht wieder aufgerissen wurde, als wäre sie nur ein Trick in einem bösen Spiel gewesen: Es war ja alles nicht wahr, wir haben zwei Jahrzehnte nur so getan als ob...

Über der geöffneten Mauer liegt der Geruch nach verbrannter Erde: Wenn unsere Mauern in Wandlitz fallen müssen, dann sollen sämtliche Mauern fallen. Steht man mit dem Rücken zur Wand, erinnert man sich an die Nützlichkeit von Türen: auch der eigene Fluchtweg soll frei sein.

Auch das ist inzwischen Geschichte, sagt ihr, auch dieser Kaffee ist schon wieder kalt? Ihr habt recht, inzwischen geht es um andere Dinge, nicht um das Überleben einer Machtclique (da muß ich mir keine Sorgen machen, die kommen schon durch?), inzwischen geht es um das Überleben eines ganzen Staates, eines zweiten gesellschaftlichen Modells in Deutschland, das überall in der Welt, wo sich eine Regierung darauf beruft, am Zusammenbrechen ist.

Trotzdem muß ich darauf bestehen, nichts zu überstürzen. Lassen wir unsere Rede von der Rasanz der DDR-Ereignisse nicht jagen. Dort hat man einfach lange genug zugesehen, was rundum passierte, um dann, als das Faß voll war, mit deutscher Gründlichkeit und sächsischer Ruhe an jedem Montag ein neues Dezennium einzuläuten.

Ja, ich war inzwischen in Leipzig, und ich kann euch versichern, das war lustig, wenn auch nicht nur. Leipzig ist immer noch Leipzig, am Tag gehn die Sachsen arbeiten, einkaufen, sitzen gemütlich im «Café Corso», aber wenn es dunkel wird, stehen sie alle auf dem Opernplatz, zu dem sie wieder Augustusplatz sagen, holen ihre Transparente und schwarzrotgoldenen Fahnen raus, aus denen sie das DDR-Emblem geschnitten haben, und beginnen sich anzuschreien, daß einem himmelangst werden kann. Bis jetzt ist es aber noch ein Kriegs-*Spiel*, ein Ritual, das alle zivilisierten Urvölker vollführen, wenn sie der Hafer sticht, sie aber keine Lust haben, sich wirklich totzuschlagen. Nachdem sie eine Stunde lang getobt haben, kommen die Redner dran, zehn Stück, jeder von ihnen mit zwei Minuten Redezeit, dazu wird geklatscht, gepfiffen, oder die Schlachtrufe werden noch einmal losgelassen, damit jeder weiß, zu wem er gehört. Zum Schluß spricht der Pastor ein paar besänftigende Worte, fordert zur Demonstration auf, und es geht auf den Ring zum allwöchentlichen Montagsrundgang. Der inzwischen frischgewaschenen SED wird dabei verständlicherweise nicht vergessen, daß sie am ersten Montag noch Scharfschützen auf dem Hochhaus hat postieren lassen, von dem jetzt Flugblätter flattern und ein riesiges Transparent entrollt wird, auf dem ein BRD-Schwanz der DDR in den sächsisch-thüringischen Arsch ficken will. Die gut organisierten SPD-Genossen rufen also «Abstand halten!» und lassen eine Lücke zu den vor ihnen marschierenden noch nicht wieder so gut organisierten anderen Genossen;

andere, weniger disziplinierte Leipziger laufen neben den letztgenannten Genossen her und singen «Rote aus der Demo raus» nach der Melodie «Ja, mir san mit'm Radl da» (was so etwas wie die Marseillaise der ersten friedlichen Revolution in der Weltgeschichte zu sein scheint), worauf die Studentinnen mit den «I love DDR»-Plakaten zurückschreien «Demo ist für alle da», worauf sie sich hören lassen müssen «Wandlitzkinder! Wandlitzkinder!». Beim Bahnhof, wo die Vorstadtzüge warten, wird es etwas ruhiger, bevor zum Schluß an der «runden Ecke», dem Stasiquartier, alle aufschreien, als ob sie *eine* Wunde hätten, die jetzt noch einmal zu bluten beginnt. Dann geht es aber endgültig in die Kneipe, die allerdings schließt beizeiten, und um elf ist die Stadt dunkel, während sich die ganze Welt am Bildschirm über die Bilder aus Leipzig gruselt, denen sie vor zwei Monaten noch zugejubelt hat, während Politik und Presse in der nachfolgenden Woche zu kommentieren, zu deuten, zu korrigieren versuchen, was die Leipziger nun diesmal wieder angerichtet haben.

Da das die Stunde der Geburt und nicht des Sieges einer demokratischen Bewegung ist, kann man die kuriosesten Verbindungen erleben. Die Punks skandieren «Wir sind die Bonzen!» und stehen in einer Anti-Wiedervereinigungsfront mit Mecklenburgern, die ihre roten Wangen auf die Scham über die Sachsen schieben; Genosse Y, dessen Parteiabzeichen jetzt in der Schublade liegt, ruft «Braun und Rot sind Deutschlands Tod», und der Penner aus dem Stadtpark schreit zu allem: «Geht doch erst mal arbeiten.» Nicht nur, weil ich danach zurück nach West-Berlin fahre, kann ich über den Pöbel nicht die Nase rümpfen: Ich selbst bin Pöbel, Arschloch, Sperling. Wer glaubt, in diesem Jahrhundert noch etwas anderes als Teil der Masse sein zu können, hat sich das falsche Zeitalter ausgesucht: Gehe ich in West-Berlin über die Straße, bin ich Westberliner Masse, tu ich das in Leipzig, bin ich Leipziger Masse, nur wenn ich den Fernseher einschalte, bin ich einfach Masse Mensch und darf von einer Persönlichkeit träumen.

Was alle zuerst faszinierte und jetzt entsetzt – erinnert ihr euch an meine Angst, Sperlinge? –, ist, daß diese Masse plötzlich zu sprechen beginnt und dem Intellektuellen, dem Politiker sein wichtigstes Privileg nimmt, nämlich für sie zu sprechen und damit die Illusion, nicht dazuzugehören. Solange die Inhalte noch ungefährlich waren und die Sprüche locker, war das ein prickelndes Gefühl; jetzt, da die Tonart rauher wird, die Forderungen unser gläsernes Kinn treffen, wendet man sich schaudernd ab, anstatt wirklich zu sprechen zu beginnen.

Wenn sich die Sprechchöre innerhalb eines Vierteljahres von «Wir wollen raus» über «Wir bleiben hier» zu «Deutschland, einig Vaterland» wandelten, bedeutet das nicht, daß sich einmal das gute und einmal das böse Volk artikuliert (welches immer ein bißchen langsamer denkt und deshalb zuletzt seine Sprache findet): es zeigt verschiedene Schichten des Denkens an, die man ernst nehmen sollte, auch wenn sie einem nicht passen. Bis jetzt ist nur *gesprochen* worden, und die wichtigste Erkenntnis seit Erfindung des Schießpulvers lautet, daß dort nicht geschossen wird, wo geredet wird.

Liebe Sperlinge, ich spreche natürlich zu euch als einer, dessen Herz noch immer auf der gleichen Seite schlägt, wo, so nehme ich einmal an, auch eure klopfen. Deshalb muß ich jetzt ein paar Worte zur kläglichen Rolle derjenigen sagen, die sich ebenfalls als Linke fühlen oder so nennen. Dabei ist es unwichtig, ob sie es tatsächlich waren, die die Massen auf die Straße gebracht haben, von denen sie jetzt an die Seite gedrückt werden und mit Forderungen konfrontiert, die sie sich nicht haben träumen lassen. Wie sie darauf reagieren, darum geht es, welche Stellung zur Frage «Deutschland: ein oder zwei Staaten?» bezogen wird, eine Frage, die man gestern noch sicher in den harten Schädeln der Konservativen verschlossen glaubte und die heute plötzlich auf dem Tisch der Weltgeschichte liegt.

Selbstverständlich möchte man, wenn etwas gerade erst geboren wird, nämlich eine deutsche Republik, die den Namen demokratisch verdient, daß es nicht sofort wieder stirbt. Selbstverständlich möchte man die jahrelangen Anstrengungen, das Ausharren, die teuer bezahlten Erfolge nicht einfach ausverkauft sehen, für nichtig erklärt; und den Neuaufbau des Landes nicht einfach Fremden überlassen, die nicht dafür gelitten haben, aber als Fachleute für Wirtschaftswunder weltberühmt sind. Selbstverständlich gibt es genügend Gründe, sie und ihren Maschinenpark zu fürchten, der nur darauf wartet, aus der DDR das gleiche Disneyland zu machen wie jenseits der Elbe.

Doch daß nach dem kulturellen und menschlichen auch der wirtschaftliche Ausverkauf längst begonnen hat, und zwar von den Genossen angezettelt auf eine Weise, gegen die die Machenschaften eines bankrott gegangenen Konjunkturritters geradezu ehrenhaft sind, daß dieser Ausverkauf unaufhaltsam weiterläuft, daß *Wirtschafts*einheit in jedem Fall kommen wird – das dürfte inzwischen jedem klar sein. Es geht doch längst darum, *wer* diesen Deal macht, ob die noch immer in ihren Ämtern sitzende SED-Bürokratie oder eine neue, wie auch immer aussehende Staatsobrigkeit, oder ob demokratische Strukturen in beiden Teilen Deutschlands das zu kontrollieren in der Lage sind. Es geht doch längst darum, ob es *nur* eine Wirtschaftseinheit geben wird, ob nur Springer, Bertelsmann, Volkswagen und die Deutsche Bank in die DDR einziehen oder auch noch ein paar andere Gedanken und Dinge, die vielleicht ganz angenehm und nützlich sind. Es geht darum, ob die DDR ein Kolonialland mit staatlicher Scheinsouveränität wird oder ob sie den Mut hat, sich gemeinsam mit der Bundesrepublik neu zu bestimmen.

Die Hauptangst der Befürworter einer eigenen DDR-Souveränität ist, daß mit dem Fortfall der Systemgrenze die letzte Barriere vor dem Kapitalismus fällt und damit der Sozialismus als einzige Alternative zu einer nur an persönlichem Profit orientierten Gesellschaft. Dieses Argument ist von östlicher Seite aus vorgebracht feige und von westlicher charakterlos. Wie kann ich von anderen verlangen, weiter im materiellen und moralischen Notstand zu leben und sich künftig auch noch in nationalen Exzessen zu zerfleischen (denn Nationalismus wächst im Elend, nicht im Luxus), nur damit ich weiter eine Utopie haben darf, deren Perversion in der Realität auch noch hilft, damit es mir selbst bessergeht?

Zumindest kann ich für meinen Teil (wißt ihr noch, wie ich hier angekommen bin?), der ich die DDR bewußt *verlassen* habe, es nicht übelnehmen, wenn das ganze Land seinen Staat verlassen will, ohne gleich umzuziehen.

Die Weigerung, das zu akzeptieren, ist vielleicht etwas weniger zynisch, aber auf alle Fälle langweiliger als der Versuch eines Schweizer Millionärs, die neue Entwicklung als große Weltuntergangsfeier zu zelebrieren. Er erklärte seinem DDR-Gast klipp und klar: «Wir kaufen einfach den Osten. Zuerst kaufen wir euch, dann Polen, Ungarn, die Tschechoslowakei und zuletzt Rußland. Und dann gehen wir zusammen zugrunde… denn *vornehm* geht die Welt zugrunde.» Seinen Besucher konnte das nicht besonders schrecken, denn die gewöhnliche Art des Zugrundegehns kennt er, und von *diesem* Tod hat er die Nase voll.

Was ist aber nun, fragt ihr, mit dem wahren, demokratischen, dem Sozialismus mit dem menschlichen Gesicht? Mit dem wiederum, glaube ich, kann man keinen Arbeiter mehr hinter dem Ofen hervorlocken. Zumindest sie haben begriffen, daß man sich von verschlissenen Namen trennen muß, wenn man etwas von ihren Inhalten retten will. Zumindest sie ahnen, daß mit einer Neuinterpretation der alten Definition «Jedem nach seinen Bedürfnissen, jeder nach seinen Fähigkeiten» keine Perspektiven mehr zu eröffnen sind: Was gibt es demnach für einen perfekteren Sozialismus als den Kapitalismus?

Liebe Sperlinge, der historische Fehler (und damit die Tragödie) der Linken ist, daß sie sämtliche Entstellungen dieser Idee in der Realität unterstützte, sich auf ihren Altären opfern ließ oder im bequemen Sessel dabei zusah. Ihre Grundtorheit besteht darin, daß sie die wesentlichen Thesen ihrer geistigen Väter nie wirklich angefochten hat. Deren Fortschrittsglauben wurde genausowenig revidiert wie ihre kindliche Utopie von der Rückkehr zu einer Urgesellschaft, von deren komplizierten Strukturen sie nicht die geringste Ahnung hatten. Wobei auf dem Weg dorthin auch noch ziemlich alles abgeschafft werden darf, was älter als die Dampfmaschine ist. Da man sich von diesen fixen Ideen nicht befreit hat, darf man sich nicht wundern, wenn dabei industrielle Barbarei auf dem technischen Stand des neunzehnten Jahrhunderts herauskommt: real existierender Asozialismus.

Wie eng und ungetrübt von der Erfahrung menschlichen und tierischen Lebens ist überdies eine Theorie, frage ich euch, die Zusammenleben als ewigen Glückszustand anstrebt, der auch noch eine Wirtschaftsform voraussetzt, in der jeder aufpaßt, daß er nicht mehr als der andere macht? Armes Jahrhundert: aus Revolutionären werden Funktionäre und aus ihnen Pensionäre oder Aktionäre.

Eines ist jedenfalls klargeworden: Das Grundproblem der Zukunft, wie kann die Menschheit weiterleben, ohne sich selbst und die Erde aufzufressen, ist nicht durch einen verlängerten Kriegskommunismus zu lösen. Es wäre nicht nur ein wenig vornehmes, es wäre ein armseliges Ende: Armut als Rettung, materielle Armut, geistige, emotionale, sinnliche Armut, weil kein anderes Problem mehr existiert, als etwas zu fressen zu kriegen.

Das Konzept der Gleichheit hat nicht funktioniert, weil es die nur auf unterster Ebene gibt. Das Konzept individueller Freiheit blüht als Freiheit des Geldverdienens und droht uns gegenseitig vom Erdball zu jagen. Bleibt von den Idealen der Sansculotten noch das vergessenste, verdächtigste, verwaschenste, die Brüderlichkeit. (Henri Rousseau setzte an ihre Stelle: Arbeit. So wie er sie machte: einverstanden!)

Ist man bereit, über das in diesem Wort liegende Pathos hinwegzusehen, so bedeutet es nichts anderes als die Vorwegnahme der wichtigsten sozialistischen Idee, daß nämlich keine Gesellschaft allein durch die Ellbogenkraft der Individualität existieren kann, daß es auch unsere gemeinsamen Vereinbarungen braucht, um das nächste Jahrtausend zu erreichen.

Wie kann man, frage ich euch einfältige und weise Sperlinge, wenn man schon darauf versessen ist, Politik zu machen, eine historische Situation derartig verkennen? Wie kann man, wenn man tatsächlich noch an die Idee des Sozialismus glaubt und inzwischen nicht davon überzeugt ist, daß sie um einiges zu idealistisch, grob und abstrakt für das doch ziemlich komplizierte Leben ist, wie kann man dann diese internationalistische Idee sich nur als auf ein Territorium beschränkte Staatsdoktrin vorstellen? Und das zu einer Zeit, da sie als solche in den osteuropäischen Nachbarländern gerade zu den Akten gelegt wird.

Es ist jetzt, da das Gebäude von Lüge und Propaganda zusammengefallen ist, natürlich einfacher abzurechnen: Das Sein bestimmt nun wirklich das Bewußtsein und das sagt: Wieso sollen wir in der Krise auf ein Konzept bauen, das ein halbes Menschenalter Zeit gehabt und nichts hinterlassen hat als ein ruiniertes Land, wieso sollen wir für die Leute die Karre aus dem Dreck ziehen, die uns mit ihr hineingetrieben haben?

Und sie fragen sich nicht ohne Recht, wenn sie einen Aufruf der Künstler «Für unser Land» lesen, welches Land meint ihr eigentlich, das Land eurer Mecklenburger Bauernhäuser oder das der Braunkohlengruben? Die jetzt beklagte Intellektuellenfeindlichkeit haben die Intellektuellen und Künstler selbst zu verantworten: Es war *nicht* der Staat, der die Künstler vom Volk getrennt hat, sie mußten ihre Privilegien schon selbst annehmen. Es reicht eben nicht, über Jahre hin, zu den existentiellen Problemen des Landes zu schweigen oder sie in Geheimsprache verpackt unter dem Ladentisch zu handeln und dann, wenn der Damm gebrochen ist, eine Demonstration zu organisieren, an deren Spitze man zusammen mit Stasichef Markus Wolf auftritt, während der Bautzenhäftling Janka zehn Meter weiter unten vor der Bühne steht – auch wenn man an diesem Damm gebohrt hat. Es reicht eben nicht, das alte stalinistische Vokabular neu anzuwenden und Leipzig den Titel «Heldenstadt» zu verleihen. Und es reicht nicht einmal, in einer Kommission zur Untersuchung der Gewalt gegen Demonstranten zu arbeiten – nicht um eine wirkliche Autorität zu bewahren oder zu erlangen.

Revolutionen bringen es mit sich, daß Autoritäten

gestürzt werden, eine nach der anderen – es ist ihr Ziel. Und sie machen nicht vor geistigen Autoritäten halt, wenn diese, auf welch gut gemeinte Weise auch immer, an der Macht partizipierten.

Sperlinge, findet ihr nicht auch, daß das Duo Wolf/Müller mit zunehmendem Alter immer mehr wie eine Reinkarnation des Duos Seghers/Brecht erscheint, wobei der eine Teil die mehr hausfraulichen Aufgaben erfüllt, während der andere seine Funktion als göttlicher Stellvertreter ausübt? Das heißt nichts anderes, als daß nie wirklich mit der Tradition gebrochen wurde, in der Bekenntnis an erster und Kritik an zweiter Stelle kommt.

Und wenn jetzt die Plebejermassen, die Professor Tübke auf seinen Bauernkriegsschinken mit Morgenstern und Sense gemalt hat, tatsächlich seine Villa stürmen, bedeutet das nur, daß sie den Volkskult, mit dem man ihnen so lange auf die Nerven gegangen ist, endlich beim Wort nehmen.

Die Intellektuellen müssen sich fragen lassen, worum es ihnen bei der Forderung nach Erneuerung des Sozialismus in der DDR wirklich geht: Hier im Westen, ob um mehr als das Festhalten an einer Utopie unter der Voraussetzung, daß sie andere realisieren, im Osten, ob um mehr als das Bedürfnis, weiter geschützt an den Realitäten dieser Welt vorbeileben zu können.

Wenn ein Name Regenerationskraft beweist und jetzt zum zentralen Begriff der Veränderungen in der DDR wird, ist es nicht der des Sozialismus, sondern der ältere und so oft schon verabschiedete der Demokratie. Es ist auch der mit den konkreteren Inhalten.

Noch immer verbindet sich mit dem Wort Demokratie die Aufforderung, unterschiedliche Interessen auszusprechen, sie verbal und nicht mit Gewalt zu vertreten und zu einem für alle lebbaren Ausgleich zu bringen. Der Sozialismus war bisher nicht imstande, derartige Mechanismen zu entwickeln, wieso sollte er es jetzt, da seine Legitimation in einem Herbst zusammengebrochen ist und nicht viel mehr übrigbleibt als ein Land, das noch immer täglich Hunderte verlassen, in dem die Giftmülldeponien aber zurückbleiben?

Das Wort Revolution war schnell gefunden für das, was in der DDR vorgeht. Jeder bewunderte ihre Gewaltlosigkeit und fürchtet jetzt die Gewalt: egal ob er sie bisher selbst ausübte oder erlitt. Dabei hat es die einzigen Toten bei dieser Revolution gegeben, als die Massen nach Öffnung der Grenze die Züge stürmten. Dabei wird noch immer Montag für Montag in Leipzig nur geredet, geschrien, gesungen, auch wenn die Texte uns nicht mehr gefallen.

Wir sollten eins nicht vergessen, Sperlinge: Das, was bisher dort geschehen ist (so versicherte mir ein Rheinländer mit anerkennendem Blick auf Mitteldeutschland), hat den Deutschen ein Maß an Achtung in der Welt eingetragen, wie es ihnen seit der Reformation nicht mehr zuteil wurde.

Die Gewaltlosigkeit könnte enden, wenn der immer deutlicher werdende Wunsch, die alte DDR-Identität nur noch hinter sich zu lassen und eine neue in einem wie auch immer gearteten deutsch-deutschen Bezugssystem zu finden, ignoriert und in die nationalistische Ecke gedrängt wird.

Die Sprachlosigkeit, mit der die Linke diese Entwicklung begleitet, ihr Beschränken auf Warnrufe, sich nicht vom Kapital einverleiben zu lassen, ist um so bedauerlicher, als die Chance, europäische Geschichte mitzubestimmen, nie größer war als jetzt. Gerade weil jede Furcht vor der vereinigten deutschen Arbeitswut berechtigt ist, könnte man langsam etwas von der Vision eines anderen Landes in der Mitte Europas blicken lassen. Es nützt nichts, der fallenden äußeren Grenze nachzutrauern, es muß an inneren Begrenzungen gearbeitet werden.

Oder ist für die westdeutsche Szene das Bestehen auf der Grenze nur eine Maske für eine andere Art Fremdenhaß, Angst vor östlichen Barbaren, die nicht einmal die Exotik einer fremden Kultur mitbringen, nur Dürftigkeit und eine ziemlich unangenehme Gier auf Dinge, die uns schon zum Halse heraushängen? Sollen sie doch drüben bleiben: wir schicken ihnen das Zeug rüber, damit sie nicht hier sich darum prügeln, damit sie nicht hier den Sozialismus einführen, mit Warteschlangen, verstopften U-Bahnen und wahnsinnigen Trabants! Es nützt nichts: sie werden weiterhin kommen und mit ihren Dederon-Anoraks das kultivierte Auge des Westens beleidigen.

Liebe Sperlinge! Ihr wißt, daß ihr und ich von unserem geliebten Arbeitsamt wie Renaissancefürsten leben. Ich sage euch, ich hasse den Anblick armer Verwandter, deshalb bin ich ab jetzt für die Einheit, und zwar möglichst sofort!

Ich hasse die Heuchelei progressiver Lehrer und aufrechter Strickmamsells, welche die DDR vor den

Geiern des Kapitalismus schützen wollen, aber Angst haben, auf der Transitstrecke einen Fuß aus dem Auto zu setzen.

Und es ist heuchlerisch und dumm, mit dem Hinweis auf 1933 oder 1938 Prozesse zu kommentieren, die um so mehr Probleme bringen werden, je mehr man sie eingrenzt. Die bisher geleugneten nationalistischen und rassistischen Tendenzen in der DDR (gegen die wahrscheinlich die Schönhuberei harmlos ist, weil republikanisch schaumgebremst) werden die Erblast der Zukunft sein, für die geschlossene DDR-Gesellschaft kann sie zur Katastrophe führen.

Was fürchtet die Linke, was fürchten wir bei dem Ruf «Deutschland einig Vaterland», der immer noch etwas anderes ist als «Heim ins Reich», und bis der ertönt, sollte man nicht warten? Den Wegfall einer Grenze durch Deutschland in einer Zeit, in der die europäischen Grenzen ohnehin zur Disposition stehen?

Kein Land hatte so eifrige Grenzverteidiger wie Deutschland mit seinen Territorialfürsten. Mit friedlichen Mitteln war bei denen nichts zu machen, die haben so lange daran festgehalten, bis es nur noch Kriegslösungen gab, grenzenlose.

Daß der Wegfall der Mauer als Staats- und Systemgrenze auch eine Chance bedeutet, will von unseren linken, grünalternativen und autonomen Freunden anscheinend keiner begreifen. Welch jämmerlicher Mangel an Phantasie und Mut! Endlich gibt's mal Anarchie und Chaos und keiner geht hin! Gesellschaften sind am lebendigsten, wenn sie sterben. Warum demonstriert keiner für die Räterepublik? Statt dessen betreibt man die Wiedervereinigung mit der FDJ. Die DDR ist doch nicht nur ein Absatzmarkt für die Wirtschaft, auch einer für eigene Ideen, Energien, Visionen. Oder bedeutet es, daß die Rechten recht behalten und die Linken nur Weltverbesserungspläne basteln können, aber nichts in ihrem eigenen Land, und wenn, wird sofort ein Rechter daraus?

Es bedeutet doch die Chance, die deutsche Nachkriegsgeschichte wenigstens in Ansätzen neu zu bestimmen, sich nicht mit dem Resultat der unterschiedlichen Weltbilder der Alliierten zufriedenzugeben. Und zwar mit Erfahrungen, die in *beiden* deutschen Staaten gemacht wurden. Es kann, wenn es endlich zu einer handlungsfähigen, demokratisch legitimierten Regierung in der DDR kommt, neu verhandelt werden! Und unterhalb dieser Ebene schon möglichst bald. Muß dabei wirklich das gesamte Sozialsystem der DDR in die Konkursmasse gehen? Muß es wirklich zu einer Neuauflage des zentralistischen Nationalstaats kommen? Kann nicht die Folge sein, was ohnehin auf der Tagesordnung des Kontinents steht: Dezentralisierung, größere Autonomie der Regionen?

Von der einfachen Teilung über die Einheit zur unendlichen Teilung. Über die Zwiefalt und Einfalt zur Vielfalt. Ein neues Mittelalter, ein neues Heiliges Römisches Reich deutscher Nation mit Firmenfahnen statt Adelswappen und einer gemeinsamen Pickpick-Natur-Religion, meint ihr? Mecklenburg kommt zu Schweden und Leipzig wird freie Kultur- und Handelsstadt?

Ich meine doch nur Bewegung, Bewegung und lieber Reitturniere und fahrende Sänger als zwei riesige stehende Heere. Ich meine: *Schafft viele Kreuzbergs!*

Die DDR kann sich keinen Stolz leisten. Sie ist aber auch nicht verpflichtet, im Büßerhemd unter das Dach der Nation zurückzukehren und um einen Platz an ihrem Katzentisch zu betteln.

Daß der westliche Teil Deutschlands im nachhinein zu einem der Gewinner des Krieges wurde und der östliche allein die Zeche zahlen mußte, hat nichts mit dem Anteil an historischer Schuld zu tun (Hitler war kein Thüringer und Berlin nicht die Hauptstadt der Bewegung), sondern mit der geographischen Lage, die den Osten in den Machtbereich des Diktators unter den Siegern verwies.

Die grausame Stupidität der Geschichte will es, daß die osteuropäischen Völker in diesem Jahrhundert doppelt und dreifach zahlen. Sie waren das Hauptopfer deutscher Weltherrschaftspläne, sie waren das Versuchsmaterial eines von Hoffnungen und Feindschaft begleiteten Experiments, das sich über siebzig Jahre von der Verheißung in die Agonie quälte; und sie stehen als Kronzeugen dieses Scheiterns jetzt vor der Frage, es noch einmal von vorn zu versuchen (wobei man nur wüßte, was man nicht wiederholen sollte und nicht, was statt dessen zu machen sei und kein Kapitalismus ist) oder aber eine zweite Ostkolonisation annehmen zu müssen. Das erstere ist niemand zuzumuten, und nach der achtundsechziger wird sich auch keine zweite Generation finden, die den romantischen Idealismus dafür aufbringt; das zweite bedeutet, um die eigene Identität bangen zu müssen und die Bremsen zu lösen für den Vormarsch der westlichen Konsum- und Unterhaltungszivilisation. Diese Kröte wird lieber geschluckt, denn sie ist aus Marzipan.

Sie, die Polen, Tschechen, Slowaken, Ungarn, Russen haben die deutsche Einheit am meisten zu fürchten, mehr als wir vor uns selbst. Liebe Sperlinge, vor zehn Jahren erhob der Russe Jewtuschenko in Peredelkino sein Glas auf die deutsche Einheit – ich weigerte mich anzustoßen. Die ganze Welt hat dic deutsche Spaltung als mehr oder weniger notwendige Tragödie angesehen, nur wir waren froh, von uns erlöst zu sein. Unsere östlichen Nachbarn würden diese Einheit als Normalität hinnehmen. Sie kleben wahrscheinlich weniger an dem deutschen Trauma als wir – sie haben inzwischen ein neues erlebt.

Die Geschichte ist nicht zu bewältigen, indem man sie in zwei Geschichten aufteilt. Sie beginnt noch einmal von vorn. Und sie hat das Konzept brüderlicher Armut zurückgewiesen, sie will nicht die Mangel-, sie will die Überflußgesellschaft und sagt: Dazwischen gibt es nichts. In Armut wollt ihr nicht leben, also versucht im Luxus Menschen zu werden.

Im Kuddelmuddel der Honecker-Krenz-Wende ging eine wichtige Meldung unter: Zwanzigtausend arbeitslose Neapolitaner boten sich an, in die DDR zu kommen, dort zu leben und zu arbeiten, und zwar für die landesübliche Währung. *Das* wäre eine wirkliche Wende gewesen: Italienische Eissalons tun mehr gegen den Nationalismus als die martialischsten Sprechchöre. Die DDR lehnte ab.

Was die Deutschen brauchen, sind nicht entweder feste Grenzen auf der einen oder Verbrüderungstaumel im Bräunungsstudio auf der anderen Seite, es sind Espressomaschinen, Billardtische, Polenmärkte, Kebab, Bocciaspieler, Cous-Cous, sämtliche Weinsorten des Okzidents und sämtliche Gewürze des Orients. Was die Deutschen lernen müssen, ist nicht zu träumen oder zu arbeiten, es ist zu leben.

Wir müssen uns verabschieden von der bequemen Welt der Spaltung und Schizophrenie. Wir müssen uns daran gewöhnen, in *einer* Welt zu leben. «Wir müssen alles nochmals erfinden», sagt Eliade, «von der Sprache bis zur Wette Pascals, von der Liebe bis zu den Institutionen, von der Ethik bis zum Sport.»

Sperlinge aller Länder, vereinigt euch und bleibt daheim!

# 2
# Mauern

In einer Nacht, in der die Mauer noch stand, träumte ich von ihr:

*Ich hatte in sandiger Gegend gebadet, nicht fern der Grenze. Begleitet von zwei Mädchen mache ich mich auf den Weg, um die Mauer, die schon dünn von dieser, der westlichen Seite aus ist, zu durchbrechen. Der Schießbefehl gilt noch immer, allerdings abgeschwächt: Die Kugeln summen wie stählerne Hornissen durch die Luft. Mein Hauptinteresse ist zu erproben, wie man von der Ostseite aus wieder* zurück*kommt.*

*Kurze Zeit später bin ich bereits drüben. Noch immer weite Ebene, im Hintergrund Berge des Fläming. Ich werde jetzt eskortiert von zwei ausgewachsenen Frauen und einem Mann, der wie ein hungriger Marder aussieht, es ist die alte östliche Variante meines eigenen Ichs. Sie ist drahtiger, sehniger als ich, körperlich einfach stärker, wie an den gespannten Bizeps zu erkennen – es* muß *zu einem Kampf kommen.*

*Als wir für einen Moment allein sind und er sich an einem der verschlammten Tümpel zu dem schwarzen Wasser hinunterbeugt, ergreift meine Westlist die Gelegenheit: Ich ziehe mit einem kräftigen Ruck seine Füße nach hinten, so daß er kopfüber in den Sumpf stürzt.*

*Inzwischen sind seine beiden Frauen zurück, die sich nicht sehr interessiert nach ihm umsehen. Er ist so tief in den sich schnell verdickenden Schlamm gestürzt, daß er schon zum Frosch mutiert ist. Bevor er sich wieder zurückverwandelt, schnappe ich ihn rasch und werfe das ekelhaft zappelnde Bündel hinter eine Tür, die ich sofort wieder abschließe. Auf die Frage, wo ihr Mann sei, antworte ich den beiden Frauen: Er ist weg. Die Antwort genügt ihnen, und schnell verlasse ich mit beiden den Osten, bevor mein früheres Ich sich wieder zu voller Größe ausgewachsen hat, die Tür zerschlägt und sich auf mich stürzt.*

Die Mauer selbst, die ganze Zone des Todes mit Stacheldraht, Wachtürmen und Selbstschußanlagen, nahm in diesem Traum keine Gestalt an. Vielleicht ist sie unträumbar, wie sie auch im Wachen nur für den erfahrbar war, der dort Posten stand, und für den, den er zu erschießen hatte, wenn er sie überwinden wollte. Obwohl die Mauer nicht nur das Leben der Stadt, sondern einer ganzen Epoche bestimmt hat, existierte sie bis zu ihrer Öffnung nicht wirklich. Sie war so wenig faßbar wie die anderen Erfindungen des Terrors unseres Jahrhunderts, wie die Verbrennungsöfen von Auschwitz, wie der Archipel Gulag, wie Hiroshima. Ihre Wirklichkeit ist letztlich nicht zu vermitteln, es werden Symbole für einen namenlosen Schrecken daraus, der sich in einer anderen Welt zugetragen zu haben scheint und für den niemand die Verantwortung übernehmen kann. In diese Gesellschaft tritt die Mauer wie eine lächerliche Fälschung, die an Toten nicht mehr als ein mittleres Flugzeugunglück vorzuweisen hat. Sie war nicht wegen der Opfer, die sie gefordert hat, unfaßbar, sondern wegen ihrer Unberührbarkeit, obwohl sie vor aller Augen existierte.

Man konnte sie natürlich in ihrer wahren Funktion zur Kenntnis nehmen, als riesige Gefängnismauer, doch dazu gehörte der Landkartenblick des Historikers. Derjenige, der in diesem kontinentalen Gefängnis saß, begriff die Mauer als das Gegenteil, als ein Bauwerk für sich, absurd und selbstverständlich zugleich. Sie bedeutete das Ende einer Welt, die zur Scheibe geworden war, denn wenn man ihren Rand übersprang, stürzte man ins Nichts. Sie war so unbegreiflich, daß sie sofort mit ihrem Entstehen zum Symbol wurde, zum Symbol für Ein- und Ausgesperrtsein oder, aus der gemeinsamen Perspektive, die jetzt erst möglich wird, für *Trennung*.

Die Funktion der Mauer war, die Realität zu trennen; sie selbst bekam erst Realität, als die Trennung aufgehoben wurde. Jeder erinnert sich an die Nacht, in der, wie ein Versprecher, Schabowskis Bemerkung fiel, die Grenzen seien offen, und wie die Ostberliner *sofort* zu den Übergängen stürmten, wo niemand sie aufhielt und sich jene hilflosen und erschütternden Verbrüderungsszenen abspielten, deren Bilder um die Welt gingen. Ich verbrachte diese Nacht im Bett und ließ mir die Geschichte von meinem Fernseher erklären. Ab und zu klingelte das Telefon, und alte Freunde riefen mir zu, daß sie jetzt *hier* seien, an der Bornholmer Straße, in Kreuzberg, auf dem Ku'damm... Ich brachte es nicht fertig, deswegen Bett und Fernseher zu verlassen und meine Hose anzuziehen. Wenn die Historie auf die Pauke haut, nachdem ihr auf einer Pressekonferenz dazu die Erlaubnis gegeben worden war, hielt ich etwas Abstand für angebracht.

Ein glücklicher Zufall half mir dabei: Mein Koffer stand gepackt im Korridor, denn Frankreich, das mich anscheinend retten wollte, hatte mich für die folgende Woche zu sich eingeladen. Als ich am nächsten Morgen zum Bahnhof fuhr, saßen mir in der U-Bahn drei Männer mit weit aufgerissenen, entgeisterten Augen gegenüber, die abwechselnd aufsprangen, auf den Fahrplan sahen und leise darüber debattierten, wo man am besten aussteigt. Langsam dämmerte es mir: *Sie* waren bereits da, leibhaftig. Potsdam, Oranienburg, Lichtenberg...

Als ich zurückkam, war aus Berlin eine andere Stadt geworden. Sie war in der Hand eines Völkerstammes, den ich zu gut kannte, als daß ich ihm gern zu nahe kam. Lauter hungrige Marder, noch immer mit weit aufgerissenen Augen. In Trupps zogen sie durch die Straßen, man traf sie allein auf Parkbänken und in Nebenstraßen, sie hingen in Trauben an den Geschäften, plünderten die Banken und Sparkassen und erfüllten die Luft mit dem Gestank ihrer Zweitakter. Ich schlug mich zu meiner Wohnung durch und schloß sie hinter mir ab. Nachdem ich die Telefonschnur aus der Steckdose gezogen hatte, legte ich mich aufs Bett und sah die Decke an. Ich konnte nicht schlafen, meine Augen waren weit aufgerissen. Nun öffnete sich auch noch mein Mund wie der eines vom Angler neben den Eimer geworfenen

Fisches. Ich sagte etwas; ich weiß nicht mehr, was und zu wem ich zu reden begann, aber seitdem führe ich ein unaufhörliches Gespräch.

Ab und zu werde ich unterbrochen. Am Heiligabend werde ich von zwei fast ausgewachsenen Frauen, die behaupten, meine Töchter zu sein, in die Mitte genommen und aus der Wohnung geführt. Das Licht blendet, es ist sonniger Nachmittag, die Temperaturen knapp über Null. Sie führen mich an die Mauer am Brandenburger Tor. Schon von weitem hört man einen hellen metallischen Gesang. Rund um den Potsdamer Platz, dessen Ostflanke jetzt geöffnet ist und Autos und Menschen aus- und einströmen läßt, als habe sich nur eine Bahnschranke gehoben, hängen die Mauerspechte am Beton und lassen ihre Meißel klingen.

Der Platz am Brandenburger Tor ist locker gefüllt wie vor einer ruhigen, heiteren Demonstration. Anders, als ich erwartet habe, steht die Vormauer noch, die in den Novembertagen zuerst erklettert wurde. Heute sitzen die Mauerstürmer im Reitersitz auf ihr; auf dem Betonwall dahinter laufen die Leute umher wie auf einer eroberten und schon halb geschliffenen Festung. Ich bin überrascht, wie wenig triumphierend trotzdem die Stimmung ist. Etwas später wird mir klar, weshalb sogar die sonst unvermeidlichen Straßenmusikanten und Zauberkünstler fehlen: Die Stille ist die Reaktion auf die blutigen Ereignisse in Rumänien. Entlang der Mauer hat man Kränze und Blumensträuße niedergelegt, brennen Kerzen für die Toten von Temeswar.

Wir stellen uns in der Schlange an, die sich langsam auf den geöffneten Durchbruch in der Mauer zubewegt. Da man glaubt, sich nur stückchenweise preisgeben zu können, hat man links und rechts je einen schmalen Durchgang geöffnet und kontrolliert noch die Papiere. Auf der einen Seite warten die Ostberliner mit den zurückkehrenden Westberlinern, auf der anderen Seite wir, die in den Osten wollen. So entsteht ein Kreislauf wie auf einem Rummelplatz oder wie in einer großen Wallfahrtskirche unter freiem Himmel. Wir sind die Pilger, die am Ende ihrer Reise Schritt für Schritt den Chor des Brandenburger Tors umrunden. Das Tor ist übrigens kleiner, als man von weitem, durch die Sichtblende der Mauer abgeschirmt, vermuten konnte. Welche Truppen sollen hier hindurch paradiert sein? Jetzt wirkt es ausgesprochen friedlich, ein Ort für Sonntagsnachmittagsspaziergänge, so als sei das immer seine Bestimmung gewesen und es habe sie endlich erreicht. Wenn man zwischen den Säulen umhergeht, in den Zwischenräumen, die nun frei von jedem Stein sind und nichts als klare Luft, kann man auf der einen Seite die Siegessäule und auf der anderen bis zum Roten Rathaus sehen. Es ist, als stehe man inmitten des breiten, von den Säulen geteilten Luftstroms, der Berlin immer von West nach Ost durchflutet hat und nun von der Mauer nicht länger aufgehalten werden kann.

Wir gehen zu dem Torhäuschen und sehen zusammen mit ein paar australischen Touristen in die Wachstube, in der bis vor kurzem die Unterführer des Wachbataillons hockten. An den frisch getünchten Wänden weder ein Honecker-Bild noch dumme

Sprüche; der Raum ist spartanisch mit Tisch und zwei Stühlen eingerichtet, die man jetzt unbeschädigt weiterreicht. Alles macht den Eindruck, als habe man hier, im Niemandsland zwischen den Mauern, etwas bewahrt und gepflegt, was außerhalb davon ausgestorben ist: selbstloser, unparteiischer Dienst des Beamten für seinen Staat. Wir schlendern weiter über die kahle Fläche, über die vorher das Militär mit Hunden patrouillierte. Es ist ein Heiligabend, an dem ein Osterspaziergang stattfindet. Die Bewohner zweier Städte, die aneinandergrenzen, begegnen sich vor ihrem geöffneten Stadttor, flanieren über die Wälle, und die Luft ist vom Klang der Hämmer und Meißel erfüllt, die die Stadtmauer zerpicken. Ich begleite die Mädchen Unter den Linden hindurch bis zur Spree, wo es mich kalt anweht und ich umkehre. Ich kann nicht weiter zurück auf der Reise in die Vergangenheit, nicht bis zum Gänsebraten, nicht bis zum Stern von Bethlehem über der verdunkelten Stadt. Für mich ist tatsächlich Ostern und nicht Weihnachten. Christus ist bereits am Kreuz gestorben und wiederauferstanden, und die ganze Szene spielt im Himmel.

Von jetzt an werde ich, wenn ich nicht in der Wohnung mit mir selbst rede, zur Mauer zurückkehren und hören, was sie zu sagen hat. Ich gehe nicht in den Osten, ich steige an den Wochenenden aufs Fahrrad, fahre an der Mauer entlang und sehe mir an, welche Durchgänge sich in der Zwischenzeit geöffnet haben, welche Straßen neu geboren wurden, welche Mauersegmente verkauft, welche Zollhäuschen an einem Kran durch die Luft fliegen oder wie seit Jahren verlassene Bahnhöfe mit zerbrochenen Fensterscheiben am Boden bleiben. Hier halten die Veränderungen tatsächlich mit denen Schritt, von denen die Zeitungen voll sind. Von Tag zu Tag ändert sich etwas, in jeder Minute und jeder Sekunde. Ich kenne, was auf der einen Seite der Mauer ist, und noch besser, was auf der anderen, ich weiß, was dort zu Ende gehen und was an dessen Stelle treten wird. Nur die Mauer ist das wirklich Neue, nur sie eröffnet mir Anblicke, so unbekannt wie der des Grabes im Schmachtenhagener Forst.

Es ist nicht eine Mauer, die nun faßbar wird, es sind mindestens zwei, eine für den Osten und eine für den Westen, und das, was wirklich anders ist, befindet sich zwischen ihnen: Wachtürme, Minenfelder, Laufketten für Hunde, spanische Reiter, die Betonpiste für die Patrouille fahrenden Grenzsoldaten. Da die Mauern nicht mehr eine Straßenseite von der anderen trennen, scheint es, als hätten sie immer nur das von Unkrautex verbrannte Niemandsland geschützt, das zwischen ihnen liegt. Am deutlichsten hatte ich diesen Eindruck auf der Halbinsel gegenüber dem Reichstag, wo die Mauern auseinandertreiben und das Gelände zwischen Spree und Charité eingrenzen. Hier erfüllt die Mauer ihren geheimsten Zweck: Sie zäunt ein Lager ein, in dem es außer Kaninchen nur das Wachpersonal gibt, das wie die Bahnhofswärter Steine nebeneinanderlegt, um den Weg zu den Wachtürmen zu markieren; ein Lager, in das *ein*zudringen mit dem Tode bestraft wird. So wie die deutschen KZs und die sowjetischen Arbeitslager die Zielvorstellungen dieser Systeme ausdrücken, wo man erprobte, was man mit der ganzen Menschheit vorhatte, so stellt sich jetzt die Mauer als das eigentliche Ziel der DDR dar. Deren grenzenlose Sozialismusträume stammen aus einer Zeit, als sich der Osten Deutschlands als Modell für ein künftiges Gesamtdeutschland begriff. Die DDR als Staat und Zwangsvorstellung wurde erst mit dem Bau der Mauer wirklich geboren, und sie war in dem Moment gestorben, als Schabowski deren Öffnung ankündigte. Sie starb in dem Moment, als das Politbüro nicht wagte, die Internierungspläne für die wirklichen Lager zu realisieren, und statt dessen die Grenzen öffnete. Man muß dieses Ödland wahrgenommen haben ebenso wie die Korridore in den Stasiobjekten und die Schwimmbassins von Wandlitz, um zu begreifen, aus was für menschenleeren Gefilden diese Partei die Sturheit ihrer Wirklichkeitsverleugnung nahm.

Wenn die Trennung wegfällt, bleibt vom schwächeren Teil nichts übrig, was nicht sofort zu Vergangenheit würde. Der Sieger deutet es neu. Er gibt ihm nicht nur seine neue Bestimmung, er bestimmt auch, was es einmal war. Wer die alte Wahrheit noch einmal sehen will, ihren innersten Kern, noch nicht mumifiziert, mit zuckenden Gliedern, der fährt ins Niemandsland an der Mauer. Nicht Ost und nicht West ziehen die Besucher aus aller Welt an, sondern die Kluft, die sie trennte, das Vakuum, das Nichts, der Streifen vergifteter Erde, der bald verschwunden sein wird.

Am magischsten dort, wo das Leben einst am stärksten vibrierte: im zerstörten Stadtzentrum, das auf der

Westseite nicht wieder aufgebaut wurde und sich als großer Brachlandstreifen vom Tiergarten bis zum Checkpoint Charly zieht. Die Geschichte, jahrzehntelang von der Teilung paralysiert, beginnt den gemeinsamen Gang mit Bocksprüngen. Überall gibt es Vergrabenes, das ans Licht will, überall liegengelassene Fäden, die sich neu verknoten. Rund um den Potsdamer Platz ist es die Nachkriegszeit, die wiederaufersteht. Und tatsächlich ist es ja ein Krieg, der zu Ende geht, der dritte Weltkrieg, kalt und verloren vom Osten, bevor er zum heißen Krieg werden konnte, verloren durch Aufgabe nach totaler Erschöpfung.

Jetzt wälzen sich die Touristenmassen wie heimatlose und ausgehungerte Flüchtlinge am Grenzstreifen auf und ab. Durch die Mauer flutet ein ununterbrochener Treck der Blechkarossen, die die Menschheit zurück ins Nomadendasein geführt haben. Sie stauen sich entlang des Mauerwegs, wo die Schwarzmärkte blühen, als hätten wir 1945. Hier werden Stände aufgeschlagen, auf Decken oder nackter Erde das ausgebreitet, was die Touristen vor allem sehen wollen: Militaria, die Überreste der geschlagenen Heere des Ostens nach verlorenem Feldzug. Jedesmal bin ich aufs neue erstaunt über das sich von Tag zu Tag vervollkommnende Warensortiment. Außer leichten und schweren Waffen, die es nur rund um die Kasernen gibt, kann man hier inzwischen ziemlich alles kaufen, von den Uniformen sämtlicher Warschauer-Pakt-Staaten bis zu Feldstechern und Gasmasken, von russischen Käppis und Fellmützen bis zu Stahlhelmen der NVA und sechseckigen Polenmützen. Daneben liegen, eingerollt wie Schlangen, die Lederkoppel der Roten Armee mit sorgsam polierten Messingschlössern. Es gibt Stiefel, Schulterstücke, Schützenschnüre und alle möglichen Orden und Ehrenzeichen. Große Nachfrage besteht insbesondere nach den Stasiorden, von denen Anwalt Schnur noch einen in der Schneeschmelze des Dezembers überreicht bekam, aber sie sind im Moment ausverkauft.

Kein Mangel hingegen herrscht am zweiten Hauptartikel des Marktes, Mauerbruchstücken in allen Variationen. In unzählige Splitter, Brocken und Segmente zerkleinert, wandert die Mauer in die Schrankwände der Nation – das beste, was ihr passieren kann. Wer nicht selbst seinen Anteil aus dem Beton reißen will, kann ihn sich von türkischen Kindern und deutschen Familienvätern verkaufen lassen. Der nackte Stein kostet, je nach Größe und Farbe, zwischen einer und zehn Mark. Es gibt ihn aber auch mit dreisprachig verfaßtem Echtheitszertifikat, in Plastik geschweißt oder wie eine Reliquie auf einen Holzsockel geklebt, mit einem Regenbogen aus Stacheldraht darüber. Politischer Ablaßhandel, so wie mit Ehrenbannern und Aktivistennadeln; er befriedet alle Seelen, ob sie nun bespucken oder anbeten oder einfach nur dabei gewesen sein wollen. Je weniger von der Mauer übrigbleibt, desto ausgefeilter werden die Methoden, um noch etwas Gewinn aus ihr zu schlagen. Sind alle Bemalungen verkauft, wechselt man einfach auf die weiße Innenseite, sprüht etwas Farbe darauf und fängt von neuem an zu meißeln.

Bei meinem letzten Ausflug kam ich am Gropiusbau vorbei, wo nur noch ein fünfzig Meter langes Mauerstück stehen geblieben war. Vor dem Rest der Mauer saßen zwei Rentner und boten zum Verleih Hämmer, Stemmeisen, Handschuhe und Leitern an, mit denen man die letzten bemalten Stellen an der Oberkante erreichen konnte. Ansonsten machte die Mauer einen Eindruck zum Erbarmen, ein weidwundes Tier, aus dessen Seiten die genarbten Moniereisen wie Rippen hervortraten. An manchen Stellen waren die Eisen auseinandergebogen, und im Beton klafften Löcher, durch die ganze Familien ihre Köpfe steckten und sich fotografieren ließen.

Mich zieht es zum Potsdamer Platz zurück, wo die Wunde der Stadt am offensten liegt. Das Niemandsland hat sich zu einer Fläche geweitet, die jeden aufnimmt, weil sie tatsächlich *niemand* gehört, also allen. Ein Land zwischen den gesellschaftlichen Systemen, weder in öffentlicher noch in privater Hand: inmitten dieser aufgeteilten Welt ein Stück Neuland, das nur noch zu haben ist als verbranntes Land, für einen Moment unschuldig, nachdem es *jede* Unschuld verloren hat. Ein Stück Erde so leer wie das Grenzvorland in den Karten der DDR: Dörfer waren darin ausgelöscht und Straßen nicht eingezeichnet. Am Brennpunkt der Geschichte ein Stück Geschichtslosigkeit. Sieht so das Paradies aus, von dem Kleist sagt, daß wir es nur durch seine Hintertür wieder betreten?

Zu diesem Raum der absoluten Herrschaft, der jetzt plötzlich der einzig herrschaftslose ist, gibt es Entsprechungen in der Zeit. Für mich waren es die zwei Tage meines Lebens, in denen ich staatenlos war. Mit Erleichterung hatte ich die Urkunde entgegengenommen, die mir den Ausschluß aus der Staatsbürgerschaft der DDR bestätigte; in der Zeit, bis ich eine neue bekam, war ich vogelfrei. Es war mir allerdings nicht klar, daß ich mich damit für kurze Zeit im gleichen rechtlosen Zustand befand wie alle anderen Staatenlosen dieses Jahrhunderts. Mein Lager war nur das in Marienfelde, und dort lag ein neuer Ausweis für mich bereit.

Zur Zeit befindet sich ein ganzes Land im Stadium eines solchen Interregnums. Die Verwirrung seiner Bewohner erscheint begreiflicher, wenn man sich der Schilderungen des Lagerlebens anderer Rechtloser erinnert. Auch sie leben ohne staatlichen Schutz, in einem Zustand, in dem es nicht einmal die Schuld gibt, nur die Strafe und nichts, womit man sie sich verdient hat.

Auf ihrer Westseite hatte die Mauer schon immer alle möglichen Vaganten und potentiell Staatenlosen angezogen; inzwischen gleicht das freie Areal zwischen Tiergarten und Gropiusbau einem Lagerplatz moderner Nomaden, während ihre Stammväter, die Zigeuner, sich wie jeden Sommer ein Stück weiter nördlich im Spreebogen versteckt halten. Beim Anblick des ehemals so schwer umkämpften, jetzt abgeholzten und eingezäunten Lenné-Dreiecks beginne ich darüber nachzudenken, wann der ganze Tierpark wohl wieder gerodet, parzelliert und, wie nach dem Krieg, mit Kartoffeln und Rüben bebaut wird.

Die Rollheimer, die seit Jahren um Stellplätze für ihre plattbereiften Wohnwagen kämpfen, hätten sicher nichts dagegen. Plötzlich sind sie des Schutzes der Grenze beraubt. Ihre Wagenburg scheint enger zusammengerückt zu sein angesichts der Greifbagger und Raupen, die aus der Mauerlandschaft eine Einöde machen, durchquert von einer Asphaltpiste, auf der reger Ausflugsverkehr herrscht. Sie führt mitten durch das Stammesgebiet der schwarzroten Junganarchisten, die sich als letzte hier angesiedelt haben, in Zelten, Bretterbuden und Bauarbeiterwagen. Ganz vorn auf Traktorrädern ein großes, vorsintflutliches Schiff aus Stanniolpapier, in dessen Bauch Noah und die Seinen mit ihren Hunden sitzen, Büchsenbier trinken und die Klassiker des New Wave hören. Der Bug der Arche zeigt in Richtung Osten. Dort türmen sich die alten und bald wieder neuen Ministerien von Stadtmitte uneinnehmbarer denn je.

Inmitten des Lagerplatzes stoße ich zwischen Zelten und Hütten auf einen grün bemoosten Granitwürfel, in dem ich bei näherem Hinsehen so etwas wie ein Denkmal für ein Denkmal erkenne. Auf der einen Seite des Steines ist eingraviert, daß an dieser Stelle ein Denkmal für Liebknecht geplant war, auf der anderen Seite steht warum, nämlich weil er am 1. Mai 1916 «von dieser Stelle aus» zum Kampf gegen den Krieg aufrief. Diese Feststellung wurde zweifellos in den fünfziger Jahren getroffen. War *das unbekannte Denkmal* also einer von Ulbrichts Schildbürgerstreichen oder stand auf dem Sockel einmal ein Bronze-Liebknecht, der Honeckers Mauerplanung weichen mußte? Jedenfalls lagen der Würfel und *diese Stelle* dreißig Jahre lang im verminten Niemandsland und sind, nachdem die Mauer weggeräumt ist, wie Strandgut bei Ebbe wieder aufgetaucht.

Die Flut hat hier, im Zentrum der Stadt, noch andere Zweideutigkeiten hinterlassen. Überall gibt es Zugänge unter die Erde, eiserne Falltüren und vermauerte Schächte. Bei den mit Müll und Bierbüchsen zugekippten Tunneleingängen ist klar, daß sie zur alten S-Bahnstation Potsdamer Platz gehören, andere, mit Betonplatten abgedeckt, scheinen direkt ins Nichts zu führen. Oder doch zu den Kellern unter dem Gestapohauptquartier? ... Dieses Territorium hat mehr als einen doppelten Boden.

Geht man einige hundert Meter weiter in Richtung Gleisdreieck, stößt man auf den Polenmarkt, der mittlerweile hinter Gittern abgehalten wird. Die Zäune sind ein besonderes Paradoxon in dieser Welt, und es sollte endlich einmal festgehalten werden: Im Westen gibt es bedeutend mehr Mauern, Zäune, Stacheldraht und Wachpolizisten als im seligen Osten, wo hinter der einen Mauer die große Grenzenlosigkeit ausbrach. Der Westen hat so viel zu beschützen! Seine Form der Massengesellschaft kennt noch den Anachronismus des Privateigentums und versucht, sich vor der letzten Nivellierung hinter Ghettomauern zu retten. Ganz Westberlin war ein großes Ghetto, wenn auch ein unfreiwilliges. Es gibt die durch die Zäune der Mieten getrennten Wohnghettos, es gibt Stacheldraht und Mauern um Flugplätze, Bankiersvillen, Naturschutzgebiete und Mülldeponien. Jeder Betrieb ist eine Burg, und jeder Kartoffelacker hat seinen Zaun. Ja, jede Kneipe ist Anlaufstelle einer bestimmten Szene, und jede Szene führt ein ghettomäßig abgesondertes Dasein: Bodybuilder und Vegetarier, Arbeiter, Türken, Lesben und Drogenfreaks. Die Welt ist unbegrenzt, und deine Freiheit ist die, jeden Ort, wann du auch willst, *verlassen* und mit einem anderen tauschen zu können.

Die freiheitsliebenden Polen kommen jedes Wochenende und leeren hinter den Gittern am Gleisdreieck ihre Taschen. Dichtgedrängt stehen sie im Schlamm und bieten die Reichtümer des Landes feil, an dessen Widerstand der Sozialismus zuerst scheiterte. Der Anarchismus der Polen hat die Mauer zuerst und am gründlichsten durchlöchert; sie hatten als erste den Zustand des gesellschaftlichen Chaos erreicht, die letzte Etappe beim Aufbau des Sozialismus. Der Lohn dafür liegt auf einer «Trybuna Ludu» zwischen den Pfützen: getrocknete und eingelegte Pilze, Wodka und Babywäsche, Schraubenschlüssel, Hartwürste und selbstgeschnitzte Schachspiele.

Ich steige aufs Fahrrad und kehre auf meinen Mauerweg zurück. Wohin ist mir mein Fahrrad in den letzten Wochen nicht überall gefolgt, immer an den Mauern entlang auf der Piste, auf der vorher die Militärjeeps und Kräder fuhren und die jetzt zum Fahrradweg quer durch Berlin geworden ist.

Ich bin auf der Straße gefahren, die zur Enklave Steinstücken führte. Die Mauern, die früher diesen Weg zu einem Tunnel unter freiem Himmel machten, waren gefallen, der Grenzstreifen ein breiter Spazierweg für die Anwohner aus Ost und West, markiert von leeren Mauerpfosten und den Masten der Lampen, die nachts die ganze Umgebung in gelbes Licht wie rieselnden Sand getaucht hatten. Ich dachte: Via Appia…, und warum sind an die Maste keine Kreuze genagelt, und warum hängt daran niemand? Gerechtigkeit ist ein Justizirrtum, aber warum gibt es keine Rache? Wie soll etwas beginnen, wenn nichts stirbt? Das sind Gedanken, bei denen ich heftiger in die Pedalen des Fahrrads trete.

Ich bin vom Brandenburger Tor aus in Richtung Norden gefahren. Vorbei an dem KZ ohne Insassen neben der Spree, vorbei am leeren Wachturm mit der herausgerissenen Tür und bepinselten Steinen am Weg. Durch Bahnunterführungen, an unbekannten Kanalarmen entlang und an Brückenpfeilern vorbei, die keine Brücken mehr tragen. Ich kam zu den Friedhöfen in der Nähe des Nordbahnhofs, die man früher nur betreten konnte, wenn auf einem Spezialausweis die Verwandtschaft mit einem Toten vermerkt war. Jetzt stieg ich durch ein Loch in der Mauer und stand plötzlich zwischen Grabsteinen, die alle mit französischen Namen beschriftet waren. Ich lief kreuz und quer zwischen den Grabsteinen umher, bis ich vor einem stand, auf dem ich den Namen Theodor Fontane las. Fontane ist unter die Lebenden zurückgekehrt, dachte ich, nur das ist wichtig. Alles andere kommt danach, auch daß sein Grabstein nun wie der von Brecht beschmiert werden kann.

Ich bin die Asphaltpiste hinterm Sportstadion an der Cantianstraße entlanggefahren. Von dort war das Kläffen der Hunde bis zu uns in die Knaackstraße zu hören gewesen, als ich mit Marlene, der Kellnerin, neben den Koffern lag und auf die Ausreise wartete.

Ab und zu waren wir hinunter zur Cantianstraße gegangen, zu einem der verwilderten Tennisplätze hinter dem Stadion, um uns die Zeit mit Tennisspielen zu verkürzen. Man brauchte nur durch ein Loch im Zaun zu steigen, um hineinzukommen, nur war es unmöglich, den Ball zurückzuholen, wenn man ihn über die Mauer geschossen hatte.

Das Stadion gehörte zu den Unfaßbarkeiten, wie sie nur Berlin bot. Vierzigtausend Fußballfans tobten regelmäßig direkt neben der Mauer, daß man ihr Schreien über das ganze Viertel hörte, aber nie passierte das, was man erwartete und fürchtete, nie riß sich ein Pulk los und stürmte die Stadionmauer.

Ich fuhr weiter in Richtung Pankow, vorbei an Autofriedhöfen und Schrebergärten, wo bis vor kurzem wegen der nahen Mauer der Besitz von Leitern ein Staatsverbrechen war. Ich kam an der Wollankstraße heraus. Unter der S-Bahnbrücke, da, wo ein halbes Menschenleben lang die Mauer die Wollankstraße Pankow von der Wollankstraße Wedding trennte, standen nur noch ein paar Sprelacarttische, an denen Zollbeamte saßen, um die sich kein Mensch kümmerte. Jeder lief inzwischen durch die Weltgeschichte, wie er gerade Lust hatte.

Da die Mauer und der Asphaltweg verschwunden waren, bog ich in eine Straße ein, in eine menschenleere Straße in Pankow an einem Sonntag um zwei. Ich stieg vom Rad, denn ich war im Osten. Vor dem geöffneten Fenster einer Parterrewohnung tranken ein paar Männer Bier, ihre Büchsen standen im Fensterbrett. Hinter dem Fenster hantierte die Hausfrau, die die Zeichen der Zeit verstanden und in ihrer

Stube einen Imbiß eingerichtet hatte. Auf dem Bürgersteig standen ihr ausgedienter Tisch und zwei Sessel. Ich bestellte eine Knacker. Ein Junge kam dazu und kaufte Eis und Bier.

Einer der Männer fragte den Jungen: «Was macht'n dein Vater? Schläft er noch?»

«Nee, der is schon aufgestanden», antwortete der Junge.

«Un was macht er jetzt?» fragte der Mann.

«Jetzt schläft er wieder», sagte der Junge und leckte am Eis. Ich nahm meine Knacker, schwang mich aufs Fahrrad und machte mich aus dem Staub.

Es ist zwecklos und gefährlich, sich in menschenleere Straßen zu begeben, in denen die Vergangenheit schläft. Zweimal habe ich sie bisher zu wecken versucht. Zweimal habe ich mich von dem Sog, der nach den ersten Mauerdurchbrüchen entstand, anziehen und tief ins Herz dieser Vergangenheit, bis tief in den Prenzlauer Berg führen lassen – jedesmal bin ich zurückgeworfen worden, beim zweitenmal endgültig. Der Griff ist zu fest, in den die Höfe und Hausreihen mich wieder nehmen wollen. Straßenschneisen, welche die Stadt in irrsinniger Suche nach etwas durchkreuzen, das sie verloren haben und auch nach der nächsten Kreuzung nicht finden werden, ein bißchen Leben. Es gibt in Westberlin sicher ödere Ecken, aber nicht diese monumentale Gewalt eines Stadtbezirks, wo eine Viertelmillion Menschen in Häusern leben, die keine anderen Merkmale haben als die Pockennarben der Geschichte. Der Westen bringt dich um, ohne daß du es merkst. Du grinst noch, während dir schon die Kehle zugedrückt wird, und immer flimmert eine Lampe in der Nähe, die dein Ende beleuchtet. Der Osten mordet langsam, lautlos und ohne Licht.

Ein Freund des Lichts wollte das Dunkel kennenlernen, aus dem ich komme. Diese letzte Reise in die Vergangenheit, zu der ich mich trotz der Pankower Imbißstube habe verführen lassen, ist noch keine Woche her. Wir stiegen in die Zeitschleuse Friedrichstraße hinab und tauchten irgendwann in der Mitte dieses Jahrhunderts wieder auf. Wie versprochen wollte ich jetzt die Perlen zeigen, die man im Dunkel finden konnte und die, wenn man sie richtig verband, eine Lichterkette von der Friedrichstraße bis hinauf in den Prenzlauer Berg ergaben. Eine Kette von Pinten, Kneipen und Nachtbars, die bei aller Trostlosigkeit den Vorzug des Ostens hatten, daß sich in ihnen alles mischte und jeder mit jedem ins Gespräch kam. Aber in der Stadtmitte war von ihnen nichts mehr zu finden. Entweder hatte man sie dichtgemacht wie Franke, den alten Zockertreff, oder sie waren spurlos vom Boden verschwunden. Es gab das Haus einfach nicht mehr, die Straßenecke war aus Beton und im Erdgeschoß eine sogenannte Kaffeestube mit Kerzen auf den Tischen – anscheinend Teil der letzten Aufbauleistung, an deren Vollendung die Genossen gehindert wurden: die Errichtung eines Spießerparadieses aus Betonfertigteilen im Stil des Dritten Reiches. Jedes Interhotel ein Reichsaußenministerium, jede Eckkneipe ein Versammlungslokal mit Voranmeldung und Kellnern in Uniform.

Zuletzt blieb wie immer nur noch der «Oderkahn»

in der Oderberger Straße übrig, der mit dem Segelschiff über dem Stammtisch. Eine Lösung mit gewissen Risiken, besonders das Hineinkommen war ein Problem. Achtung! Drei Stufen nach oben, dann die Tür, und dann… stolperte ich wieder über die vierte Stufe beim Versuch, die Wirtin hinterm Tresen so nüchtern anzusehn, wie ich war. Und wieder flog ich hinaus wie vor zehn Jahren: «Sie haben genug!» Hatte ich überhaupt jemals im «Oderkahn» schon ein Bier bekommen? Einmal, kann ich mich entsinnen, hatte ich für zwei Minuten einen Stuhl unter dem Hintern, dann machte ich den Fehler und stützte den Ellenbogen auf die Tischplatte. «Hier wird nich geschlafen!» hörte ich daraufhin die Stimme der Wirtin und flog abermals aus dem «Oderkahn», wie eine Seemannsleiche in den Ozean.

Wir strandeten am Helmholtzplatz, ohne Proviant und Getränke. Es war Freitag, zwanzig Uhr, und ägyptische Finsternis senkte sich herab. Wir tümpelten weiter, da vorn war ein Licht, geradeüber von «Bacchus' Höhle», die noch immer wegen Renovierung vernagelt war. Das mußte das «ZK» sein, eine der neuen Spontankneipen, eine Besetzerzentrale mit Flaschenbier und Mobiliar von der Straße. Wir sahen durchs Fenster. O ja, ich kannte sie alle, die da um ihre Vierertische saßen wie in der Kombüse des «Fliegenden Holländer» und taten, was sie immer taten, *nichts*. Das Resultat erfolgreicher Anpassung an einen Zustand, in dem alles, was man tun konnte, falsch war. Was tust du? Nichts. Was kannst du? Nichts. Was hast du gesagt? Nichts. Nur wenn du nichts tust und sagst, kannst du dich nicht beschmutzen. Auch was an neuer Besatzung auf dieses Geisterschiff gekommen war, war mir nicht unbekannt, die Kreuzbergpiraten in kampfzerschlissenen Lederjakken, die in revolutionärer Entschlossenheit die Füße auf die Tische legten. Jetzt machte tatsächlich einer von ihnen den Mund auf, und jemand vom Nachbartisch antwortete ihm. Ich wollte nicht hören, was sie sich zu sagen hatten, mir reichte, was ich an den Hauswänden gelesen hatte. Außer Zetteln, die statt des Schornsteinfegers die nächsten Wahlen ankündigen, und Aufrufen, entweder Ausländer oder Nazis zu verjagen, war nicht viel zu sehen von ihrer Revolution.

Nein, ich wollte auch nicht mehr in die Knaackstraße gehen, durch die Hausdurchgänge mit den abgerissenen Briefkästen bis in den dritten Hinterhof, um von dort aus zu einem Fenster im vierten Stock zu sehen, ich wollte weg aus dem Prenzlauer Berg, weg aus der Stille und Finsternis, in der man uns ausgesetzt hatte, kilometerweit vom Westen entfernt und in völliger Ungewißheit, ob wir je wieder dorthin zurückfinden würden. Wir trabten den Weinbergsweg hinunter, doch als wir zur Invalidenstraße kamen, schon Grenzwitterung in der Nase, fiel mir noch ein Etablissement ein, das einen Besuch wert war. Gleich um die Ecke war das «Altberliner Ballhaus» mit Tischtelefonen und Damenwahl, eine Rarität, die man gesehen haben sollte, bevor sie der Marktwirtschaft zum Opfer fällt.

Wir bekamen Tisch 19, direkt an der Tanzfläche. Über uns jaulte die Gesangssolistin, eine Miss Greifswalder Allee, und absolvierte gymnastische Übungen. Der Tisch neben uns war mit Westberliner Kunden besetzt, deren Anführer Klaus hieß und gerade versuchte, die zwei begehrtesten Tänzerinnen zu einem Nachtbummel durch Westberlin zu überreden. Vergebens, die beiden Blondinen waren aus Moskau zu einem Kongreß der Schmuckgestalterinnen nach Berlin gekommen und hatten nur DDR-Visa. Zum erstenmal waren sie in Deutschland, zum erstenmal überhaupt im Ausland, und die Grenzen waren offen und für wen, wenn nicht für sie! Niemand hätte sie kontrolliert, aber sie sahen kopfschüttelnd zur Bar, wo ihre Betreuerin saß, die nach einer Weile vom Hocker stieg und sie ab ins Hotel Newa führte. Es war 1 Uhr MEZ, das Lokal im Aufbruch.

Jetzt begannen plötzlich überall die Telefone zu läuten, dazu leuchteten die roten Kugellampen auf, die nummernbeschriftet über jedem Tisch hängen. Überall im ganzen Saal, oben auf der Galerie und an der Bar hallten die Hilfeschreie. *Save our souls*, schrillten die Telefone, *save our bodies*, signalisierten die Lampen. Auch bei uns klingelte das Telefon. Das war die Stunde meines Freundes, im Telefonieren kann den Westlern niemand das Wasser reichen. Er raunte Worte in die Telefonmuschel, bis der ganze Saal leer war und niemand mehr da, der ihm zuhörte.

Nur in einer Ecke soff noch eine Brigade die Reste aus ihren Krimsektflaschen. Wir wurden von der Sekretärin per Handsignal hinübergerufen. Das Kollektiv kam aus dem VEB Lederwaren Schöneweide und war zutiefst davon überzeugt, daß niemand auf der Welt mehr Portemonnaies, Handtaschen und Reisenecessaires kaufen würde, auf keinen Fall die, die sie herstellten. Sie waren dem Untergang geweiht;

das einzige, was sie noch tun konnten, war, ihre Gewerkschaftskasse zu versaufen, bevor die Währungsreform kam. Als man die Trauergemeinde auf die Straße setzte, ließ die Sekretärin ihre Truppe ziehn und schloß sich uns an. Sie war sturzbetrunken und redete ununterbrochen. Daß man ihr gekündigt habe, weil sie den Personalchef als Spitzel bezeichnet hatte, daß sie nichts als Maschinenschreiben könne, daß sie schon längst im Westen wäre, wenn sie nicht ein Kind hätte. Und zwischen jedem Satz sagte sie: *Aber es ist gut so.* Als wir in die Friedrichstraße einbogen und sie fragten, ob wir ein Taxi besorgen sollten, schüttelte sie energisch den Kopf. Sie taumelte weiter und rief noch einmal: *Es ist gut so!*

Nein, ich will nicht noch einmal zurück, nicht solange die Vergangenheit noch kenntlich ist, nicht solange der Osten nicht ununterscheidbar vom Westen geworden ist, nicht auf dieses leckgeschlagene SOS-Boot, überladen mit der Arroganz von Meistern im Kentern. Ich werde warten, bis es vollständig abgesoffen ist, warten, bis sich die Vergangenheit endlich bequemt, Gegenwart zu werden, und nicht ein zweites Mal von ihr Abschied nehmen.

Ich kehre zur Mauer zurück. Vom ehemaligen Grenzübergang Heinrich-Heine-Straße zieht sie ins hintere Kreuzberg, wo sie die Grenze eines Ghettos markiert, das ohne sie nicht entstanden wäre. Hier ist die Mauer Wandzeitung und Comic strip, hier kann man noch einmal die Botschaften einer Jugendszene lesen, die diesen Teil West-Berlins entdeckt und bevölkert hat. Hier wird noch einmal deutlich, was Westberlin auszeichnete und was genauso verschwinden wird wie seine Mauer, diese schreckliche und bequeme Materialisation des Weltendes. Eine alternative Spielwiese zwischen den Systemen, Dorado der Kriegsgegner im Hauptquartier von vier Armeen, der vielgesuchte dritte Weg eines gebremsten Kapitalismus, hochsubventioniert und von den Alliierten geschützt.

Die Mauer an der Waldemarstraße ist bereits verkauft. Nicht krümelweise an Touristen, nein, Segment für Segment wird sie von Kränen aus der Erde gehoben, auf Lastwagen verladen und schnurstracks nach Monte Carlo transportiert. Zwischen den Palmen einer Promenade stehen sie jetzt dort, die farbigen Köpfe aus der Kreuzberger Ahnengalerie, auseinandergerissen und hintereinander postiert wie Stelltafeln, die für die eigene Versteigerung werben. Paradebeispiel eines Joint Venture, wie ihn nur das Zusammenwirken der besten Kräfte von Sozialismus und Kapitalismus zustande bringt: einer Westberliner Geschäftsfrau und eines ehemaligen Majors der Ostberliner Grenztruppen, der nach eigener Aussage am 13. August 1961 höchstpersönlich den weißen Pinselstrich quer über die Friedrichstraße am Checkpoint Charlie zog, vor dem die amerikanischen Panzer hielten. Dieser Kombination gehört die Zukunft, das ist sonnenklar, man braucht nur die Stellengesuche in der «Morgenpost» zu lesen. Seitenweise bieten sich da arbeitslose Kommissare und Tschekisten an und haben jede Menge Loyalität, Auslandserfahrung und

Flexibilität zu bieten: *Koch, Angehöriger des MfS, erfahren in der Beköstigung großer Einheiten (nicht unter 1000 Portionen), sucht neuen Wirkungskreis.*

Zwischen Waldemarstraße und Döblinplatz haben die Grenzer es nicht dabei belassen, die Mauer zu roden, sondern an ihre Stelle einen neuen Drahtmaschenzaun gepflanzt. Doch dieser durch und durch faule Kompromiß konnte die Kreuzberger Jugend nicht zufriedenstellen. Ein Zaun, durch dessen Maschen man sieht, in welcher Nachbarschaft man bisher lebte und was an Zukunft auf einen zukommen wird: eine öde Freifläche, dahinter eine zweite Mauer (weiß und nicht versteigerungswürdig), dahinter eine Neubausiedlung, daneben die Kirchenruine der Heiligen der letzten Tage und qualmende Fabrikschlote. Ein so schwer erträglicher Anblick, daß die Szene nicht lange fackelte, zum Grenzstreifen zog und die Mauer durch ihre Trecker, Zirkuswagen und Wohnmobile ersetzte. Dort trinken sie Met, bis keiner mehr steht, und feiern die Ironie der Geschichte als Farce mit.

Hinter Bethanien haben sie die Mauer einfach als Grundstücksbegrenzung genommen, einen Staketenzaun gezogen und das Land dazwischen mit Grünkohl, Rotkohl und Erbsen bestellt. Das Gemüse gedeiht gut im ausgeruhten Schatten der Mauer, es wächst so üppig, daß die Agrarsozialisten sich wehrhaft gemacht haben: Sie nagelten Bretter nicht nur zu Veranden und Gartenlauben zusammen, nein, sie haben hölzerne Wachtürme nach dem Vorbild der Grenzanlagen gebaut und darauf ihre schwarzen und roten Fahnen gehißt. An der Grenze des Grundstücks zimmert ein türkischer Familienvater eine Bank. Ein paar Schritte weiter holt ein deutsches Familienoberhaupt einen gewaltigen Vorschlaghammer aus dem Kofferraum seines Trabant und drischt auf die Mauer ein, während seine Kinder die Brokken in Pappkartons sammeln.

Doch es ist mehr als Ironie, wenn die Kreuzberger Szene nun zum ersten Opfer der Einheit wird. Immerhin war sie es, die die Mauer lange vor dem Herbst 89 im Sturm nahm und ihre Absurdität aufzeigte. Ich meine den Mauersturm im Anschluß an die legendäre Besetzung des Lenné Dreiecks, als die Drachenflieger, Tunnelgräber und Seilbahngleiter des Ostens endlich Nachfolger im Westen bekamen – auch wenn es sich nur um die Akteure eines dreiaktigen Revoluzzerschauspiels handelte. Damals wurde das Niemandsland entdeckt, ein Stück DDR-Territorium nämlich, das auf der Westseite der Mauer zwischen Potsdamer Platz und Tiergarten lag und somit de facto herrschaftsfrei war. Die Szene schlug ihr Zeltlager dort auf, um zu verhindern, daß nach dem vereinbarten Gebietsaustausch das kapitalistische System Bäume fällt oder irgendeine andere Schweinerei begeht. Das Schweinesystem behauptete: Unter der Erde liegen Sprengminen und Fliegerbomben, also muß gefällt werden. Die Szene sagte: Leckt uns am Arsch! Beide Parteien lagen sich wie in Schützengräben gegenüber und warteten auf die Nacht, in der laut Vertrag ab null Uhr geräumt werden konnte. Als das Schweinesystem am grauen Vormittag endlich zum Angriff überging, legten die Besetzer die Leitern an, schulterten ihre Fahrräder und stiegen einfach über die Mauer. Daß sie dort zur Belohnung ein Frühstück erhielten und über die Grenzübergänge ihrer Wahl wieder ausreisen durften, deutete bereits das Ende der DDR an: Man hatte die Grenzüberschreitung der Anarchie zugelassen.

Und wie phantasievoll und witzig konnte diese Anarchie sein! Welchen Heidenspaß kann eine Demonstration machen! Für mich war es eines der ersten großen Erlebnisse in Westberlin: hundert- oder zweihunderttausend Leute, die *freiwillig* gegen die schweinischen Machenschaften des Internationalen Währungsfonds demonstrierten. Wir Ostflüchtlinge marschierten im Block der Internationalisten, angeführt von koreanischen Kriegstrommlerinnen. Frühmorgens trommelten sie die Banker in den Hotelbetten wach, und abends gab es die Kesselspiele auf dem Ku'damm. Hatten die Polypen endlich mal einen Kessel zustandegebracht, schwebte über ihren Köpfen plötzlich ein weißer Engel, wie eine überirdische Erscheinung von den Scheinwerfern der Kameras angestrahlt, die die eigentliche Ursache für die Friedlichkeit der Revolutionen sind. Mit Schild und Schwert aus Pappmaché gegen die Macht des Kapitals. Zuerst sah es aus, als stünde er auf Schultern, dann erkannte ich das Hochrad, auf dem der Engel flügelschlagend hin- und herschwankte.

Selbst die erste große Mai-Randale in Kreuzberg habe ich noch als ein exzessives Fest erlebt. Die Szenerie war phantastisch: Über dem damals noch hinter der Mauer gelegenen Treptow wurde zu Ehren des Internationalen Kampf- und Feiertags der Arbeiterklasse ein glorioses Feuerwerk abgebrannt, im benachbarten Kreuzberg gingen gleichzeitig die Autos in Flammen auf, Telefonzellen splitterten, Bauwagen wurden zu Barrikaden zusammengeschoben und angezündet. Im demolierten U-Bahnhof Görlitzer Straße saßen Hunderte auf den Gleisen und hämmerten mit Pflastersteinen auf die Schienen, daß es bis ins «Café Zufall» zu hören war, wohin schwitzende und rußverschmierte Aktivisten die Schnapsflaschen aus den geplünderten Supermärkten schleppten.

Am nächsten Morgen sah das ganze Viertel aus wie eine total verwüstete Kneipe nach einer durchzechten Nacht. Ausgebrannte Autowracks, mit Brettern vernagelte Schaufenster, kalter Rauch. Ein Bagger in der Mariannenstraße mit verkohlter Führerkabine, seine Eisenfaust auf das Pflaster gestützt. Geschmolzener Asphalt, wo die Barrikaden gebrannt hatten. Und dazwischen lagen inmitten ihrer Hunde und halb geleerter Flaschen die Helden der Nacht, die Kinder aus schwäbischen Einfamilienhäusern, die sich nie schmutzig machen durften und nun nur noch im Dreck spielen wollen. Sie hatten es geschafft und ihr Viertel so zugerichtet wie sich selbst.

War ich davon nur fasziniert, weil das alles im Osten so undenkbar gewesen war? Oder hatte es damals noch eine Kraft, die wie jeder Witz erst aus der Szene verschwunden ist, seitdem es nur noch gegen Deutschland geht? Oder war das Ganze etwa ein Inselspiel, das den Osten nur als drohenden Popanz brauchte? Jetzt ist ihnen das Niemandsland genommen, die Mauer, über die sie klettern und durch deren Löcher sie zurückkehren konnten. Und damit scheint alle Leichtigkeit dahin, es blieben Stumpfsinn übrig und abstruse Ideologie. Der Weg in den Osten, den die Schwarzen jetzt gehen, um Häuser zu besetzen und Schaufenster einzuwerfen, ist ein Weg in die Nacht; ihr Kult des Dreckes und der Armut ist sinnlos inmitten von Armut und Dreck. Er hat nur als Kontrastprogramm funktioniert, wie anscheinend die gesamte linke Ideologie. Nun sitzen sie in den Kellerkneipen und wollen ein System verteidigen, das sie ins Arbeitslager gesteckt hätte. Der Stacheldrahtverhau auf den Dächern der besetzten Häuser in der Köpenicker Straße stammt von den Grenzanlagen nebenan, und in den Kampf gegen die faschistischen Horden ziehen sie mit NVA-Stahlhelmen auf den Köpfen. Ihre Sprüche an den Latrinenwänden unterscheiden sich schon längst nicht mehr von denen ihrer Erzfeinde, sie fordern den «Endsieg der Linken» und «Nazis ins KZ». Übriggeblieben sind zwei Straßenbanden, deren politisches Vokabular nur noch Erkennungszeichen ist, wie ihr Haarschnitt; ein Mob, der es desto ernster meint, je sinnloser die Losungen sind, die er schreit.

Von einer kurzen Schleife durch den Osten zurückgekehrt, nähere ich mich der Adalbertstraße. Ich steige vom Fahrrad, schiebe es langsam an der Mauer entlang in Richtung Bethanien. Ich will ihm den Winkel zeigen, in dem ein Stück Leben blüht, von dem ich jedesmal, wenn ich mich ihm nähere, fürchte, es könnte vom Erdboden verschwunden sein. Das ist nicht erst so, seitdem die Grenzen offen sind; ein separater Garten Eden, so ärmlich er sein mag, wird von den Missionaren des universalen Glücks nur ungern geduldet. Er ist ein Ärgernis, das hier den Namen «Kinderbauernhof» trägt und nicht mehr Fläche braucht als ein halber Fußballplatz. In der Mitte ein Ententeich, daneben Misthaufen und Taubenschlag, rundherum Viehställe und Gehege. Ein Pferd in einem alten Hinterhofschuppen, Schweine in Schlammsuhlen, Schafe, eine Ziegenherde mit einem stinkenden Bock. Zusammengeschobene Erdhaufen im Hintergrund und ein paar verkohlte Balken sind von dem Versuch übriggeblieben, den Bauernhof durch eine ordentliche Kindertagesstätte zu ersetzen. Aber der Himmel wollte es anders. In der Nacht, als sie fertig geworden war, schlug der Blitz ein und legte sie in Schutt und Asche. Seitdem grasen die Schafe wieder auf der Wiese, und die Kinder füttern weiter Hühner und Schweine.

Hier, zwischen Adalbertstraße und Mariannenplatz, ist die Mauer noch scheinbar unversehrt, leuchtet in blau-rot-orangener Glut wie nach ihrer ersten Bemalung. Geht man allerdings näher heran, bemerkt man, daß die Mauerhacker hier wie überall schon am Werk waren. Doch sobald er weiße Narben hat, wird der Beton wieder bemalt, und zwar nicht vom anonymen Kollektiv der Sprayer, sondern von einem einzelnen. Ich lernte ihn kennen, als er mit Pinsel und Farbeimern vor der Mauer stand. Er nennt sich «Indiano», trägt ein Stirnband und – ist vor Jahren aus Halberstadt im Ostharz in den Westen getürmt.

Sein bisheriges Hauptwerk waren die Totempfähle, die den Bauernhof wie ein Indianerreservat aussehen lassen. Beschnitzte Balken, bizarr mit Kleiderbügeln oder mit bemalten Brettern geschmückt. Der Mauer hat sich Indiano erst zugewendet, als sie zerstört wurde. Er besprüht sie nicht, er malt auf den geschundenen Beton mit dünnflüssigen, leuchtenden Farben Köpfe seiner indianischen Vorfahren aus dem Harz, deren Münder sich wie Tore öffnen und unerbittlich Mahnungen verkünden: *Stop Ozondeath!*

Seit kurzem zieht eine gewaltige Gebirgskette am Mauerhorizont entlang. Hier hat Indiano nichts anderes getan, als dem Relief der zerhämmerten Mauer mit Farben zu folgen und es zu deuten. Jeder Gipfel ist so hoch, wie ein Arm reichte, um den Meißel anzusetzen, und fällt mit den Hammerschlägen nach unten. Indiano hat nur die unberührt gebliebene Fläche blau und den zerhackten Beton ockerbraun übermalt: Himmel und Erde, ein Felsmassiv, dessen Hänge von Hämmern und Meißeln geformt wurde.

Die Götter und die Gebirgskette wandern langsam in Richtung Neukölln, weil sich ihr von der Waldemarstraße her bereits die Bagger nähern. Ich folge den Bergen, bis ihr Gelb plötzlich abbricht und durch das Grün einer Kanallandschaft ersetzt wird. Ich schiebe mein Rad die Uferböschung hinauf und sehe vor mir eine Brücke, die weder zerstört ist noch geteilt, sondern einfach nur ein Ufer mit einem anderen verbindet. Es ist nicht zu bezweifeln, ich bin im Freien, das Wasser der Spree fließt völlig ungeteilt, es gibt keine Mauer mehr, es gibt nur noch die Backsteinmauern der Speicher, die am Ostufer und Westufer des Kanals stehen, und deren Spiegelbilder im Wasser ununterscheidbar sind.

# 3

# Die Wälder haben Ohren, die Felder haben Augen

Soeben habe ich im Fernsehen den Wald von Schmachtenhagen gesehen. Da meinem Fernsehgerät die grüne Farbe ausgegangen ist, war er rot wie die Wiese vor dem Bundeskanzleramt, braun wie ein Fußballfeld am Samstagnachmittag. Aber ich versichere euch, daß er in Wirklichkeit grün ist wie jeder Wald, sommers wie winters kieferngrün. Ich fühle mich zu der Aussage berechtigt, weil ich diesen Wald kenne, ich habe sieben Jahre in ihm gelebt. Der Reporter hätte nicht sagen müssen: «Wir melden uns aus dem Schmachtenhagener Forst bei Sachsenhausen...», ich hätte ihn auch so an seinem unverwechselbaren Kiefernrot erkannt. Sofort habe ich auch die Straße nach Sachsenhausen erkannt, einen jener unzähligen Sandwege, die die märkischen Wälder durchziehen; ich habe die Stromleitungsmasten erkannt, die Lichtung und an ihren braunrot gefleckten Kampfanzügen die NVA-Soldaten. Einige waren in einer Grube mit Schaufeln beschäftigt, andere legten das Ausgegrabene auf den Grubenrand, wo der Offizier es aufhob und dem Kameramann hinhielt, und noch bevor es in Naheinstellung gezeigt wurde und ohne daß es der Reporter hätte erwähnen müssen, wußte ich, daß es sich nicht um Scherben, sondern um die Knochen von Toten handelte. Nur die beiden Alten, die stumm neben der Grube standen, kannte ich nicht: die Frau in der Schürze, die immer den Kopf schüttelte, und ihren Mann, der seinen Kopf still hielt, bevor er ihn schließlich hob und in die Kamera sagte, was beide wußten, nämlich daß die Leichen Häftlinge des KZs in Sachsenhausen gewesen waren, nachdem es von der Roten Armee als Lager für ihre Gegner übernommen worden war, und daß sie damals in der Nacht Schüsse gehört und am Morgen die frisch ausgehobene und wieder zugeworfene Grube entdeckt hätten.

Es ist für mich keine Neuigkeit, was ich soeben gesehen und am Morgen schon in der Zeitung gelesen habe, es war bekannt in Schmachtenhagen. Ich weiß nicht, wie oft ich über sie und über wie viele von ihnen gelaufen bin, die da drei Spatenstiche tief im Sandboden modern, doch daß es hier Tote geben mußte, das spürten nicht nur die Fußsohlen, das konnte man sich an seinen fünf Fingern abzählen. Jeder Wald hat seine Toten (warum wäre der Boden sonst so weich, warum hielten wir sonst den Atem an?), die Wälder um Berlin haben mehr als andere Wälder, und im Wald zwischen Sachsenhausen und Schmachtenhagen lagen sie tief geschichtet und wild durcheinander wie auf einem Friedhof zur Zeit der großen Pest.

Ich wußte es spätestens, seit ich den Aufsatz von Ramona Raddatz, einer meiner Lieblingsschülerinnen, zum obligaten Thema «Mein schönstes Ferienerlebnis» gelesen hatte. Ramona beschrieb, wie sie eines Morgens mit ihrem Bruder in das Waldstück am Transformatorenhäuschen gezogen war, wo es, wie sie wußte, Tote geben sollte, wie sie zu graben begonnen hatten und tatsächlich auf Reste von Knochen und Uniformen gestoßen waren, wie sie die Knochen, bleich wie abgeschältes Holz, herausgenommen und so auf die Erde gelegt hatten, daß es wie ein Gerippe aussah, zum Schluß den *Toten Kopf*, in dem noch ein paar Zähne steckten; wie sie dann alles wieder in das Grab gelegt und mit Erde bedeckt hatten. Bei der folgenden Wahl zum Gruppenrat schlug ich Ramona als Vorsitzende vor, eine Empfehlung, die von der Klasse einstimmig angenommen wurde. Mir gefiel ihre Unerschrockenheit und ihr Witz, und vor allem hatte ich den Eindruck, sie war diejenige, der ein solches Amt am wenigsten schaden konnte.

Schmachtenhagen ist nicht das, was man sich unter einem Dorf vorstellt, es ist ein sich von einem Ortskern aus in verschiedenen Richtungen In-die-Wälder-Schlagen. Von sehr weit oben, mit dem Blick eines der über die Felder kreisenden Bussarde könnte man das erkennen: Der Grundriß ähnelt einem Teerfleck, den ein verwirrter Köhler mit randvoller Kanne hinterlassen hat, die Häuser tröpfeln Straßen und Wege entlang in den Sand, in den Wald und bilden dort größere Inseln, die man Kolonien nennt. In ihnen wohnen die meisten Schmachtenhagener versteckt in ihren Häusern, die sie nur ungern verlassen, um aufs Fahrrad zu steigen und zum Konsum zu fahren und eine Flasche Milch und ein Dreipfundbrot zu kaufen.

Das alte Ortszentrum bildete eine breite Straße,

deren eine Hälfte asphaltiert und deren andere mit groben Feldsteinbuckeln gepflastert war. Hier, an diesem Rest eines Dorfangers, zwischen Schule und Konsum, zwischen Kindergarten und blaßgelber Backsteinkirche, auf deren Simsen Birkenhaine wucherten, gab es ein paar eingeschossige Gehöfte, die daran erinnerten, daß auch Schmachtenhagen einmal eine bäuerliche Vergangenheit hatte. Davon war nichts übriggeblieben, weder Misthaufen noch krähende Hähne noch Kuhfladen auf der Dorfstraße. Die Getreidefelder, die Sonnenflecken zwischen den Schatten der Forste, wurden von Bauern aus dem Nachbardorf bewirtschaftet. Die Schmachtenhagener selbst dachten nicht daran, ihr Dorf zu verunstalten, indem sie darin arbeiteten, sie wohnten, sie hausten nur hier. Zur Arbeit fuhren sie möglichst weit weg, in die Kasernen bei Oranienburg oder in die Hennigsdorfer Stahlwerke, ja, bis in das anderthalb S-Bahn-Stunden entfernte und, aus Gründen, die ich noch kennenlernen sollte, verachtete Berlin.

Die verwaiste Dorfmitte war das erste, was ich, nachdem ich aus dem Bus gestiegen war, von Schmachtenhagen wahrnahm. Irgendwo weiter hinten war der Rat der Gemeinde, und dort erwartete mich der Bürgermeister, ein rotgesichtiger, ständig am Herzinfarkt entlang schnaufender Fettsack und ehemaliger Hauptfeldwebel aus Oranienburg. Er erklärte mir ohne Umschweife, daß ich mich erst einmal zu rasieren und mir die Haare abzuschneiden hätte, wenn ich von ihm eine Wohnung zugewiesen haben und hier als Lehrer arbeiten wollte.

Ja, ich gestehe es: Ich habe mich rasiert und mir

die Haare abgeschnitten und die Zeit zwischen meinem zweiundzwanzigsten und meinem achtundzwanzigsten Lebensjahr als Dorflehrer in Schmachtenhagen verbracht, einer Siedlung nördlich von Berlin, gelegen im großen Wald zwischen Sachsenhausen und Wandlitz. Wie ihr euch denken könnt und wie jeder, meine Person eingeschlossen, von der ersten Sekunde an wußte, war ich als Lehrer eine Katastrophe, eine Zumutung, ein gemeiner Tiefschlag in die Magengrube jeder, nicht nur der sozialistischen Pädagogik. Aber was sollte ich sonst machen?

Weil ich nichts wollte als schreiben, war ich zusammen mit Frau und Kind in den Wald von Schmachtenhagen gezogen, bereit, die Liste deutscher Dichter zu verlängern, die als Kinder armer Leute das Martyrium auf sich nahmen, sich mit anderer Leute Kinder herumzuquälen.

Schmachtenhagen bestand darauf, mein nacktes Gesicht zu sehen, nun gut, sollten sie es bekommen. Dafür gaben sie Zimmer und Küche unterm Dach eines Einfamilienhauses an der Oranienburger Chaussee, der streng kontrollierten Schauseite des Dorfes. Ich war zufrieden damit (ich war mit allem zufrieden in dieser Zeit), auch wenn ich nie das Gefühl los wurde, vom gegenüberliegenden Hang ununterbrochen beobachtet zu werden. Das Haus stand außerdem auf unsicherem Boden, es bewegte sich fortwährend. Direkt unter dem Fenster glänzte das Transportband aus Pflastersteinen im Regen, der Steinfluß, auf dem die Autos ihre Motorengeräusche nach Norden schwammen, und in entgegengesetzter

Richtung glitt das Licht der Scheinwerfer wie Leuchtturmstrahlen über unsere Zimmerdecke, in Richtung der Nacht, aus der sie kamen und durch die wir selbst mitunter die Lichtkegel unserer Fahrräder auf unser Haus zutrieben.

Schräg gegenüber von diesem Haus lag, hinter Linden versteckt, denen man die Stämme bis über die Ohren geschoren hatte, einer der beiden Gasthöfe des Ortes. Er war eine Spinne im Netz, die an dieser Kreuzung ihre Beute, die Trinker aus den umliegenden Häusern und Hütten der «Kolonie West» über Feld- und Waldwege, Chaussee und Dorfstraße an sich zog. Dort *standen* sie um die Theke herum und starrten in den Regen hinaus, denn ich traf sie in der Kneipe nur bei Regen, wenn sie in den Gärten nichts machen konnten; und so soffen sie gemeinsam mit der Erde, als ob sie den Durst erst durch ein Beispiel erklärt bekommen müßten. Ein eigenartiger Menschenschlag, diese Waldpreußen. Nichts haben sie lieber, als wenn man sie in Ruhe läßt. Sonntags gehen sie angeln und verfüttern anschließend die Fische an die Katzen, und Fahrrad fahren sie so gern – falls sie überhaupt etwas gern machen –, weil sie da mit niemand reden müssen, weil sie so bequem wegsehen können, wenn ihnen jemand entgegenkommt. Eines ist jedenfalls klar: Die wirkliche Teilung Deutschlands ist die zwischen Nord und Süd, flach und hoch, zwischen In-der-Kneipe-Sitzen und Am-Tresen-Stehn; dazwischen, ob man auf der Straße schief angesehen wird, wenn man nicht laut genug grüßt, oder deshalb, weil man sich erdreistet, jemand mit einem «Guten Morgen!» den Tag zu versauen.

An die Gaststätte schloß sich ein langgestreckter Tanzsaal an, der von der Schule als Turnhalle genutzt wurde. In jedem Oktober wurde dieser Saal gefegt und gewischt, Tische und Stühle wurden vom Boden geholt und aufgestellt, und die Bühne wurde für das Dorffest am Geburtstag der Republik drapiert. Hier wurde uns die zweite Begrüßung, gewissermaßen der öffentliche Empfang durch die Bevölkerung von Schmachtenhagen zuteil. Sie zeigte, daß sie sich von ihrem Bürgermeister, obwohl sie ihn für einen korrupten Spargelfresser hielt, in punkto Freundlichkeit nichts vormachen ließ. Wir waren, als wir die Musik der Feuerwehrkapelle hörten, herübergekommen und versuchten, uns so unauffällig wie möglich zu benehmen, ein paar Gläschen an der Bar, zurückhaltend wie es sich für einen neuen Lehrer gehört, und tanzen nur, wenn die anderen auch tanzten. Das half aber alles nichts. Als wir nach dem letzten Tanz den Ausgang ansteuerten, schoben sich in der Gasse, die das Jungvolk des Dorfes mit seinen Stühlen bildete, lauter Beine mit ungeputzten Schuhen nach vorn. Ich ließ mich zu einem Scherz hinreißen, hebelte den ersten aus und sprang über die Füße der anderen. Das fanden die Burschen überhaupt nicht lustig; draußen, noch vor der Chaussee, hatten sie uns eingeholt und schlossen uns blitzschnell in einem Kreis wie in einer Zange ein, während sich die restliche Bevölkerung auf den Heimweg machte.

«Was wollt ihr?» fragte ich.

Winnie Assmann, wenn er nüchtern war ein ganz gutmütiger Kerl, aber jetzt war er es gerade nicht und außerdem erst seit einer Woche aus dem Knast zurück, antwortete grinsend: «Geld!»

«*Was* wollt ihr?» wiederholte ich.

«*Geld*!» wiederholte Winnie und nahm mich beim Kragen.

Ich sagte: «Ich habe nichts» und versuchte mich loszumachen.

Winnie wendete sich an Vera: «Wenn ihr nichts zahlt, polieren wir deinem Kerl die Visage, daß du ihn nicht wiedererkennst.»

«Wieviel?» fragte Vera. Wir hatten beide Angst, jeder um den anderen und um sich selbst.

«Fuffzig Pfennig reichen», antwortete Winnie, nachdem er mich spöttisch gemustert hatte.

«Hier», Vera warf die Münze in den Kreis. Wir konnten gehen.

Ich war freigekauft, und zwar für eine Summe, welche die Schmachtenhagener in aller Bescheidenheit als Tauschwert für einen Menschen ansahen: die geriffelte Alumünze, für die man ein halbes Brot oder ein Bier bekam. Das hatte, abgesehen von der allgemeinen Nichtachtung, die sie auf alles verteilen, was existiert (einschließlich sich selbst), nichts mit Geringschätzung zu tun. Es bedeutete nur: Ich soll mir nichts einbilden, ich bin jetzt in Schmachtenhagen, und hier gilt eine andere Währung.

Was für eine war es? Sand, Aluminium und rechtzeitig gestochener Spargel? Geteilt durch die Anzahl von Dienstjahren bei Armee oder Bahnpolizei oder der abgesessenen Knastmonate in Brandenburg. Die kleinste Zeiteinheit war der 50-ccm-Gesang eines Mopeds, von seinem ersten Ton beim Kanal an der

Schleuse bis zum Verstummen hinter der Abzweigung nach Wensickendorf. Abseits davon und darunter die lautlose Fahrradzeit Schmachtenhagens. Die Zeitlosigkeit der wie träge Flußarme über ihre Ufer tretenden Sandwege, in denen sich die Vorderräder alle fünfhundert Meter querstellten, die Hinterräder im Sand ertranken und man selbst vom Sattel steigen mußte – ein abgeworfener Reiter, der zu Fuß gehen und sein Pferd schieben muß. Es ist eine Strafe, in Schmachtenhagen zu Fuß zu gehen! Sandwege so weit wie der Weg der Sonne, von ihrem Aufgang als zitterndes Eidotter über der Kolonie Ost bis zu ihrem sanften Verbluten hinter den schwarzen Kiefern der Kolonie West.

Die Kolonien! Obwohl man von den Schmachtenhagenern nicht behaupten kann, sie hätten jemals Land urbar gemacht, geschweige denn eine Kolonie gegründet, so waren sie doch eindeutig Kolonisten, nur eben vom Typ der Pilzesucher und Angler und nicht dem der Farmer. Zu ihren Besonderheiten gehörte der Abscheu, mit dem sie alles betrachteten, was mit Berlin zu tun hatte, den ich mir lange Zeit nicht erklären konnte. Die paar Wochenendler, die Freitag abends herausgefahren kamen und auf ihren Saharaparzellen verzweifelt nach Wasser bohrten, konnten doch höchstens Grund zur Belustigung sein, ein reiner Quell der Schadenfreude, der einzigen Freude, welche die Schmachtenhagener kennen. Aber seit sich die beiden deutschen Regierungen in der vorigen Woche über die Rückgabe des seit 1949 in der DDR enteigneten Privatbesitzes einigten, weiß ich, daß das Mißtrauen der Schmachtenhagener gegenüber den Berlinern mehr als begründet war. Man kann gar nicht mißtrauisch genug sein! Gegen jeden! Das ganze Leben ist ein ununterbrochenes Überbieten der schlimmsten Befürchtungen, die Waldpreußen wissen das ganz genau, besonders die alten, mit dem kalten Zigarrenstummel im Mundwinkel, dem Stock in der Hand und auf dem Kreuz den Rucksack vollgepackt mit Inflation, Krieg, Gefangenschaft und LPG. Was bedeutet das eigentlich für sie: Steine aus dem Wolfsmagen oder eingewikkelte Stullenpakete, von denen sie ab und zu einen Bissen nehmen? Ich habe es nie so richtig herausbekommen, versichere ich euch. Ist ja auch egal... Jetzt jedenfalls geht es ihnen an den Kragen, denn die Hälfte der Häuschen, in denen sie munter und frei wie die Sperlinge gehaust haben, sind sogenannte «West-Grundstücke». Ich habe das Wort immer ganz neutral aufgefaßt, so wie Wald- oder Wassergrundstück, höchstens mit einer gewissen archäologischen Bedeutung: Früher einmal saßen hier irgendwelche fremden Völker... In Wirklichkeit aber, und das war den Schmachtenhagenern bewußt, handelt es sich bei den Kolonien um die ehemaligen Sommers- und Alterssitze von Westberliner Familien, die noch keineswegs ausgestorben sind.

Es muß ein Bürgertum von eher bescheidenem Wohlstand gewesen sein, wie die Lage im doch etwas reizlosen Norden von Berlin vermuten läßt. Auch die Behausungen, die sie hinterließen, waren eher von der schlichten Art. Es gibt kaum pompöse Villen in Schmachtenhagen. Meist sind es einfache Steinhäuser, manchmal Holzhütten, versteckt hinter den Palisaden braunroter Kiefernstämme, die milchige Tränen in talgverklebte Blumentöpfe weinen. Die neuen Bewohner haben die Häuser häufig mit den kuriosesten Anbauten geschmückt: selbstgemauerte Hühnerställe, Badehäuser mit Betonfußböden, in denen der Hausherr das Loch für den Abfluß vergessen hat, Veranden, die niemals fertig geworden sind und ihre Stahlbewehrungen wie nackte Arme gen Himmel recken, Zorn enttäuschter Ehefrauen. Die meisten Häuser sind nur mit Pappe gedeckt; daß jemals eins geteert wurde, daran kann ich mich nicht entsinnen. Vielleicht liegt es an den ungewöhnlichen Dachformen besonders der zweistöckigen Häuser. Manche Giebel ähneln etwas breit geratenen Spitzbögen, andere Dächer sind rund wie die von Lokomotivschuppen einer Waldeisenbahn, und einige Häuser tragen ihre nach unten abgewalmten Dächer wie eine steife Pappfrisur mit Pony in der Stirn.

Ich kannte fast alle diese Häuser, die meisten sogar von innen, denn eine meiner von den Schülern meistgefürchteten Leidenschaften waren die Hausbesuche. Dabei hatten sie überhaupt nichts zu befürchten, ich kam ja nicht, um mich zu beschweren, im Gegenteil, ich wollte mich bei ihnen rückversichern. Ich wollte mit ihren Eltern ein Bündnis schmieden gegen die schändliche Institution der Schule, die arme Kinder zwingt, zwei Kilometer lange Wege bis zur Schule zu gehen, selbst wenn es Bindfäden regnet. Und ich wollte mir bei einem Gläschen Korn erzählen lassen, wie währenddessen die Wildschweine aufs Grundstück kommen und das Maisfeld zertrampeln und daß der Bürgermeister, diese dicke Schmeißfliege, schon wieder ein Grundstück an die Berliner verscherbelt hat.

Am liebsten machte ich die Besuche bei den kinderreichen Familien, von denen es mehr als genug gab. Die Schule wurde sozusagen von Dynastien beherrscht, die sich in manchen Klassenstufen auch noch stauten: Ab Klasse 6 warteten die älteren auf die jüngeren Geschwister, um die letzten Jahre gemeinsam zu verbringen. Doch so neugierig ich war, um einige dieser Häuser, beispielsweise um die der Wischnewskis und Assmanns, mußte ich weite Bögen machen, nicht wegen der ohne Kette um das Haus streunenden Köter, nein, weil ich mich hatte hinreißen lassen, dem jeweils Jüngsten des Hauses auf der Schultoilette eine Ohrfeige zu geben (die Toilette war mein bevorzugter Ort für Ohrfeigen), und seitdem die zwölf älteren Geschwister, der knorrige Vater und die kräftige Mutter darauf warteten, mich an einer dunklen Stelle abzupassen. Denn Respekt hatten die weder vor der Schule noch vor dem Bürgermeister noch vor sonstwem (und das imponierte mir), und ihre Kinder durfte niemand anderes verprügeln als sie selbst.

Was war das überhaupt für ein Menschenschlag, der hier zusammen mit Hunden, Katzen und Hühnern im Wald hauste, seit die Westberliner ihn verlassen hatten? Woher kam diese gesunde Asozialität? Manchmal hatte ich den Verdacht, Schmachtenhagen gehöre zu den sogenannten Verbrecherdörfern, wie es sie vor allem unten in Sachsen gab. Vorbestrafte, Alkoholiker, Arbeitsbummelanten, alle möglichen Typen, denen man ein Berlin-Verbot anhängen konnte, schaffte man aus der Hauptstadt weg und verbannte sie irgendwo in den Süden. Eines dieser Nester kannte ich, Zeulitz hieß es; mein bester Freund hatte dort die Kneipe seiner Mutter geerbt und trank sich nun gemeinsam mit den Berlinvertriebenen in den Ruin. Ich half ab und zu die Gläser spülen. Welch imponierende Großstadtgestalten konnte man dort treffen! Einer, der es inzwischen zum Fahrkartenkontrolleur bei der Reichsbahn gebracht hatte, behauptete steif und fest, ein nur knapp gescheiterter Ulbricht-Attentäter zu sein. Ein anderer fuhr den Viehtransporter des Schlachthofs, er trank das Bier grundsätzlich nur aus dem Stiefel. Seitdem sein Wagen eine Rundumleuchte hatte, stieg er regelmäßig auf den Tresen, um uns zu zeigen, welchen Spaß das Fahren macht: «Oben auf dem Dach heult die Sirene wiiii ... wiiii ..., und hinten im Laderaum quieken die Schweine wiiii ... wiiii ...»

Doch um zu den Verbrecherdörfern zu gehören, lag Schmachtenhagen viel zu nahe an Berlin. An die Quelle, aus der sich der Schmachtenhagener Siedlerstrom nährte, kamen wir erst, als wir das Dorf wieder verließen. Die Schule hatte ein Einsehen und war schließlich froh, mich wieder loszuwerden, so daß wir uns auf die Suche nach einer Tauschwohnung in Berlin machen konnten. Was wir nie geglaubt hätten: Eine Arbeiterfamilie aus dem Prenzlauer Berg war glücklich, ihre heruntergekommene Fünfzimmerwohnung, für die sie seit zwei Jahren keine Miete mehr zahlte, gegen eine Waldhütte mit Plumpsklo tauschen zu können.

Ich wußte, sie hatten auf ihre Weise recht. Der Wald kann mehr als fünf Zimmer ersetzen. Es ist das Gefährliche an ihm, daß er, wenn man einmal den Fuß hineingesetzt hat, vergessen macht, daß es überhaupt Zimmer, Mietshäuser, Straßen, Städte, U-Bahn-Stationen, Lokale, Waschsalons und ihre Benutzer gibt. In Schmachtenhagen ist der Wald allgegenwärtig; auch wenn man, wie die meisten Dörfler, die Sandwege kaum verläßt, kann man ihm nicht ausweichen. Die meisten der West-Grundstücke hatten ihren Widerstand aufgegeben, weil die Häuser darauf entweder verfallen und von niemandem bewohnt waren oder weil ihre Bewohner sich nicht dafür verantwortlich fühlten. Es waren Enklaven, die niemandem gehörten. In ihnen vermoderten die heruntergetretenen Zaunfelder am Boden, und die verwilderten Obstbäume trugen nur noch winzige, sauer schmeckende Früchte – dafür wuchsen Birkenpilze, Maronen und Morcheln in den Birkenhainen. Ohnehin gab es nur wenig Zäune in Schmachtenhagen. Wenn, dann waren sie furchteinflößend. Es gab Maschendrahtzäune darunter, deren Betonpfosten sich am oberen Ende wie Peitschenlampen bogen. Hätte es, als man die Galgen erfand, schon Beton und nicht nur Holz gegeben, so wären sie in diese Form gegossen worden. Die Pfeiler stammten vom Lagerzaun in Sachsenhausen und wurden nach dem Krieg in den umliegenden Dörfern verbaut. So schauerlich dieser Anblick am Anfang war, sowenig beeinträchtigte er doch mein Leben in Schmachtenhagen auf die Dauer. Ich fühlte mich auch nicht berufen, Gerüchten über die Schmachtenhagener nachzugehen, die im Lager gearbeitet haben sollen, unter den Nazis, unter den Russen oder unter beiden; der Wald machte uns alle gleich. Wäre die Schule nicht gewesen, lebte ich noch heute in ihm und würde mich erst jetzt vor den Toten fürchten, die plötzlich auferstehen. Damals schliefen sie im Grün wie Blindgänger von Granaten, Stacheldraht und weggeworfene Autoreifen; geschluckt vom gleichgültig gefräßigen Wald.

In den meisten Gegenden Mitteleuropas ist die Natur von sich aus kultiviert. Sie verlangt geradezu nach der Baumschere und den Melioriationsarbeitern, so friedlich ist sie. Die brandenburgische Mark ist das aus der Art geschlagene Kind unter den deutschen Landschaften, einzelgängerisch versponnen, mit Sand zwischen den Zehen, widerspenstig, schwer erziehbar. Mit ihr schiebt sich der slawische Osten nach Deutschland herein, schweigsam und völlig unaggressiv, aber dennoch eindeutige Wildnis. Keine Wildnis, die einen vor Fruchtbarkeit zu verschlingen droht; nein, sanft und schleichend breitet sie sich über die Dürre des Sandbodens aus, überzieht wie Unkraut, das nichts verschmäht, die Schutthalden und Sportplätze und dringt in die Städte ein, ohne bemerkt zu werden.

Berlin ist berühmt für sein Grün, aber nicht, weil es so viele Parks hat, sondern weil es inmitten einer Natur liegt, die so bedürfnislos ist, daß ihr jeder Riß im Asphalt genügt, um darin Wurzeln zu schlagen. Bei jedem Gang durch Berlin finde ich die Mark Brandenburg wieder: Getreideinseln auf Fußwegen und in Dachrinnen, Wälder zwischen Bahngleisen. Ein Emigrantenkind aus London erzählte mir einmal, was sie für einen Eindruck hatte, als sie in ihre

Geburtsstadt zurückkehrte. Sie wurde in einem Auto die breite Bundesallee entlanggefahren, die ein Wald war, hinter dem sich Ruinen und leere Gründerzeitvillen versteckten. «Wo ist die Stadt, wo ist Berlin? Gibt es hier keine Häuser?» fragte sie, die nur die City von London und dessen Vorstädte kannte.

Diese Wildnis hatte nicht nur mit dem Krieg zu tun; von der S-Bahn aus ist Berlin noch immer ein Wald mit Straßen, Häusern, Fabriken und Seen darin. Es ist damit die Stadt der Gegenwart und Zukunft. Die Natur ist längst auf der Flucht in die Großstädte, den Dschungel gibt es nur noch hier. Was will sie auch auf dem flachen Land? Sie *muß* flüchten vor Mähdreschern, Förstern und Schädlingsbekämpfungsmitteln. – Schmachtenhagen ist so etwas wie ein über den Gürtel von Müll und Unrat hinaus vorgeschobener Vorposten Berlins. Eine Metastase, die sich selbständig gemacht hat und bereits einen Schritt weiter auf dem Weg zurück ist: Sie führt wieder das Leben *vor* dem Straßenbau.

(Oder wird, da ich meinen Fuß nicht mehr vor die Tür setze, da ich mich von den Resten im Kühlschrank ernähre und demnächst von den Kakerlaken in den Ritzen zwischen den Fußbodendielen, da ich die Unruhe draußen hasse: mein eigener Aufbruch multipliziert mit sechzehn Millionen, da ich warten will, bis sich alles wieder beruhigt hat – und nie wird es sich beruhigen –, wird in meiner Abgeschlossenheit alles für mich zu Berlin, die ganze Welt zu einer einzigen Stadt, deren Teile nur verschiedene Namen tragen? Alles, was ich sehe und höre, wird eins: *meine* Welt, eine fürchterliche Last, da ich doch nie etwas besitzen wollte. Ich weise sie von mir! Ich wehre sie ab, indem ich von ihr rede.)

Als ich meine ersten Gänge durch den Schmachtenhagener Forst machte, erschreckte mich eine noch nie erlebte Eintönigkeit. Endlose Reihen von Kiefern, unterbrochen nur durch die schnurgeraden Wege, deren Kreuzungen einander so sehr glichen, daß man nach der dritten jede Orientierung verloren hatte und sich plötzlich am Ufer eines unbekannten Kanals fand, der nirgendwoandershin als in die Nacht floß. Und in den Ohren war ein Dröhnen, das man unmöglich noch mit dem Rauschen des Blutes verwechseln konnte – es kam von Panzern.

Das Militärische gehört zu jedem Wald, und das Massensymbol der Deutschen ist bekanntlich ein Heer von Bäumen. In Schmachtenhagen war dieses Heer im Kriegszustand bzw. in einem Zustand, von dem man nicht wußte, war es noch Krieg, war es Waffenstillstand, Übung oder nur eine Gefechtspause. Auf alle Fälle war es ein Zustand der *Bereitschaft.* Wie sonst mit Eicheln und Bucheckern war der Waldboben mit leeren Patronenhülsen übersät. Die Schützenmulden konnten ebensogut von Soldaten der Roten Armee wie der Deutschen Wehrmacht oder der Nationalen Volksarmee gegraben worden sein. Und wie nach Abbruch von Wallensteins Lager war der Wald gespickt mit Abfällen.

Im Westen und Süden war Schmachtenhagen von Kasernen, Übungsgelände und abgesperrten Schießplätzen umgeben, von denen der größte der Artillerie-Schießplatz der Armeen des Warschauer

Paktes war. Obwohl wir ab und zu dumpfe Detonationen hörten, erfuhren wir erst von seiner Existenz, als es eines Abends unvermutet klingelte und ein NVA-Soldat vor der Tür stand. Unser Besucher war ein ehemaliger Mitstudent, «Eule» genannt wegen seiner starken Brillengläser, die ihn allerdings nicht davor bewahrt hatten, zum Armeedienst gezogen zu werden. Man hatte ihn wegen seiner Zeichenkünste nach Oranienburg abkommandiert, wo er eine Hinweistafel gestalten sollte, die Marschall Schalamow beim großen Herbstmanöver das Artillerieschießen erklärt. Er betrachtete das als künstlerische Herausforderung ersten Ranges. Kyrillische und lateinische Buchstaben, ballistische Formeln, rote, blaue und grüne Fluglinien. Ein Vierteljahr hatte er dafür Zeit gehabt. Als das Ding fertig und einbetoniert war, wurde festgestellt, daß der Marschall, wenn er auf seiner Feldherrntribüne säße, nichts von dem sehen könnte, was ihm die Tafel erklären sollte, weil sie ihm die Sicht versperrte. Jetzt hatte Eule noch eine Woche Zeit, die Tafel noch einmal um die Hälfte kleiner zu malen.

Während er das erzählte, kritzelte er ununterbrochen in sein Notizheft. Bevor er ging, riß er ein Blatt heraus und legte es auf den Tisch. Ein Wald aus Beinen, Armen, Händen und Fingern war auf dem Papier zu sehen. «Es ist aus einem Zyklus», sagte Eule. «Die Wälder haben Ohren, die Felder haben Augen. Preußische Variationen nach Hieronymus Bosch.»

Doch der Wald hatte noch andere Seiten als die militärische, und je länger wir in Schmachtenhagen lebten, desto besser lernte ich sie kennen. Die Landschaft war von einer so großen Gleichgültigkeit sich selbst gegenüber, daß sie überall dort, wo sie sich selbst überlassen blieb, wie im Spiel alle ihr möglichen Formen annahm. Das waren die lebendigen Inseln und Ströme im Kiefernmeer, denen ich folgte, wenn ich die Schule aus mir herauszulaufen versuchte. Wie trostreich kann eine einzelne, mit ockergelben Blättern wie mit Sonnenlicht überschüttete Eiche inmitten eines Kiefernforsts sein! Oder ein Birkenwald, ein Stück grün-weißes Rußland, kinderreiche Sippe auf dem Weg zum Grabowsee. Es tauchten plötzlich Hügelketten auf, rostrot vom vorjährigen Laub, darüber das Zeltdach aus wassergrünen Buchenblättern. Dazwischen floß ein Bach, der Bäke hieß und aus den Wensickendorfer Wiesen kam, um dann im Forst seinen Weg zum See zu suchen. Unterwegs trat er über die Ufer, schickte Seitenarme aus, zog dunkles Erlengehölz an und überschwemmte es, bevor er hinter der Bahnlinie im Schilf verschwand und unbemerkt in den See mündete, dort, wohin ich ihm nicht mehr folgen konnte, auf dem Territorium des Tbc-Sanatoriums der Roten Armee. Alles schien dem Grabowsee zuzustreben, die Wege, der Wald, die mit Flechten überzogenen Dünen, der Keil der zurückkehrenden Wildgänse, die so tief flogen, daß ihre Bäuche rosa von der untergehenden Sonne leuchteten; das Wasser nicht nur der Bäke, auch das des Kanals, der von Oranienburg aus in Richtung Norden fließt.

Dabei ist der Grabowsee nur ein dunkles rundes Auge im Wald. Der Kanal zieht unbeeindruckt an ihm vorbei, einen schmalen Damm für die Badegäste lassend, die von hier aus in den See oder von einem verrosteten Lastkahn aus in den Kanal springen konnten. Man ließ sich ein Stück im Sog der Schleppkähne treiben, die, von der Schleuse am Lehnitzsee gehoben, unterwegs nach Polen waren. Der See war das Zentrum unseres Lebens und gleichzeitig seine Grenze. Von der Brücke, die einmal über den Kanal führte, standen nur noch die Pfeiler; die Deutschen hatten sie gesprengt, als sich die Rote Armee dem Sachsenhausener KZ näherte. Wollte man jetzt hinüber nach Manz oder Friedrichsthal, mußte man die Fähre nehmen, und die wurde schon von einem schifferbemützten Manzer mit einer zweizinkigen Forke am Drahtseil entlang vorwärtsgezogen. Dort beginnt eine andere Welt, die der wilden Havel, der waldlosen Koppeln und Auen, der weidenden Pferde, der über die flache Ebene verstreuten Holländer-Gehöfte, in denen die Nachfahren flämischer Einwanderer leben. Dorthin führt der breite Strom des Kanals, dort hat er beide Ufer für sich.

Reden wir vom Winter in Schmachtenhagen, von den drei aufeinanderfolgenden frostklirrenden Wintern, in denen bereits im November eine Eishaut die Seen überzog und es erst Wochen später zu schneien begann. Alles war zugefroren, Lehnitzsee und Grabowsee, die Bäke, die wilde Havel und die überschwemmten Wiesen bei Friedrichsthal. Wenn man auf Schlittschuhen darüber hinglitt, sah man die Bewegungen des Wassers unter sich, hörte das gespenstische Knirschen des Eises und Pfiffe wie Peitschenhiebe, wenn es zersprang. Endlos hätte man so laufen können, von Mecklenburg durch Berlin hindurch bis hinunter in den Spreewald, wo die Kraftwerke das Wasser erwärmen... Im Norden blieben nur die Kanäle und Fahrrinnen eine Zeitlang für die Lastkähne offen, neben denen wir gefahrlos auf Fahrrädern herfuhren. Mit Autos und Motorrädern wurden die Seen befahren, und die sowjetischen Soldaten nahmen, um nach Oranienburg zu kommen, mit ihren LKWs eine Abkürzung über den Lehnitzsee, so als sei er die Lena.

In diesen Wintern wurde die Gegend um den Grabowsee zum sibirischen Distrikt. Himmelblaue, frostklare und idyllische Verbannung. Die Russen spielten Eishockey, Erwachsene und Kinder durcheinander. Oder sie saßen, Filzstiefel, Pelzmützen und Joppen über die schmutzigrosa Anstaltsanzüge gezogen, vor Eislöchern und wippten mit ihren Angeln aus Wildschweinborsten, die sie den Plastikangeln, wie es sie in den Läden zu kaufen gibt, vorziehen.

Stundenlang könnte ich von den Russen erzählen, von den Iwans, den Sowjets, von unseren Freunden. Nicht nur von denen aus Schmachtenhagen, nein, von überall könnte ich erzählen, denn sie waren überall. Vor allem saßen sie in den Wäldern, und die Offiziere waren in die Stadtrandsiedlungen gezogen, die Hitler für seine Beamtenschaft bauen ließ. Dabei waren sie alles andere als ein Herrenvolk. Nein, sie hatten keine Siegerallüren. Wie kann ein Sieger sich in einem besetzten Land nicht als Verlierer fühlen, wenn er nicht ununterbrochen weitersiegt, wenn er nicht ununterbrochen deportiert, transportiert und liquidiert? Die Nationalsozialisten haben gewußt, daß siegen nur heißen kann, permanent zu siegen, ohne Atempause bis zum Endsieg, der etwas so Wertloses wie Verlierer nicht übrigläßt. *Sie* sind die eigentlichen Sieger, denn sie haben bis zum Schluß nicht aufgehört zu siegen. Die Verlierer sind die Überlebenden einschließlich der ruhmreichen Sowjetarmee, die sich seit vierzig Jahren damit begnügt hat, Zäune zu streichen.

O du in jedem Frühjahr mit frischem Chromoxydgrün gestrichener Bretterzaun am Sanatorium von Grabowsee

ihr weiß gepinselten Findlinge entlang der Kasernenalleen

ihr Losungen und Wandzeitungen so farbenfroh wie ein ewiger Erster Mai

ihr sauber geharkten Kieswege ihr Barren und Hochrecks

o Wälder vom Amur bis nach Schmachtenhagen

zwanzig Kopeken Monatslohn und Urlaub einmal alle drei Jahre

Wodka und verscherbeltes Flugzeugbenzin Geruch nach Machorka Fußlappen und Scheuermittel – es hat euch alles nichts genützt, gesiegt haben andere. Ihr bliebt in den Wäldern, als hättet ihr den Krieg verloren, als wärt ihr versprengte Partisanen, die sich die Zeit mit Eisangeln und Pilzesuchen vertreiben. Jeder weiß es: Ihr klautet vor Langeweile Fahrräder, fuhrt mit ihnen die Sprungschanzen herunter und bracht euch das Genick, ihr rißt das Lenkrad des Schützenpanzerwagens einfach herum und fuhrt los in Richtung Osten oder Westen. Auch ich stand einmal mit einer Kalaschnikow hinter einem

Baum und jagte euch und hatte Angst vor euren sechzig Schuß scharfer Munition. Ich saß mit euch im Weimarer Offizierskasino bei Stockfisch und Wodka und konnte nachfühlen, was es bedeutet, ein Väterchen Stalin zu haben, und was, wenn er stirbt, und was, wenn er plötzlich ein Verbrecher und Mörder und Wahnsinniger und Muttersöhnchen gewesen sein soll... Und ich traf euch im Schmachtenhagener Forst beim Pilzesuchen, ihr mit einem Messer in der Hand, ich mit einem Messer in der Hand, ihr mit einem Korb voll geputzter Pilze, ich mit einem leeren. Und der Wald hallte von slawischen Rufen wider, lange bevor und nachdem ich euch zu Gesicht bekam.

Es ist nicht bei diesen vereinzelten Begegnungen mit unseren Freunden vom Grabowsee geblieben. Nachdem ich mir ein Jahr lang regelmäßig die Haare geschnitten hatte, ließ sich der Bürgermeister bewegen, uns eine neue Wohnung zuzuweisen, welche einen größeren Korridor und eine Besenkammer mehr hatte – und sich direkt über dem Konsum der Kolonie West befand. Obwohl das Haus penetrant nach Seifenpulver und sauren Gurken stank, war ich einverstanden: Nach Ladenschluß waren wir sozusagen Hausbesitzer mit Holzschuppen und eigener Toilette. Die Sowjetsoldaten müssen allerdings angenommen haben, uns gehörte auch noch der Konsum. Im neuen Haus klingelte es jedenfalls regelmäßig nachts, und wenn ich öffnete, stand eine Gestalt in Rosa vor mir und schnippte sich mit dem Zeigefinger an die Gurgel, was bedeutete, daß sie unbedingt Wodka brauchte. Ich konnte ihnen nicht helfen, trotz der Armbanduhren mit den vielen Steinen, die sie mir entgegenhielten. Einmal erwartete mich eine halbe Kompanie im Hof, und zwar schon so in Fahrt, daß ich sie beim besten Willen nicht überzeugen konnte, ich sei nicht der Konsum. Als sie genug von meinem Kopfschütteln hatten, liefen sie um das Haus herum zum Laternenmast und drückten auf einen roten Knopf, der die Sirene auf unserem Dach als dem höchsten der Kolonie West auslöste. Das halbe Dorf lief zusammen, zuletzt kam der Bürgermeister, der nur mit Mühe davon abgehalten werden konnte, mich sofort zu exmittieren. Frau Tautenhahn, die Konsumfrau, schaltete schließlich die Sirene ab und übergab die Alkoholvorräte ihres Ladens der Roten Armee. Seitdem habe ich mir immer zumindest eine volle Flasche Wodka im Haus gehalten für den Fall, daß es klingelte und die Freunde in ihren Schlafanzügen im Garten stünden...

Der Umzug in die Kolonie West hatte grundsätzlich zur Folge, daß sich unser Leben stärker als bisher mit Schmachtenhagen und seinen Bewohnern verknüpfte. Wir lebten jetzt am Puls des Dorfes, gleichberechtigter, aber auch stärker im Blickpunkt seiner argwöhnischen, spöttischen und angenehm schweigsamen Öffentlichkeit. Besonderes Interesse fand meine Gartenarbeit. Zum Konsum gehörten einige Nebengebäude und ein selbst für Schmachtenhagener Verhältnisse ungewöhnlich verwildertes Grundstück, für dessen Kultivierung ich alle meine Kräfte einsetzte. Eine mehr als herkulische Aufgabe. Hinter dem Schuppen begann ein Urwald, der zur einen Hälfte aus Müll und zur anderen aus einer mir bis dahin unbekannten, vom ersten Augenblick an widerwärtigen Pflanze bestand, die hier ihr Ursprungsbiotop haben und deren Verbreitung ich unbedingt verhindern mußte. Es handelte sich um eine Art Kreuzung aus Rhabarber, Bambus und einheimischem Tabak, von allem nur die ungenießbaren Elemente. Dabei wurde das Zeug drei Meter hoch, mit regenschirmgroßen Blättern, die im August urplötzlich welkten und nichts anderes zurückließen als einen kahlgefressenen Stangenwald auf einem tabakbraunen Blätterteppich. Dann begann mein Vernichtungswerk mit Spaten und Sense. Doch im nächsten Frühjahr steckte zuerst der Rhabarbertabak seine feuerroten Spitzen aus der Erde und wuchs in jeder Nacht mindestens dreißig Zentimeter. Vergeblich versuchte ich ihm an die Wurzeln zu gehen. Sie waren stark wie Erdkabel; außerdem stieß mein Spaten, sobald ich ihn in Richtung Erdinneres jagen wollte, entweder auf Ziegelsteine, Glasscherben oder vergrabene Armeestiefel.

Schließlich schaufelte ich den gröbsten Müll in eine Ecke und widmete mich fortan der Urbarmachung der vorderen Gartenhälfte. Obwohl es hier so sandig war, daß nicht einmal der Tabakbambus wuchs, ließ ich mich nicht entmutigen. Von jedem Waldgang brachte ich den zarten Schößling eines Ahorn- oder Eichbaums mit und senkte ihn unter leisen Beschwörungen in die Erde, ich versetzte Birken von außerhalb des Zauns nach drinnen – alles sinnlos, sobald sie auf unserem Grundstück waren, gingen sie ein. Ich habe in Schmachtenhagen nicht nur einen, sondern einen ganzen Wald von Bäumen gepflanzt. Ich habe Hunderte von Schöpfkellen Jauche mitsamt den darin schwimmenden Würmern aus unserer Abortgrube über die Plantage verteilt, es half alles nichts. Ich habe es mit Radieschen und Möhren versucht, sie flüchteten in die Tiefe, zum Erdmittelpunkt. Wenn ich sie im Juni herauszog, hatte ich lange haarige Wurzeln in der Hand, von den Schnecken widerwillig angefressen.

Doch wovon rede ich. Statt von Radieschen sollte ich lieber etwas von meinem Umgang mit Kindern erzählen, auch wenn ich wiederholen muß, daß ich als Lehrer ein Unglücksfall war. Ich hatte beispielsweise eine Eigenschaft, die Kinder überhaupt nicht schätzen, weil ihnen damit eines ihrer wenigen Privilegien genommen wird: Ich war unberechenbar. Die Jugend braucht Kontinuität, sie will Lehrer, die in der nächsten Stunde da weitermachen, wo sie in der letzten aufgehört haben, und die nicht sämtliche Fächer durcheinanderbringen. Meine Unterrichtsvorbereitungen machte ich morgens auf dem Schulweg durch die Kolonie. Mir kamen dabei aufregende Ideen, die ich sofort nach meinem unerwarteten Eintreffen auf die verschlafene Sippe losließ. Mit Vorliebe ließ ich die Hefte herausnehmen und Aufsätze schreiben, weil ich es so gern hatte, wenn sich die Köpfe senkten und nur noch das Quietschen der Federn zu hören war. Das oder die gemeinsame Auflösung in der Diskussion eines ungewöhnlichen Themas waren mir die liebsten Situationen. Und wenn man es dann noch schaffte, den selbst entfesselten Sturm zu glätten, wenn das Meer wieder still wurde, auch wenn unter seiner Oberfläche die Ungeheuer tobten, dann waren das Sternstunden des Miteinander von Schülern und Lehrer.

Dabei war ich überhaupt nicht für antiautoritäre Erziehung. Im Gegenteil, nichts hätte ich lieber gehabt als Autorität und dafür auf wirklich jede Erziehung gepfiffen. Es gab Kollegen, die brauchten nur die Tür zu öffnen, dann war die Klasse still wie Packeis. Bei Hospitationen konnte ich beobachten, wie dieselben Schüler, mit denen ich die tollsten Abenteuer erlebte, sich im absoluten Gehorsam nicht genug tun konnten. Sie zeigten mir, wie sehr sie es liebten, beherrscht zu werden, und daß sie vom Kreidestück, das nach ihnen geworfen wird, getroffen werden.

Meine eigene Klasse hatte ich bald so weit, daß sie diese Art von Verrat nicht mehr beging und ausnahmslos jedes Kreidestück in die Richtung zurückflog, aus der es kam. Bei dieser Meute bedurfte das keiner besonderen Anstrengung. Schon vor mir war sie die berüchtigtste Räuberbande der Schule, zusammengekratzt aus den Waldhütten sämtlicher Kolonien, bis hinüber nach Wensickendorf, Sachsenhausen und Unterbiesenthal. Vier Geschwisterpaare gab es darin, von der Familie Wischnewski ein ganzes Trio, dazu diverse Cousinen und Cousins. Ich tat ihnen den Gefallen und riß sie nicht auseinander. Grundsätzlich sammelten sich alle Sitzenbleiber bei mir, während ich selbst nie einen kleben ließ. Ich mochte sie zu sehr, alle von erblicher Legasthenie heimgesucht, aber ansonsten hochbegabt. Ihre Aufsätze zu lesen, nicht nur die von Ramona Raddatz, war eine helle Freude. Keiner unter vierzig Fehlern, und alle voller Leben, Gedanken und mitunter erschreckender Erkenntnisse.

Ein besonderes Problem waren die Klassenausflüge, weil der Schuldirektor über Wanderziele im Kreis Oranienburg promoviert hatte. Wir ignorierten seine Karteikarten und Fahrpläne und fuhren immer nur ein Stück außer Sichtweite der Schule, bogen dann in den Wald ab, warfen unsere Räder hin und streunten durch die Gegend. Irgendwie landeten wir meist in einem der kleinen Wasserläufe und wateten dann flußaufwärts bis zum nächsten See. Unterwegs wurden wir immer weniger, und zum Schluß blieb meist nur noch Henry Assmann an meiner Seite. Jedesmal hatten wir eine andere Mission zu erfüllen: mal waren wir Pilger, mal Sklavenhändler, mal Schiffbrüchige, mal Schmuggler.

Das Verhältnis zwischen Henry und mir hatte sich grundsätzlich gewandelt, seitdem ich ihn nach einer Deutschstunde geohrfeigt hatte. Das heißt nicht, daß ich ihn mir auf schäbige Weise unterworfen hätte. Vielmehr verband uns etwas, an dem nur wir beide beteiligt waren und das uns gleichberechtigt machte: Wir waren uns im Zustand des völligen Außer-sich-Seins begegnet. Er hatte mich so sehr in Rage gebracht (und zwar durch einen seiner Tobsuchtsanfälle, bei denen er selbst unzurechnungsfähig wurde), daß ich mich *vergaß*, vergaß, daß ich Lehrer und er Schüler war, ich Erwachsener und er immer noch ein Kind. Dieser Moment der Fassungslosigkeit, des Erschreckens darüber, zu weit gegangen zu sein, blieb immer zwischen uns. Es verband und schuf gleichzeitig eine Art achtungsvoller und vorsichtiger Distanz.

Im Unterricht ließ ich Henry in Zukunft in Ruhe. Dafür kam er nach Schulschluß regelmäßig an meinem Garten vorbei, nahm sich einen Spaten und half mir die Pest des Rhabarbertabak-Dschungels zu bekämpfen oder die Jauche in der Abortgrube auf einem erträglichen Pegelstand zu halten. Es ging ganz gut mit ihm und der gesamten Klasse bis zum Prüfungsjahr. Zu diesem Zeitpunkt hatte man mir die Klasse allerdings schon abgenommen; es war eine der wichtigsten Regeln der Schule, mich von meiner Aufsichtspflicht zu entbinden, bevor eine Klasse das Prüfungsjahr begann, und ich war deshalb alles andere als beleidigt. Am wohlsten fühlte ich mich ohnehin bei den Erstklässlern, nachmittags in der letzten Stunde, wenn wir ruhig vor uns hindämmern konnten; ich teilte das Zeitungspapier und die Farben aus, sie legten ihre Köpfchen auf die Zeitungen und ich meinen auf das Klassenbuch, und wenn ich aufwachte, hörte ich ihr Schnärcheln wie das Gesumm von Bienen.

Henry bekam das letzte Schuljahr überhaupt nicht. Ob man ihn durch die Prüfungen schleuste oder durchrauschen ließ, weiß ich nicht, es war sicher nicht entscheidend für seinen letzten Auftritt: In der Nacht vor der Zeugnisvergabe überstieg er den Schulzaun, verwüstete die Stiefmütterchenrabatte und riß die heilige DDR-Fahne von der Stange. Damit war klar, welche Lehre Henry nach Schulschluß antreten würde. Er begann die gleiche Karriere wie sein Vater und seine älteren Brüder mit den ausgestreckten Füßen vor ihm: Er kam in das Jugendgefängnis nach Luckau.

Nach seiner Entlassung traf ich Henry an der Badestelle des Grabowsees wieder, breitschultrig geworden und im Blick eine unbekannte Härte und Sicherheit. Er saß inmitten seiner alten Kumpels und erzählte Geschichten aus der Knastzeit.

«Wat meint ihr», hörte ich ihn sagen, «wat das fürn Gefühl war, als der ganze Block mit frischgebügelten Braunhemden un Armbinden auf dem Gefängnishof antrat. Die Bullen warn völlig ahnungslos, weil wir die Hemden heimlich in der Schneiderei genäht hatten...»

Als Henry mich sah, kam er zu mir herüber. «Du lebst also auch noch», begrüßte er mich. Daß er mich duzte, störte mich nicht, ich empfand sogar Stolz dabei. Er zeigte mir die Tätowierung auf seinen Armen. «Du kannst doch zeichnen», sagte er, «die Rose hier is nich fertig geworden. Kannste mir nich ne Schablone dafür machen?»

Ich sah ihn an und zögerte mit meiner Antwort. «Nein. Wenn überhaupt, dann tätowier ich dich selbst», sagte ich schließlich. Es kam nicht dazu.

Einige Jahre später, ich hauste inzwischen in einer Lichtenberger Kochstube, tauchte in der Pinte, in der ich mir abends die nötige Bettschwere anzutrinken versuchte, ein ehemaliger Schüler von mir auf, der inzwischen nach Berlin geheiratet hatte. Er war froh, einen Bekannten zu treffen, und fing an zu erzählen, was sich in der Zwischenzeit in Schmachtenhagen ereignet hatte. Er berichtete, daß der Bürgermeister mit dem Moped gegen die Dorflinde gefahren war, welche Grundstücke er inzwischen verschachert hatte und daß die Hälfte des Konsums dazugehörte; er erzählte, wer in den Knast gegangen und wer daraus zurückgekommen war, wer sich verheiratet und wieder geschieden hatte; er berichtete, daß inzwischen Frau Wischnewski mit ihren Söhnen über dem Konsum wohnte und daß sich die Dorfjugend regelmäßig in meinem Arbeitszimmer mit Faustan vollstopfte und dazu Stolitschnaja-Wodka soff und daß sie, wenn es an der Tür klopfte, nicht im Traum daran dachten, den Russen etwas abzugeben, sondern sie die Treppe hinunterwarfen.

An einem der nächsten Wochenenden fuhr ich noch einmal nach Schmachtenhagen – mein einziger Besuch, nachdem ich den Ort verlassen hatte. Ich stieg bereits an der Schleuse aus dem Bus, lief ein Stück am Kanal entlang, dessen breiter, entschlossener Zug nach Norden mich immer an einen anderen Zug erinnert, der ebenfalls in dieser Gegend seinen Ausgang nahm und nach Norden führte: der Marsch der Sachsenhausener KZ-Häftlinge kurz vor Kriegsende. Vor der Eisenbahnbrücke bog ich in den Wald ab und lief in Richtung Schmachtenhagen. Es war ein sonniger Tag im Oktober. Märkischer Altweibersommer mit Nebel über abgeernteten Feldern und taubehangenen Spinnweben auf den Wiesen. In dieser Zeit blühen in den Seen die Algen, ihr Wasser ist grün davon, als hätte man Kupfersulfat hineingekippt.

Ich kam am hinteren Ende der Kolonie West heraus. Ich schlenderte etwas durch die Kolonie, nahm dann den äußeren Weg und näherte mich schließlich dem Grundstück der Familie Stolz. Noch immer war ihr Bretterpalast eines der bedeutendsten Bauwerke des Dorfes, ja, es hatte noch einen Erker und einen Aussichtsturm dazubekommen. Das ganze Grundstück war vollgestellt mit Schuppen und Buden, Hundehütten, Hühnerkäfigen und bepflanzten Autoreifen. Über jeder der Türen hingen ein paar gekreuzte Säbel oder ein Geweih. Das größte Wunder war allerdings das Gartentor. Inzwischen hatte es eine grandiose steinerne Umrahmung erhalten, ein wirkliches Portal. Die zwei barocken Säulen bestanden aus faustgroßen Findlingen und Kieselsteinen, darüber wölbte sich eine Ziegelreihe, und die wurde von einem Aufsatz gekrönt, in dessen Mörtel verschiedene Eisengeräte eingegossen waren: Gartenharke, Spaten, Maurerkelle und -hammer. Es sah aus wie die Marterwerkzeuge Christi.

Während ich das Tor betrachtete, hatte mich Asta Stolz vom Hausinneren aus erspäht und kam mit erhobenen Armen auf mich zugestürmt. Sie war eine im Dorf gefürchtete Furie; mehr als einmal war sie mitten in der Stunde im Klassenzimmer erschienen, hatte dem Nachbarn ihres Sohnes eine Ohrfeige gegeben und war kommentarlos wieder verschwunden. Ihre Kinder waren so winzig geraten, daß Asta vor allem damit beschäftigt war, sie und ihren Vater vor ihren Feinden im Dorf zu beschützen.

Nach der Begrüßung vollführte Asta ihr übliches Spektakel und zeterte über die Schmachtenhagener Halunken und den Berliner Nachbarn, der ihrer Meinung nach ein «Echter» war. Dann kam ihr

Mann aus dem Holzschuppen – obwohl er Asta nur bis zur Schulter ging, eine imposante Erscheinung. Wegen seiner Halbglatze und des schwarzen Vollbartes war er einmal ein gesuchter Komparse in den Revolutionsfilmen der DEFA gewesen, jetzt arbeitete er im Wensickendorfer Schweinestall. Sofort nahm er das Gespräch an der Stelle auf, an der wir beim letztenmal stehengeblieben waren: daß Karl Marx ein großer Mann war, aber ... Wie jedesmal kamen wir nicht weiter, weil Asta dazwischenfuhr. Stolz solle den Mund halten und mir lieber seine Hände zeigen.

Er streckte sie verlegen nach vorn, es fehlten die Finger daran. Asta erzählte, wie es dazu gekommen war. Im vorigen Winter hatte Stolz in der Kneipe an der Chaussee die hundert Mark versoffen, die er bei seinem letzten Kleindarstellerjob verdient hatte. Als das Geld alle war, hatten sich die Dorfsäufer aus dem Staub gemacht, und die Wirtin setzte ihn vor die Tür. Stolz kam nicht weit, kaum hundert Meter von der Kneipe entfernt legte er sich neben dem Weg in den Schnee und blieb dort liegen, bis ihn Asta am nächsten Morgen fand. Seitdem man ihm seine zehn Finger amputiert hatte, ging er nicht mehr aus dem Haus. Da er die Schmachtenhagener nie besonders hatte leiden können, machte ihm das nicht viel aus: Neben der Treppe lagen auf der einen Seite ein Haufen Kohlen, auf der anderen ein Berg leerer Schnapsflaschen.

Stolz zeigte lachend auf sein Gartentor. Er hatte das Steinportal tatsächlich mit seinen beiden Hand*flächen* gemauert, die Werkzeuge daran festgebunden, bevor er sie als Symbol des Sieges in Beton goß. Zum Abschied nahm er meine Hände zwischen seine fingerlosen und schüttelte sie kräftig.

Ich zog es vor, jetzt nicht weiter nach Schmachtenhagen hineinzugehen, um nachzusehen, was aus dem Konsum geworden war. Ich wollte auch nicht mehr an der Schule vorbeigehen, über die Bäkebrücke und zum Grabowsee, in dessen grünes Wasser jetzt die Blätter fielen. Ich durchquerte die Sanddüne und lief durch den Wald nach Oranienburg zurück.

# 4
# Das verlorene Bewußtsein

Die letzte Frage, die mir Koffer, Kakerlake und Fernsehgerät in einer bei ihnen seltenen Einmütigkeit stellten, lautete: «Ist Gott immer noch tot?» Gleichgültig, ob diese Frage von Hoffnung oder Furcht diktiert war, erforderte sie eine wohlüberlegte Antwort und, bei der Unbildung meiner Mitbewohner, einige populärwissenschaftliche Ausflüge. Ich antwortete:

Wie verstehe ich euren Zweifel, jetzt, nachdem die Mauer gefallen ist und ihr nicht mehr wißt, woran ihr glauben sollt! Auch ich habe von den Theorien gehört, die den vorläufigen Zusammenbruch des Kommunismus als Signal für das Ende des materialistischen Zeitalters interpretieren. Obwohl die betroffene Bevölkerung nach nichts mehr als nach Materie verlangt, kann ich hoffnungsloser Heide nur hoffen, daß diese Interpretation zutrifft und nicht zu voreilig war. Wie ihr sicher wißt, geht sie davon aus, daß der Materialismus im vorigen Jahrhundert das Leben Europas profanisierte und sich im Osten eine Spielart schuf, die nur die kollektive an Stelle der individualistischen Variante der Verweltlichung unseres Lebens setzte. Wenn man es genauer betrachtet, stellt sie nicht einmal die Reaktion auf die Freiheit von Gott dar, sondern die Furcht vor ihr, denn zur Staatsideologie wurde der Sozialismus in Ländern, die die kapitalistische Entgöttlichung noch vor sich hatten.

Zieht man die geistige Wurzel aus seinem materiellen Leben, so bleibt der mißlungene Versuch übrig, in diesem gottlosen Jahrhundert eine neue Religion zu gründen. So wissenschaftlich verkleidet er auch auftrat, so war der Sozialismus doch vor allem eine Glaubenssache. An die Wissenschaft selbst sollte geglaubt werden, genauer an jene «wissenschaftliche Weltanschauung» genannte Mißgeburt, als welche die Theologie wieder über das Denken triumphierte. Geglaubt wird an die Gründungsväter und an den Teufel, an den neuen Menschen und an den alten. Es gibt ein zukünftiges Paradies in dieser Religion und vorher das Fegefeuer der Weltrevolution, es gibt Apostel und eine Unzahl Heiliger – von den Spitzensportlern bis zu den Kosmonauten –, es gibt ein System der Feiertage und Zeremonien, Gesänge und Reliquien, und es gibt eine Inquisition, die jeden, der nicht die grundsätzlichen Glaubensartikel akzeptiert, exkommuniziert und als Ketzer außerhalb der Gemeinschaft stellt. Ich könnte euch Geschichten erzählen …

Doch ihr habt recht, der Sozialismus betraf nicht nur diejenigen, die in seinem Kirchenstaat lebten, er war auch die Ersatzreligion der westlichen Welt, eine zweite Welt hinter ihrer realen, ein Jenseits, von dem es sogar unwichtig war, ob man es als Himmel oder Hölle empfand, Hauptsache, es gab es, das andere. Er war die letzte große Glaubensfrage in einer Welt, aus der die Götter vertrieben wurden, und er schaffte es, daß vor ihm auch die Menschen flüchteten.

Jetzt erleben wir, daß diejenigen, die nicht das Weite gesucht haben, in der sich das Glauben auflöst oder verwandelt, sich ihre Götter zurückholen. Die grünen Fahnen des Propheten, die Standarten und die Ikonen der orthodoxen, die Madonnen der katholischen Kirche schweben über den Köpfen der Demonstranten Europas und Asiens, und selbst im nur sehr oberflächlich christianisierten Osten Deutschlands war der Protest protestantisch gestützt, hat er schnell den Schritt von der Revolution zur Reformation getan.

Natürlich darf so etwas einen Freidenker nicht schrecken, dem bekanntlich nichts so viel Vergnügen bereitet wie die Umschwünge des Denkens. Es ist ein Greuel nur für den, der seinen Glauben zu verlieren hat, der ohne ihn nicht leben kann und sich davor fürchtet, in die Armee des Satans einzutreten. Da *seine* Welt zusammenstürzt, hält er das (bevor er zu den Geschäften des Tages übergeht) für das Ende der Welt, von der er gelernt hat, daß sie sich historischen Gesetzmäßigkeiten folgend vom Niederen zum Höheren entwickelt, aus Aberglauben und religiöser Verblendung in das Licht der «Weltanschauung».

Wenn Marx meinte, Religion sei Opium für das Volk, so hatte er möglicherweise recht. Doch ohne Drogen kommt der Mensch nicht aus, und müßte ich mich zwischen Opium und dem in ausrangierten Waschmaschinen gebrannten Kartoffelschnaps der Ideologie entscheiden, die seinen Namen trägt, dann lieber für den Mohnextrakt. Die Wirkung schlechten Alkohols kenne ich, er macht stumpf, aggressiv, rechthaberisch und führt zu Kopfschmerzen.

Diese Weltanschauung kommt aus einem Jahrhundert, das das Leben den Maschinen anzugleichen versuchte, die es erfunden hatte, und es für ebenso einfach zu berechnen, zu reparieren und zu vervollkommnen wie diese hielt. Einem Jahrhundert, in dem der Mensch sich zum erstenmal mächtig genug fühlte, die äußeren Lebensbedingungen so sehr zu verändern, daß er sie mit dem Leben selbst verwechselte – Schöpfer einer zweiten Schöpfung, allmächtig, selbst ein Gott, der über sich keine Götter mehr braucht.

Inzwischen wird deutlich, daß diese zweite Schöpfung ihre Grenzen hat. Was ist ein auf einem Satelliten stationiertes Teleskop, das einen tiefen Blick ins Weltall gestattet, gegen das Universum selbst, was die Manipulation eines Gens gegen das Wunder des Gens, was ist ein Puma-Schuh gegen einen lebendigen Puma, was ein ausgeschalteter Fernseher gegen eine umherkrabbelnde Kakerlake? Die Allmacht des Menschen hat sich zwar als fähig erwiesen, das Leben auf dem Planeten Erde zu zerstören, aber nicht, wie es der alte Gott der Christen fordert, es zu hüten und zu schützen, geschweige denn das eigene lebendiger zu machen.

Weshalb sollte ich also entsetzt sein, wenn an die Stelle pseudoreligiöser Ideologie wieder die alten Religionen treten, an die Stelle des irrationalen Glaubens an die Macht des Menschen wieder der menschliche Glauben an das Irrationale, an die Stelle des Glaubens an Wissenschaft und Geschichte (an etwas, das unleugbar existiert und an das man demzufolge nicht zu glauben braucht, es sei denn, man versteht darunter sich ausliefern) der an eine Welt, die unabhängig davon existiert?

Plötzlich erweist sich die Säkularisierung als ein ziemlich oberflächlicher und lückenhafter Prozeß, der bis zum Kahlschlag des Sozialismus auf die christlichen, insbesondere die christlich-reformierten Länder beschränkt blieb. In keiner anderen Religion als der christlichen ist die Konsequenz, *nicht* zu glauben, so vorbestimmt. In dem Moment, in dem Gott auf die Erde herabgestiegen ist, hat er die Sphäre des Überwirklichen, Mythischen verlassen und sich dem Historischen ausgesetzt. Damit ist er überprüfbar, kritisierbar geworden und nicht nur leiblich am Kreuz, sondern auch als Idee zu töten. Welch Abstieg steht ihm aber noch bevor, vom verirrten und seinen Vater um Erlösung anflehenden Menschen, der angebetet wird, weil er um der Sünden der Menschheit willen gelitten hat, bis hin zu dem sich selbst anbetenden Menschen des zwanzigsten Jahrhunderts.

Nietzsches Aufschrei «Gott ist tot» galt dem Verlust des jüdisch-christlichen Gottes, mit dem sich der Mensch so leicht verwechseln kann. Die Verzweiflung über diesen Tod konnte nur in einer Kultur so stark sein, in welcher der natürliche Kreislauf von Geburt, Tod und Wiedergeburt nicht mehr selbstverständlich war, sondern bereits der Glaube an Linearität und ewigen Fortschritt herrschte.

Für die Anhänger der Urreligionen ist es normal, daß Götter, da sie lebendig sind, sterben können. Sie müssen geprügelt werden, wenn sie ihre Aufgabe nicht erfüllen, sie müssen so lange in der Sonne sitzen, bis sie es endlich regnen lassen, und wenn sie nichts zustande bringen, *muß* man sie töten, um einen jüngeren und stärkeren Gott einsetzen zu können. Adonis, der Korngott, wurde in jedem Herbst zu Grabe getragen, damit er im Frühling wiedergeboren werden konnte. Nietzsche ist weniger über den Tod Gottes wahnsinnig geworden als über seine ausbleibende Auferstehung. Seinem Zeitalter war ein Wissen abhanden gekommen, das über Materialismus und Idealismus steht: Der Körper (die Materie) ist da, um gegessen zu werden. Das, was das Leben ausmacht, ist die Seele, der Geist oder Atem, und *der* ist unsterblich und jederzeit gefährlich.

Ihr fragt, wie dieses Wissen abhanden gekommen ist, ihr wollt wissen, welchen Weg das verlorene Bewußtsein genommen hat? Um es klipp und klar zu sagen, es waren die deutschen Philosophen, die uns den Kopf verdrehten. Seit dem vorigen Jahrhundert übten in Europa Kunst und Literatur die Funktionen aus, die von der Religion nicht mehr zu erfüllen waren. Im kleinstaatlichen Deutschland war das neben der Musik besonders die Philosophie. Ihr Triumph gründete auf dem Scheitern der Literatur, darauf, daß dieses Jahrhundert seine Genies zerbrach und nur ein provinzielles Mittelmaß übrigließ. In den europäischen Ländern, in denen die Literatur die obersten Ränge des geistigen Lebens nicht leergelassen hatte, konnte sich die Philosophie nicht zu derart monströsen Anmaßungen versteigen, neben Balzac und Rimbaud, neben Dostojewski und Gogol sich keine Götter des theoretischen Denkens entfalten.

In Deutschland hat der Weg des religiösen Glaubens in die kalten Arme der Philosophie geführt. Sie wird in einer Form zur Doktrin, die sich nicht auf die Frage des leidenden Christus «Herr, warum hast du mich verlassen?» bezieht, sondern auf die Antworten der kirchlichen Theologie. Eine Philosophie, die ihr eigenes Erbe des Fragens ausschlägt zugunsten des Allmachtgefühls, richtige Antworten zu wissen. Eine Philosophie, die, nachdem sie zur Ideologie verkommen ist, Fragen nur noch als den Katechismus betreffende zulassen wird.

Es ist der karge, unmystische Boden Preußens, auf dem die Philosophie eine neue Religion gründet: die Anbetung der Geschichte. Hegel tötet die göttliche Idee nicht, er profanisiert sie zum Weltgeist, dessen Emanationen Schlachten, Gesetze und Revolutionen sind. Gott ist nicht mehr der Schöpfer der Welt, der Erde und deren Lebewesen, von denen dasjenige, das mit der Gnade und dem Fluch des Bewußtseins begabt ist, diese Schöpfung in Riten verehrt und nachahmt und somit sich selbst erst bewußt wird – Gott ist von nun an das Gesetz menschlicher Geschichte, und jede ihrer Verirrungen ist einfach dadurch geheiligt, daß sie *geschehen*. Aus den Kindern Gottes werden Kinder des Staates. Ihr Bestreben wird dahin gehen, den Mechanismus des Staates zu begreifen, nicht mehr die Schöpfung. Diesen Mechanismus begreifen bedeutet, ihn nutzen zu können und dadurch, daß man bewußt an der göttlichen Geschichte teilhat, selbst zu einem Gott zu werden. Verehrung der Geschichte ist immer Verehrung der Macht, und zwar der realen historischen Macht, in welche Gewänder sie sich auch kleiden, welchen

Zielen sie auch folgen mag. Dieser Gläubige dient jeder Macht; wahrscheinlich verehrt er sie nicht einmal, denn aus seiner Sicht will die heilige Kuh weniger angebetet als gemolken werden.

Wenn die Fragen an den Sinn der Geschichte aufgehört haben und sie als Gottheit inthronisiert ist, dann ist der Schritt von der Philosophie zur Ideologie bereits getan. Da wir schon als Beteiligte an der Geschichte vergöttlicht sind, warum machen wir sie dann nicht selbst und werden zu den einzigen Göttern? Das war die grundsätzliche Frage, die der Schüler Marx an seinen Lehrer stellte. Eine logische Frage, von der Stufenleiter des Fortschrittsglaubens aus betrachtet, der immer nach der nächsten Sprosse und nicht nach der gesamten Leiter fragt. Eine überflüssige Frage, weil Geschichte natürlich gemacht wird und nichts Göttliches ist, weil sie immer dann entsteht, wenn – wie jemand sagte, der sie erfahren hat – sich Menschen gegen sie wehren. Vielleicht ist das eine der fatalsten Folgen der Marxschen Ideologie: aus sämtlichen Meuterern, Ketzern und Rebellen, die sich je gegen die Geschichte gewehrt haben, machte er Erfüllungsgehilfen der Geschichte, nämlich der von ihm so definierten Geschichte von Klassenkämpfen. Und indem er theoretisch ein Reich entwarf, in dem sich Geschichte erfüllen, d. h. enden wird, ist er der geistige Vater jener Hölle der Zeitlosigkeit, in der es keine Ketzer und Rebellen mehr zu geben hat.

Gleichgültig ob mißbraucht oder nicht: Forscht man nach den Quellen der beiden Massenbewegungen, die Europa und die Welt in die Katastrophe gestürzt haben, so stößt man neben anderem auf die Philosophen, die das geistige Leben Deutschlands in der zweiten Hälfte des vorigen Jahrhunderts bestimmten.

Kriege sind im Namen der Religion und der zur Weltanschauung degenerierten Philosophie geführt worden, aber noch nie im Namen der Poesie. Wenn sie sich zu deren Diener macht, verläßt sie sich selbst. Gegenüber der Philosophie oder Wissenschaft hat sie nur eine Aufgabe zu erfüllen: diese aus der Sphäre der intellektuellen Unantastbarkeit herauszuholen, sie zur Sache aller Sinne zu machen und der Lächerlichkeit preiszugeben, mit einem Wort, sie zu vermenschlichen.

Die Kunst ist menschlich, weil sie das Unvollkommene, das sich einer absoluten Wahrheit Verweigernde in möglichst großer Vollendung ist. Denn menschlich sein heißt unvollkommen sein, unspezialisiert, ohne Reißzähne und ohne todbringenden Prankenschlag, es heißt, mit verkrüppeltem Fuß leben zu können, ohne von seinen Artgenossen totgebissen zu werden. *Irren* ist menschlich, und die Kunst lebt von den Möglichkeiten des Irrtums, sie ist der Irrtum, denn sie ist der Vorstoß ins unbekannte gottverlassene Nichts. Poesie ist nicht doktrinär, sie ist willkürlich, anarchisch und narzißtisch; sie treibt nicht in Kriege, sie läßt vielleicht gegen Windmühlen kämpfen, nicht gegen Menschen. Unter dem Einfluß der Dichtung sind Menschen irrsinnig geworden, aus dem Fenster gesprungen, haben sich reihenweise die Pistole an den Kopf gelegt und erschossen. Doch sie zu versteinern ist eine Wirkung, die der Philosophie vorbehalten ist. Ich habe zusehen können, wie aus schwachen Menschen, die aus einer unerträglichen Wirklichkeit in das Erklärungs- und Rechtfertigungssystem des Marxismus flüchteten, perfekt funktionierende Automaten wurden, Leichen, die über Leichen gehen, ohne es zu bemerken. Der Künstler ist mißbrauchbar und verführbar wie jeder Mensch, aber im Unterschied zum Wissenschaftler kann er nichts erreichen ohne die unbequeme Unvollkommenheit, die das Menschliche ausmacht. Seit die Philosophie durch Gott nicht mehr gestört und selbst Religion wurde, hat sie darauf keine Rücksicht mehr genommen. Schon um der intellektuellen Leistung willen strebt sie die Erlösung und Rettung durch ein Denksystem an. Musik, Malerei oder Literatur kann nur durch sich selbst und individuell retten. Die Philosophie des 19. Jahrhunderts glaubte, die Gesamtheit der Weltbevölkerung retten zu müssen, indem sie gesellschaftliche Modelle anbot, die real werden sollten. Das, was der Tod der Poesie wäre, da es bedeutete, nicht *weiter* zu können, ist das höchste Ziel dieser Philosophie: Sie will recht haben.

Die Kunst kann und soll nicht das ersetzen, was für den vormodernen Menschen Gott war; doch im Gegensatz zu der zur Ideologie verkommenen Philosophie, die ihn schlicht und einfach erstickt hat, ist sie immerhin in der Lage, die Erinnerung an ihn wachzuhalten und das Bewußtsein dafür, was es bedeutet, ohne ihn zu leben. Sie ist dazu fähig, weil sie genau das individuell macht, was jede Religion kollektiv vollzieht: die Schöpfung am Leben zu erhalten, indem sie sie wiederholt. Wenn van Gogh die sonnenglühende Ebene um Arles malt, erschafft er sie neu, wenn Swift Gulliver in Liliput landen läßt, wird er zum Baumeister einer Welt, die es bis dahin nicht gab. Das Wort Demiurg bezeichnet den Weltenschöpfer wie den Handwerker und den Künstler.

Ein gottloses Jahrhundert geht zu Ende, das wie keines vorher Zerstörung und Schöpfung, Tod und Geburt erlebt hat. Wir leben in einer Zeit, in der Gott – oder die Geschichte oder was auch immer – mit *furchtbarer* Stimme spricht und der Mensch, wenn er zu Gott sprechen will, es weder mittels einer Ideologie noch in einem Chor der Gläubigen kann, sondern als einzelner zu sprechen versuchen muß. Denn der Mensch in dieser Zeit ist so gottverlassen wie nie zuvor, was nichts anderes heißt als: Er ist bar aller Gemeinschaft, was heißt, er ist Gott als einsames, mit dem Tode nicht endendes Bewußtsein so nahe als möglich.

Der Satz der Mystiker, daß Gott, je mehr wir uns ihm nähern, desto ferner rückt, gilt auch in entgegengesetzter Richtung. Je entfernter wir uns von ihm in unserem totalen Ausgeliefertsein an das Irdische fühlen, desto näher ist er; denn auch Gott ist nichts als ein umherstreunender, getretener Straßenköter.

Und wer weiß, vielleicht ist Gott nur ein anderes Wort für Bewußtsein? Wenn ich davon rede, daß eine neue Religiosität die Ideologien ablösen wird, meine ich nichts anderes, als daß ein Bewußtsein kommen muß, das über den Bauch des Menschen als das Maß aller Dinge hinausgeht. Nicht nur die Beziehung zu allem Nichtrationalen ist abgebrochen oder zu lächerlichem Kitsch geworden, der moderne Mensch hat auch jedes Gefühl für die Welt, in der er lebt, verloren. Noch in seiner Angst reflektiert er diesen tiefen Bruch: Die Welt ist für ihn zur Um-Welt geworden, er hat aufgehört, ein Teil von ihr zu sein. Er spricht von der Umweltkatastrophe, die uns allen blüht, obwohl er weiß, es ist die Weltkatastrophe.

Vielleicht ist es das, was der Fall der Mauer, der Sturz von Wachtürmen und Politbüros, plötzlich so klar macht: Wir sitzen nicht in zwei oder drei verschiedenen Booten, sondern in einem, und das ist doppelt so voll als gedacht, und *jeder* will das Maß aller Dinge sein.

Es ist schwer zu fassen: Etwas Einmaliges, Großartiges, absolut Notwendiges ist passiert, ein System von Betrügern wurde gestürzt, das jeden, der damit in Berührung kam, korrumpierte und erniedrigte, und doch – in der Zeit unmittelbar danach fühlten wir uns, als hätten wir ein schreckliches Verbrechen begangen, wüßten aber nicht, welches. Es hat nichts damit zu tun, daß etwas gestürzt wurde, das vielleicht hätte bleiben sollen, oder daß man etwas zu lange toleriert hat, oder daß man nicht verhindern kann, daß etwas an seine Stelle tritt, dessen Begrenztheit man kennt, es geht tiefer. Nur eins steht fest, wir *haben* dieses namenlose und grauenhafte Verbrechen begangen, *doch welches genau war es*?

Vielleicht ist es das Verbrechen, von dem der im religiösen Wahn durch die mexikanischen Berge taumelnde Antonin Artaud aus dem Munde des Indios als der einzigen wirklichen Sünde hörte: der Verlust des Bewußtseins.

Ja, *wir haben das Bewußtsein verloren*. Irgendwann haben wir, ohne es zu bemerken, das weggegeben, was für Adam und Eva so wichtig war, daß sie dafür den Garten Eden verließen. Wichtiger als das paradiesische Leben war ihnen, zu erkennen, sich auf die Suche nach Wahrheit zu begeben. Sie haben sich von Gott verstoßen lassen einem Bewußtsein zuliebe, das immer auch Bewußtsein von ihm ist.

Ich will an einem Beispiel zu erklären versuchen, wie im Osten das Bewußtsein verlorengegangen ist. Ich will nicht das ganze System von Lügen und Selbstlügen entschlüsseln, ich will nicht das Unmögliche versuchen und schildern, wie in diesem speziellen Fall falsches Bewußtsein jegliches Bewußtsein verhindert; ich will nur den kleinen Trick schildern, wie man durch den bis zum Überdruß wiederholten Gebrauch eines Begriffes das verhindern kann, was ursprünglich damit verbunden war.

«Bewußtsein» war bis zu dem Zeitpunkt, als es völlig abgetötet war, einer der am häufigsten benutzten Begriffe. «Bewußtsein» war eine Worthülse: Es zu haben bedeutete lediglich, die Partei der ideologischen Macht ergriffen zu haben. Dieses Wort schluckte selbstverständlich andere Worte und Inhalte, wie etwa den der Wahrheit, vom Vokabular der christlichen Ethik, von Gewissen, Schuld usw. ganz zu schweigen. Die gab es einfach nicht! Es gab nur Bewußtsein, und das war weder eins des Körpers noch eins des Kopfes, es war einfach überhaupt keins, es war die Kapitulation vor der Macht. Die Frage «Hast du Bewußtsein?» bedeutete lediglich «Denkst du, wie wir es von dir erwarten?», und das bedeutete «Hast du aufgehört, selbst zu denken?». Eine rein religiöse Frage, die aber nicht einmal wirkliches Bekenntnis verlangte, sondern nur Verrat. Eine Frage, die besonders gern der Jugend gestellt wurde und von uns sogar übernommen wurde. «Nein, ich habe kein Bewußtsein!» war die stolzeste Antwort, die man geben konnte. Bewußtsein hatte man, wenn man es aufgab. Es wurde zerstört, indem man es als eine vorgeschriebene Art zu denken auf den Thron hob.

Zur Technik der Bewußtseinszerstörung gehören die Gretchenfragen. Sie wurden jedem irgendwann gestellt, und zwar so, daß er, wollte er nicht als vollkommen verdorben aus der Gesellschaft aussortiert werden, nicht mehr mit *Nein* antworten konnte. Die Erinnerung an eine Situation, in der ich es jedenfalls nicht konnte, treibt mir noch jetzt den Schweiß auf die Stirn.

Während des Studiums hatte mein Seminargruppenbetreuer mein Bewußtsein zu prüfen, an dessen Redlichkeit Zweifel laut geworden waren. Er drückte mich zu diesem Zweck zwischen die Dampfheizungsrippen im Wohnheim, starrte mich aus seinen Glubschaugen an, als wolle er mich hypnotisieren, und stieß den Satz hervor: «Und jetzt frage ich Sie, sind Sie für unseren Arbeiter- und Bauern-Staat, ja oder nein?!» Auf *diese* Idiotie war ich völlig unvorbereitet. Was sollte ich antworten? Nein hätte das Ende meiner Studienzeit bedeutet, und ja konnte ich schon aus dem Grund nicht antworten, weil ich weder das Kind eines Bauern noch das eines Arbeiters war, sondern das eines ruinierten Hufschmieds.

Außerdem kann ich nicht so phantasielos lügen! Die Pause wurde so lang, daß auch das Ja unglaubhaft wurde. Schließlich ließ ich es doch noch vernehmen, fügte aber nach einer neuerlichen Pause und mit einem Ton, der mein Zögern zum Zeichen innerlicher Erschütterung machte, hinzu: «... was denken Sie eigentlich von mir?»

Das hat ihn besiegt! Ich hatte nicht nein gesagt, ich hatte sogar ja gesagt, aber eben «Was denken Sie von mir», und das durfte er nur als Ausdruck des Beleidigtseins über seine Zweifel deuten, obwohl er wußte, ich war nur beleidigt, daß jemand mich für so blöd halten konnte, in eine solche Falle zu gehen.

Wenn die Fragen etwas gewichtiger gewesen wären, es hätte das Startzeichen für eine Karriere als Humorist sein können. So aber war es ein Spiel, bei dem man Bewußtsein nur verlieren konnte. Fortan mußte man, wollte man eins gewinnen, allein daran arbeiten – ein für das Gesellschaftswesen Mensch schwieriges Unternehmen. Er braucht dazu die Vereinbarung, ein gemeinsames Sich-nach-oben-Ziehen und gegenseitiges Halten.

Mir fällt dazu ein Vergleich aus dem Tierreich ein. Als in einem westdeutschen Zoo ein Rudel Rhesusaffen aus dem Gehege ausgebrochen war und von einem Suchtrupp schließlich in einer Baumkrone des Stadtwaldes entdeckt wurde, schoß man die Tiere mit Betäubungsspritzen herunter. Nachdem die ersten bewußtlos zu Boden gefallen waren, stellte sich das Rudel darauf ein: Sobald ein Affe getroffen war, nahm ihn ein anderer in die Arme und hielt ihn so lange fest, bis er das Bewußtsein wiedererlangt hatte. Das ist die höchste Form der Gemeinsamkeit, das nenne ich Religion: sich gegenseitig über das Nichts hinwegzuhelfen.

Welcher Art ist das Bewußtsein, das wir Stück für Stück durch Betäubung eingebüßt haben? Die Frage ist falsch gestellt. Das Bewußtsein verlieren heißt, es vollständig verlieren: von der Welt, von uns, unseren Deformationen und – eingeschlossen in das Gehege einer Realität, die genauso falsch und arm war wie ihr Bewußtsein – von anderen Möglichkeiten zu leben. Dieser Bewußtseinsverlust war durch die Mauer nur geteilt und nicht begrenzt; als die Mauer fiel und wir ihn bemerkten, versetzte er uns für den Moment in Panik, den wir brauchen, um uns zu fassen und in den alten Trott zurückzufallen. Eine Schrecksekunde lang wurde uns bewußt, worum es über das gesellschaftliche Elend hinaus geht, um die einfache Tatsache, daß auf der Erde ein unumkehrbarer Prozeß abläuft, der mehr Leben fordert als er hervorbringt. Abgesehen vom Menschen und seinen Haustieren wird auf der Erde mehr gestorben als geboren, an jedem Tag mindestens eine biologische Art. Oder sind es zwei oder eine halbe?

Wenn nach der Teilung dieser Welt jemals ein gemeinsames Bewußtsein erwachen sollte, dann müßte es das Bewußtsein hiervon sein. Die gemeinsame Arbeit, die zu leisten ist, ist Trauerarbeit, was mehr bedeutet als *nach*trauern. Es bedeutet nicht weniger, als daß wir das sterbende Leben in uns aufnehmen und dort weiterleben lassen müssen. Was für eine Aufgabe: mehr zu leben und mehr Leben zu produzieren, als zur selben Zeit ins Gras beißt.

Ich bezweifle, daß der Mensch kraft individueller Einsicht dazu in der Lage ist. Die Masse braucht Gebote und Verbote, eine anerkannte Moral, Gesetzestafeln vom Berg Moses und den Glauben an Götter. Die Götter müssen ausgetauscht werden, die Titanen gestürzt und durch ein jüngeres Göttergeschlecht ersetzt, das fähig ist, die Zeit, die zu alt geworden ist für das Dasein, zu erneuern. Der Gott des Fortschritts und der des Geldes, der Gott der Arbeit und die verführerische Göttin des Sozialismus – sie alle müssen getötet werden. Der Glaube an sie und all die anderen Götzen unseres Jahrhunderts hat genausowenig mit Religiosität zu tun wie die Andachtsübungen in Kirchen und theosophischen Zirkeln.

Wirkliche Religiosität ist nichts anderes als Verehrung des Lebendigen. An Gott glauben heißt, davon überzeugt sein, daß wir uns nicht selbst geschaffen haben, daß es etwas Größeres außer uns gibt. Seit ich als Junge bei Mondschein in den frischgefallenen Schnee pinkelte, bin ich diesem Gefühl nicht mehr allzu häufig begegnet. Ich entdeckte es wieder, als sich mein Leben auf die Insel Westberlin beschränkte, als ich, um ab und zu den Boden mit den Füßen zu berühren, mich vorher in ein Flugzeug setzen und sie verlassen mußte. Etwas wird heilig, wenn es sehr kostbar wird. Die Tatsache, daß die Erde, auch wenn sie rund ist, nur ein begrenzter Raum ist, aus dem das Leben zu verdrängen ein Leichtes ist, wurde mir wirklich bewußt erst in der ummauerten Isolation Westberlins. Hier war ich plötzlich nicht mehr imstande, einen Fliederzweig vom Strauch am Bahndamm zu brechen, und wenn ich hier jemals einen Pilz finden sollte – ich würde ihn stehenlassen. Was einmal eine Verbeugung vor der Natur war, ist zum Verbrechen geworden.

Nein, ich denke nicht an Vollwertnahrung, gewürzt mit Krokodilstränen. Dieses Bewußtsein wird bitter sein vom Salz wirklicher Tränen wie die frühen Religionen, die sich die furchtbarsten Strafen ausdachten für das Fällen eines der von ihnen als heilig verehrten Bäume, der Palmen und Eschen, Birken, Tamarisken und Zedern des Libanon. Die gräßlichste Strafe hatten sich die Germanen ausgedacht: Wer nur die Rinde von einer Eiche schälte, dem wurde der Bauch aufgeschnitten und der Darm an den Baum genagelt, und er mußte um den Baum laufen, bis sein Darm zu Ende war, falls er nicht vorher umfiel. Soll ich euch verraten, was zweitausend Jahre später die Germanen eines mecklenburgischen Dorfes taten, als die erste Black & Decker-Kettensäge in ihre Siedlung Einzug hielt? An einem einzigen Samstagvormittag rasierten sie das gesamte Dorf kahl; alles, was aus Holz war, sägten sie kurz und klein, sämtliche Straßenbäume, das Spalierobst, alle Sträucher und Büsche, nur die Telegraphenmasten blieben stehen.

O, ich sehe blutrünstige Religionen am Horizont des Morgenhimmels heraufziehen, blutrünstig wie Artaudsche Visionen. Die mitleidlos lächelnden Götter Asiens werden wiederauferstehen und die Drehung der Erde verlangsamen. Auf den Altären der mexikanischen Pyramiden werden der Sonne blutende Herzen geopfert. Die Bevölkerung ganzer Dörfer wird mit ihrem Gedärm die letzten verdorrten Eichen umwinden, und auf das Bepinkeln eines Telegraphenmasts, der mit Entenfett gesalbt und fünfmal am Tag angebetet wird, damit er endlich ausschlage, folgt die sofortige Kastration. So wird es kommen, ich habe nicht den geringsten Zweifel daran.

Jeder Fremde, der in Mecklenburg eine Autopanne hat, wird gepackt, in einen Käfig gesteckt, gut gefüttert und vor der Aussaat kleingehackt unter die Erde gepflügt, wie es schon immer Sitte war. *Daran* glaube ich, nicht an das Paradies.

Ich glaube daran, daß der Mensch niemals auf den Gebrauch seiner Kreissäge verzichten wird, wenn nicht die Todesstrafe darauf steht. Und ich glaube, daß die Menschheit als Ganzes bereits zum Tode verurteilt *ist* und nur noch auf Begnadigung hoffen kann. Das Flehen um Gnade ist genau jener Zustand, in dem sich der Ungläubige wieder seiner Götter erinnert. Es ist der Moment, in dem der Teufel die Erfüllung des Eides fordert. Es ist der Moment, in dem das katastrophale Bewußtsein wieder einsetzt, das den Menschen von seinem ersten erkennenden und zweifelnden Blick an begleitete und das zu verlieren die wirkliche Katastrophe einleitete. Ein Bewußtsein jenseits der Verzweiflung, da es dafür keine Zeit hat, da es sich keine Pause leisten kann bei seinem Werk, das Reale ununterbrochen am Leben zu erhalten und neu zu schaffen. Es wird zum panischen Bewußtsein, wenn es sich selbst erkennt und die Qual zur Lust wird. Es ist jenes Bewußtsein, für das bei jeder Handlung die Existenz der gesamten Schöpfung auf dem Spiel steht – ein Grundgefühl, bei dem wir heute wieder gelandet sind, wenn wir zweimal am Tag die Mülleimer leeren.

Die Geschichte des Bewußtseins ist eine Geschichte des Irrtums. Das, was zu Religiosität wurde, entsprang dem Irrglauben, daß kein Leben in der Natur ohne Mithilfe des Menschen existieren kann. Wenn die Sonne jeden Morgen aufs neue aufgehen soll, muß ich ihr blutende Herzen opfern; wenn tatsächlich noch einmal Frühling werden und die Saat sprießen soll, muß ich sie durch einen untergepflügten Fremden und magischen Beischlaf dazu animieren; will ich, daß endlich Regen fallen soll, muß ich meinen letzten Wasservorrat über die vertrocknete Erde verspritzen. Das homöopathische Prinzip, das großzügige Verschließen der Augen vor wirklichen Ursachen, da man sie letztlich doch nicht beeinflussen kann.

Obwohl wir die wahren Ursachen kennen, befinden wir uns in einer ähnlichen Situation. Daß tatsächlich nach jedem Winter die Bäume wieder ausschlagen, ist ein reines Wunder und forderte im Grunde unsere ganzen magischen Kräfte. Wir wissen inzwischen eine ganze Menge, das wichtigste Wissen allerdings, das von unserem permanenten Irrtum, wurde über Bord geworfen.

Ob das Wissen *davon* dem Menschen etwas nutzt? Wahrscheinlich muß er auch das vergessen und nichts zurückbehalten als die nackte Angst, daß die Nacht, in der die Stromversorgung zusammenbricht, nie enden wird und er mit brennendem Feuerzeug auf die Straße läuft, um die Sonne zu bewegen, noch einmal aufzugehen. In dieser Angst und dieser Ohnmacht wird er nicht einmal mehr Götter anflehen, auch sie wird er vergessen haben; er wird die Dinge selbst anbeten, alles was lebt, alles was existiert. Er wird die U-Bahn anflehen, daß sie fahren möge, und das Wasser, daß es aus dem Hahn fließe.

Ihr werdet Götter sein, Kakerlake, Koffer und Fernsehgerät. Götter unter Göttern in der vollkommen sakralisierten Welt. In der Welt ohne Gott, in der *alles* profan und *alles* heilig ist, die vollkommen belebte Welt, in der jeder Mensch den Fluch des Schöpfers spürt: sich als Toter inmitten des Lebens zu fühlen, wenn er nicht selbst Leben produziert.

# 5

# Über das Geld

*Rede an die Sperlinge*

*vom Prenzlauer Berg*

Wo kommen plötzlich die ganzen Sperlinge her? In Scharen sind sie in den Kreuzberg-Park eingefallen, flattern auf die Telegraphendrähte, zwitschern in den Sträuchern und Baumwipfeln, ja, kommen bis auf meinen Balkon geflogen und wollen mir am liebsten aus der Hand fressen. Woher auf einmal das Interesse an meiner Person? Wieso seid ihr so viele, und weshalb diese erwartungsvolle Stille, dieses Räuspern, Hüsteln, Piepsen und vorsichtige Sich-Umsehen?

Ich habe euch doch längst erkannt! Obwohl ihr euch alle erdenkliche Mühe gebt, ununterscheidbar zu sein, habe ich euch erkannt. Ich habe euch an euren weit aufgerissenen Augen und, nun hört gut zu, an euren «Jesus-Latschen» erkannt, von denen ihr in jedem Sommer zwei Paar verbraucht und von denen ihr euch dennoch nicht trennen könnt. Das ist ein Fehler, sag ich euch, beim Schuhwerk soll man nicht am Geld sparen, es zeigt, was ihr euch selbst wert seid.

Warum seid ihr gekommen? Warum seid ihr vom Prenzlauer Berg herübergeflogen, daher, wo ich nicht mehr hingehe? Glaubt ihr, es gibt hier etwas umsonst? Oder wollt ihr euch mit den Kreuzberger Sperlingen paaren? Wollt ihr euren Beitrag zur multikulturellen Gesellschaft liefern durch Kreuzung einer neuen Sperlingsart, des klassenbewußten Kapitalsozialisten, des sympathischen Ellenbogenathleten, des erbarmungslosen Kopfschüttelnickers?

Nein, ich weiß, ihr seid über die Mauer geflattert, weil ihr gehört habt, ich rede heute über das GELD. Ihr wollt etwas übers Geld hören, über das Geld an und das Geld für sich, das Geld als Pinke, Zaster, Knete, Penunze und natürlich als GELD. Es soll mir recht sein. Da ich kein Geld habe, kann ich ruhig darüber reden. Ich werde kostenlos darüber reden, obwohl ich keinen Pfennig auf dem Konto habe, obwohl ich es im Westen sowenig wie im Osten je zum geringsten Besitzstand gebracht habe und mir sicher bin, daß euer Instinkt fürs Geld schon jetzt viel kreditwürdiger ist als die Ergebnisse meines jahrelangen Nachdenkens darüber.

Ich werde reden, obwohl meine Zeit knapp ist (und die ist bekanntlich Geld), da das Arbeitsamt III genug von meinen Reden hatte, mich aus dem Verkehr zog und in ein Filmarchiv steckte, wo ich Filmprogramme zu sortieren habe, UFA auf die rechte, DEFA auf die linke Seite, was eine hochinteressante Aufgabe ist, die nicht unbeträchtliche Anforderungen stellt.

Wenn ich vom Geld rede, so erwartet ihr selbstverständlich, daß ich von richtigem Geld rede und nicht von den Warenbezugsscheinen, die euer bisheriges Leben so billig machten. Ihr wollt etwas über das Geld hören, das ihr zum Monatsanfang eingetauscht habt, ihr wollt etwas über die deutsche Mark hören, die überall, wo sie auftaucht, die Herzen höher schlagen läßt und denen, die sie besitzen, eine etwas fettsüchtige Seriosität verleiht, ähnlich derjenigen der auf den Scheinen verewigten Köpfe.

Aber fangen wir beim Kleingeld an. Das Kleingeld ist so hart und schwer, daß es innerhalb kurzer Zeit jede Hosen- und Jackettasche zerreißt. Deshalb rate ich dringend: Kauft euch dicke Lederportemonnaies, damit es euch nicht wie mir geht und ihr nur noch riesige Löcher als Taschen habt, durch die das Geld, sobald ihr es oben hineinwerft, unten wieder herausfällt. Ich persönlich habe mich daran gewöhnt, ich achte schon gar nicht mehr darauf, daß es bei jedem Schritt, den ich mache, klimpert. Andererseits sollte man, wenn es noch nicht zu spät ist, diese Dinge nicht unterschätzen. Es ist ein anderes Klimpern als das, das ich neulich auf der Straße hörte. Ich stieg hinter einer jungen Mutter, die ihr Kind auf den Schultern trug, aus der U-Bahnstation Möckernstraße. Als sie losrennen wollte, um über die Straße zu kommen, bevor die Ampel auf Rot schaltete, klimperte es leise zu ihren Füßen. Ich hob das Geldstück auf, bemerkte, wie leicht es war, und als ich seinen geriffelten Rand fühlte, war es einen Augenblick lang so, als hätte ich die Münze aus dem Sand aufgelesen, in den es gerade jemand geworfen hatte. Ich gab sie der Mutter mit den Worten zurück: «Fünfzig Pfennig Ost bitte.» Die Frau lächelte verlegen und zeigte auf das Mädchen über ihr: «Ja, sie spielt immer damit.»

Dieses Geld meint ihr nicht. Reden wir also von dem Geld, mit dem man nicht spielt. Die grundsätzliche Frage, die zuerst geklärt werden muß, lautet:

Was *bedeutet* das Geld? Ich will es euch sagen: Geld bedeutet ALLES. Der erste und wichtigste Lehrsatz, den ihr euch unbedingt einprägen müßt, heißt also: *Geld ist alles, ersetzt alles und bedeutet alles.* Obwohl ihr das schon immer geahnt habt, drückt das, behaupte ich, einen Wert aus, der weit über eure geldfiebergeschüttelte Phantasie hinausgeht, da ihr nämlich das ALLES nicht kennt, nur das ZUWENIG. Ihr geht von der Vorstellung aus, daß man, wie man zuwenig, auch alles haben kann und daß man, um alles haben zu können, zuerst Geld haben muß, weil die ganze Welt mit Preisschildern beklebt ist. Dieser Teil des Gedankens ist zweifellos richtig, ansonsten aber unterschätzt ihr das Geld völlig, es gibt sich keineswegs mit einer Mittlerrolle zwischen euch und den Waren zufrieden. Ich habe nicht nur gesagt, daß das Geld alles bedeutet und ersetzt, weil man dafür alles kaufen kann, sondern auch, daß es alles *ist.*

Es ist ein großer Irrglaube zu meinen, daß man Geld besitzen kann. Umgekehrt wird ein Schuh daraus, das Geld sucht sich für eine gewisse Zeit einen Homo sapiens als seinen Besitzer oder Verwalter aus. Das Geld ist die eindeutig übergeordnete Instanz. Es ist mehr wert als jeder Homo sapiens. Nehmen wir den Fall des keinesfalls billigen Fußballspielers Diego Amando Maradona. Vor fünf Jahren hat er 20 Millionen deutsche Mark gekostet, heute ist er vielleicht die Hälfte wert und in zehn Jahren keinen Pfennig mehr, während die 20 Millionen sich möglicherweise schon verdoppelt haben. Zugegebenermaßen gibt es sehr viele Homines sapienti auf der Welt, aber es gibt noch sehr viel mehr Geld! Und jeder Mensch ist mit Geld aufzuwiegen, und für viele wird nicht ein Pfifferling gezahlt.

Im Osten dagegen war das höchste Gut der Mensch. Doch er war nichts wert, weil es kein Äquivalent für ihn gab, nichts, womit man ihn messen konnte. Es gab das Geld nicht, denn das, was so hieß, war bedrucktes Papier, das als zum Leben unerläßlich betrachtet wurde, aber für dieses selbst ohne jede Bedeutung war. Im Grunde war der Mensch allein auf der Welt. Es gab weder eine Welt, die er kaufen, noch etwas, womit er sie kaufen konnte. Natürlich gab es Postulate und Arbeit, Wohnung, Willkür, Solidarität und ausreichend zu essen – aber die Freiheit vom Geld bedeutete für den sozialistischen Menschen, daß niemand ihm sagte, soundsoviel bist du wert und das unterscheidet dich von einer Kuh. Es war so einfach und klar, daß er keine Kuh war, weil beide nichts wert waren und sozusagen auf du und du lebten und so die Unterschiede ganz klar auf der Hand lagen.

Jetzt endlich habt auch ihr das Geld, das mit euch macht, wonach jeder Mensch dürstet: Es mißt euren Wert. Das ist seine ideelle Bedeutung, die über die reine Kaufkraft hinausgeht. In Zukunft werdet ihr all eure Kräfte daransetzen müssen, GELD zu erobern und nicht etwa so leicht zu gewinnende und vergängliche Dinge wie Sympathien, Liebe, Freunde, Vertraute etc. Euer Nächster ist ab jetzt das Finanzamt! Und das Wohngeldamt, das Arbeitsamt, die Krankenkasse und eure Bank. Kein Mensch schreibt euch so regelmäßig Briefe wie sie, mindestens einmal die Woche. Zum Finanzbeamten, zum Bankangestellten, zum Arbeitsstellenvermittler und im gegebenen Fall natürlich auch zum Wohnungsmakler müßt ihr ein positives, warmherziges und liebevolles Verhältnis gewinnen. Ein Verhältnis wie zu barem Geld, sage ich euch.

Dieser Vergleich hat nichts Ehrenrühriges, denn das Verhältnis zum Geld drückt das Verhältnis zur Welt aus. Ob ihr knickrig oder freigebig, mißtrauisch, schludrig, bedenkenlos, großzügig, vorsichtig oder fruchtbar wie die Kakerlaken seid. Es drückt nicht nur euer Verhältnis zur Welt aus, über das GELD läuft eure gesamte Beziehung zu ihr. Wenn ich sage, das Geld ersetzt alles, so meine ich, daß es beispielsweise die Beziehungen zu Mitmenschen ersetzt, von denen ihr bisher glaubtet, ihr braucht sie und sie brauchen euch. Welcher Unfug, was man braucht, ist Geld! Weder Freunde noch Geliebte sind so notwendig für euer Leben wie das Geld, kein Mensch kann einen so unwandelbaren und feststehenden Wert repräsentieren. Nur das Geld gehört euch allein, ihr werdet es sehr schnell merken.

Ganz egal, ob ihr welches habt oder nicht, es bleibt euch in jedem Fall als Problem, als Phantom und Traum, dessen Erfüllung nur von euch abhängig ist und nicht von irgendwelchen Wechselfällen des Gefühls oder davon, ob es eine Mauer gibt oder nicht. Nur das Geld ist beständig und unwiderlegbar. Selbst solche Bagatellen wie Kriege, Inflationen und schwarze Freitage können ihm nichts anhaben, es steht danach um so strahlender und wertvoller wieder da. Es ist der Stein der Weisen, nach dem ihr so lange gesucht habt. Es ist das Glück, die Zukunft, die

Freiheit, die Menschenrechte und der Kommunismus in einem. Es macht potent, energiegeladen, stahlhart, wie es gleichzeitig tolerant und einsichtig macht, gemäß dem alten deutschen Sprichwort: «Beim zweitenmal bereut man nicht/hat man das Geld, hat man die Einsicht.»

Allerdings muß ich euch beim Umgang mit ihm zu einer gewissen Vorsicht mahnen, denn so geil das Geld macht, so gefährlich ist es. Das Geld ist eine Droge, es führt unwiderruflich zur Sucht. Hat man keins mehr, versucht man, von panischer Angst vor den Entzugserscheinungen getrieben, sich mit allen Mitteln welches zu beschaffen. Man kann nicht mehr ohne Geld leben, man braucht es täglich, stündlich, es kreist im Blut und beherrscht die Gedanken völlig. Es erfüllt alle Wünsche und macht alle Träume wahr. Alle unbefriedigten Begierden fallen von euch ab, und es bleiben nur noch ein Wunsch und ein Traum übrig, der vom Geld. Der von der nächsten Injektion, der vom erlösenden goldenen Schuß. Schon dieses Traums wegen könnt ihr eure Angst vor der Ungerechtigkeit dieser Welt vergessen – dieser Traum macht alle Menschen gleich.

Ihr wollt endlich Ratschläge hören, was ihr mit eurem Geld anfangen sollt? Tut mir leid, ich rate grundsätzlich nicht. Aber mir fällt in diesem Zusammenhang eine Begegnung ein, die ich euch als lobenswertes Beispiel erzählen muß. Zwei Tage vor dem großen Geldwechsel bestand mein Koffer darauf, das Land zu verlassen, und wir fuhren zusammen nach Amsterdam, in die Stadt der Gulden und Grachten. Am zweiten Abend zog ich mich ins Rotlichtviertel zurück und setzte mich in einer Bar zwischen Spielautomaten, denen, die daran spielten, und der Bardame fest. Im Halbstundentakt stürmten zwei junge Burschen herein, die aussahen wie der große und der kleine Klaus, und bestellten ein großes und ein kleines Bier. Der große Klaus zahlte mit dem Geld des kleinen und gab ihm das Wechselgeld zurück. Als sie das dritte Mal auftauchten, war einer ihrer Barhocker von einem Mädchen besetzt, das aus seinem Schaufenster gestiegen war, um auf die Schnelle ein Bier zu zischen. Das Mädchen war so groß, daß es sich neben den Barhocker gestellt hatte und seine Tasche sitzen ließ. Es trug einen üppigen Strohhut und einen Pelzmantel über der Unterwäsche. Der Kleine fragte sie sofort nach einer Zigarette, sie gab ihm eine. «Camel!» sagte er zu seinem Kompagnon und sah ihn mit weit aufgerissenen Augen an, die hinter seiner dicken Brille doppelt so groß wirkten. Er war schätzungsweise fünfzehn, der andere achtzehn. Der kleine Klaus fragte das Mädchen, ob sie auch Feuer habe. Ein Lachen huschte über das Gesicht unterm Strohhut, sie gab dem Kleinen Feuer, trank ihr Bier aus und ging. Darauf erzählten mir die beiden, daß sie aus Berlin-Marzahn kämen, sofort am Tag der Währungsreform ihr Geld geschnappt hätten und losgetrampt seien: über Strasbourg, Luxemburg nach Amsterdam, und von hieraus solle es nach England gehen und dann wieder zurück.

So kann man es machen! Sofortige Verwandlung des Geldes in irgend etwas Lebendiges! Das Geld überhaupt nicht erst an sich ranlassen und es gleich weitergeben. Das heißt, das Zählen verlernen, das

Addieren, Subtrahieren und Dividieren und am besten noch das Lesen, Schreiben und die Uhrzeit.

Da man es euch so mühsam eingetrichtert hat, wollt ihr das natürlich nicht. Ihr wollt nichts übers Geldausgeben hören, sondern etwas über das Geld als Besitz. Was ihr wollt, ist das Herrschaftsgefühl, mit dem man, wenn man über Geld verfügt, über seine Mitbürger und all die phantastischen Dinge, die sie für euch produzieren, verfügen kann. Ihr wollt Herrscher in dieser Gesellschaft sein, deren märchenhafte Produktivität, die man nie genug bewundern kann, sich allgemein anerkannten Gesetzmäßigkeiten zufolge einzig in der Tatsache begründet, daß es das Geld gibt, und zwar unendlich viel Geld. Ich sage euch, ihr könnt soviel arbeiten, betrügen, an der Börse oder im Lotto gewinnen, wie ihr wollt, aber nie werdet ihr *alles* Geld haben – genausowenig wie ihr all die anscheinend herrenlosen Dinge besitzen könnt, die darauf warten, von euch besessen zu werden. So werdet ihr zwar nie ganz und gar befriedigt sein, aber glücklich, wenn der Kontostand steigt. Es ist das geheime Glück, das *jeder* haben kann. Es ist der heimliche Wert des Lebens, zu dem man in der Schlange vorm Bankschalter Abstand halten soll. Es ist das Geheimnis, das unserer Gesellschaft ihre Gelassenheit und Zuversicht, Energie und prickelnde Lebendigkeit gibt: das stille Glück des steigenden Kontos auf der einen Seite und das Unbefriedigtsein auf der anderen, das vollkommene Glück, alles zu besitzen, nicht erreichen zu können.

Allerdings muß man klipp und klar sagen, wer von diesem stillen Glück ausgeschlossen ist, hat überhaupt keins. Du bist dann ein anderes Wesen, kein Mensch. Denn erst durch das Geld wird der Mensch zum gesellschaftlichen Wesen. Ohne Geld ist er ein Tier, irgendein Lebewesen, eine Kreatur. Ohne Geld hat er keinen Wert. In diesem Fall sieht es ziemlich mau aus. Gehört dir nämlich kein Geld, gehört dir überhaupt nichts. Bist du gar Schuldner, so existierst du überhaupt nicht, du gehörst deinem Gläubiger, ganz und gar, mit Haut, Haaren, Leib und Seele. Der Körper, in dem du noch herumläufst, ist nur geborgt, deine Bank hat ihn dir geborgt, damit du arbeiten und Schulden abbezahlen kannst.

Das sollt ihr bitte nie aus den Augen verlieren. Also keinen Hochmut gefälligst, dazu gibt es nicht den geringsten Anlaß. Einer der großen Vorteile des Geldes ist nämlich, daß es dem Menschen Achtung einflößt, daß es ihm Demut vor etwas beibringt, das mächtiger als er ist: dem Gott GELD. Das begreift jeder früher oder später.

Nehmen wir einmal mich. Ich brauche überhaupt nichts. Ich bin völlig bedürfnislos. Ich brauche all diese seelenlosen Objekte, Geräte und Apparaturen nicht, die unter dem Vorwand, mein Leben erleichtern zu wollen, aus mir einen Maschinisten machen würden. Ich brauche nur eins: Geld. Nur mit Geld könnte ich mir all die Dinge kaufen, von denen *ich* schnell noch genug haben will, bevor sie mir zu viel werden. Dicke teure Bücher, Gemälde bedeutender Maler, erlesene Speisen, Getränke, Zigarren, Hotelbetten, die nach Einwurf einer Münze zu wackeln beginnen, unbekannte Drogen, die meinen Geist aufhellen und zu neuen Ufern führen werden. Sicher lebe ich auch jetzt schon bequemer als mancher Monarch, ich ernähre mich von Avokados, Seeteufeln und sauren Gurken; aber ich kann mir noch keine Menschen kaufen. Beispielsweise sollte ich mich endlich um eine neue Geliebte kümmern. Seit ich zu reden angefangen habe, herrscht auf diesem Gebiet ausgesprochene Flaute. Sobald ich den Mund aufmache, ergreifen Katzen, Kinder und Frauen die Flucht, als würde ich aus dem Hals stinken. Ich werde mir also eine Frau kaufen, vielleicht eine mit Strohhut, die bauchtanzen kann. Sie wird mich lieben meines Geldes und Ruhmes wegen, die ihr die Kostbarkeit meines Wesens anzeigen.

Nehmen wir an, ich würde ein literarisches Werk verfassen. Nehmen wir an, ich würde die verdammten Reden, die ich hier mir und euch zur Qual halte, und zwar nur, weil es noch unerträglicher wäre, sie nicht zu halten, nehmen wir an, ich würde diese Reden von irgendeinem arbeitslosen Trottel aufschreiben lassen, ein bißchen korrigieren und dann als Buch herausgeben. Was wäre der einzig legitime Grund (den ich nicht müde werden dürfte, mir vorzuhalten), warum ich dieses Buch schreibe? Natürlich schreibe ich es für Geld! Ich schreibe es doch nicht umsonst! Ich schreibe es, weil mir langsam der Arbeitsstellenvermittler, das Archiv und die Briefe vom Finanzamt zum Hals heraushängen. Ich will Ruhm und Geld mit diesem Buch! Deshalb werde ich es so schreiben, daß es *alle* lesen wollen, daß es alle besitzen wollen und mir ihre Zwanzigmarkscheine dafür hinblättern. Ich werde es so schreiben, daß mich die Bardame aus dem «Café Zufall» in ihren Honighintern beißen läßt und mir daraufhin ihre süße, regenwaldfeuchte Möse anbietet.

Das zu erreichen wird keineswegs einfach sein. Obwohl es Münzen, Scheine, Schecks und nicht Worte sind, die die Verbindungen unter den Leuten schaffen, darf ich die Worte nicht so setzen, als ob Münzen aufeinanderfallen. Die Menschen wollen dem Anschein der Menschlichkeit in einem Buch begegnen, sie wollen als Opfer *lebende* Worte. Sie sind nicht dumm, sie schreiben an die Toilettenwände: Kunst ist eine Form des Betrugs, der die Täuschung selbst zum Verkauf anbietet. Deshalb werde ich Menschenblut anbieten. Zur größten Täuschung läßt sich immer noch die Ehrlichkeit ausbilden. Alle schreien: Verrat! Er benutzt sich selbst als Rüstung, und dahinter gibt es weder das Geheimnis einer Lüge noch einer Wahrheit. In ihrem Innersten aber wollen sie *alles*. Deshalb werde ich allen Wahnsinn und allen Geist, alle Süchte, Hoffnungen, Irrtümer und Schmerzen zum Verkauf anbieten. Ich werde den Osten an den Westen und den Westen an den Osten verraten. Ich werde nicht davor zurückschrekken, Menschen zu verkaufen. Ich werde mit aller Kraft versuchen, irgendeine Art von Wahrheit hinter Lüge und Ehrlichkeit zu finden, und je stärker und tiefer sie ist, desto höher wird sie gehandelt werden. Denn das Geld ist unbestechlich, darüber täuscht euch nicht. Es fordert vollsten Einsatz. Es fordert Rücksichtslosigkeit von dem, der es haben will, weil es selbst keine Rücksichten kennt.

Genug damit, ihr seid gekommen, weil ihr erkannt habt, daß diese Welt einen Namen hat, und der ist GELD. Ihr wißt auch, daß Liebe und Haß einen Namen auf dieser Welt haben, und der ist Geld. Ihr wißt, man liebt und haßt: Geld. Und jetzt wollt ihr nur noch eins wissen, nämlich wie man an dieses Geld herankommt.

Prinzipiell kann man drei verschiedene Arten von Gelderwerb unterscheiden: den Diebstahl, die Bettelei und die Arbeit. Ich möchte mit dem DIEBSTAHL beginnen.

Naturgemäß ist er das nächstliegende für einen Sperling, der zum erstenmal mit den ungeahnten Reichtümern dieser Welt konfrontiert wird. Der Schock, daß die Welt nicht nur aus Pferdemist besteht, sitzt zu tief. Ich verstehe das, ich laufe noch jetzt über die Märkte und kann es nicht fassen, was alles aus der Erde wächst und daß auch wir Deutsche es essen dürfen. Man *muß* einfach die Hand ausstrekken und es wegnehmen. Gar nicht einmal, daß man es unbedingt besitzen oder aufessen will, man muß es vor allem berühren. Man will es weghaben vor den eigenen Augen, den Überfluß etwas schmälern, etwas herausbrechen aus diesem vollkommenen Stilleben und damit das Gefühl haben, ihm nicht passiv ausgeliefert zu sein, sondern in irgendeinen Austausch damit zu treten. Zumindest war es bei mir so, als ich in die Welt der Gegenstände kam. Obwohl es keinem von uns recht ist, befindet ihr euch jetzt in der gleichen Situation: Ihr sterbt und werdet zum zweitenmal geboren und müßt anders werden und wollt doch dieselben bleiben und umgekehrt.

Das Bezeichnende an der Erstkriminalität des ehemaligen Ostlers ist, daß er sich nicht durch Diebstahl oder Betrug in den Besitz von Geld setzt, sondern die Dinge selbst klaut. Ein dilettantischer Fehler, der auf der Verwechslung der Prioritäten beruht, aber man hält einfach den Anblick all der Dinge nicht aus, die nach einem neuen Besitzer verlangen. Mir ging ihr Geschrei so sehr zu Herzen, daß ich sie erlösen mußte. Ich versichere euch, daß ich ein Jahr lang wie ein Rabe geklaut habe, im Grunde habe ich nichts anderes gemacht. Es ist eine Sucht wie Kaufen, Reden und Geldzählen. Es war mir völlig egal, was ich klaute, ich habe grundsätzlich alles gefingert, was man in einer Tasche oder unter der Jacke aus einem Kaufhaus transportieren kann. Einmal hinterließ ich bei Karstadt eine Blutspur vom vierten Stock bis Parterre, weil der tiefgefrorene argentinische Wildhase von meinem Herzklopfen aufwachte. Denn beim Diebstahl werden massenweise Hormone ausgeschüttet, das ist bekannt. Ich weiß von einem bayrischen Kaplan, der an chronischer Verstopfung litt und immer erst in den Supermarkt gehen und etwas unter der Kutte verschwinden lassen mußte, bevor er auf Toilette konnte. Und von der Straße habe ich alles geräumt, was Trödler und andere zwielichtige Gestalten dahingestellt hatten, von der leeren Kassettenhülle bis zum Rattankorbsessel.

Ihr habt keine Ahnung, was man auf einem Fahrrad alles wegtransportieren kann: Das Velomobil ist übrigens das einzige in meinem Besitz, das ich käuflich erworben habe, ein echtes gebrauchtes Westfahrrad, sehr umweltfreundlich. Es ist bereits mein zweites; das erste, ein echtes gebrauchtes Ostfahrrad, hat man mir geklaut. Wie kann man nur ein Mifa-Fahrrad klauen, an dem das Schutzblech schleift und das Licht flackert! Aber die Leute schrecken vor nichts zurück, sie klauen buchstäblich alles. Je mehr es gibt, desto mehr klauen sie auch.

Das Fahrrad eignet sich jedenfalls vorzüglich zum Stenzen. Man fährt einfach auf dem Trottoir entlang, sieht vor einem Buchladen ein paar aufreizend bunte Ladentische, stoppt kurz, schnappt sich blitzschnell eines der eingeschweißten Briketts und stellt zwei Straßen weiter fest, daß man Besitzer eines Bildbandes über die Beuteltiere auf den Neuen Hebriden ist. Oder man hält gar nicht erst an, reißt im Fahren ein frischgeliefertes pakistanisches Oberhemd vom Bügel, das zwar entschieden zu knapp geschnitten, dafür aber nun deins ist. Das ist schon fast Raub! Mit dem Fahrrad kann man die Grenzen des Ladendiebstahls erweitern, denn auf die Dauer hat das einfache Klauen etwas Langweiliges. Was habe ich nicht getan, um Abwechslung hineinzubringen! Mit welcher Mühe habe ich Preisschilder vertauscht oder in Seifenpackungen für 99 Pfennig hyazinthenduftende Seifenstückchen für 45 Mark gesteckt.

Sperlinge, laßt euch das Ende meines Raffens schildern, um euch die Sinnlosigkeit des Diebstahls von Gegenständen als Mittel der Bereicherung zu dokumentieren. Es ereilte mich in jenem tückischen Loch, das sich immer dann auftut, wenn die Lust an einer Sache nachläßt, aber diese noch nicht zum Beruf geworden ist. Bezeichnenderweise wurde ich geschnappt, als ich nicht aus Langeweile klaute, sondern einen reiflich überlegten Diebstahl beging. Das ausgewählte Objekt war eine Baseballmütze mit den Initialen LA, welche ich als Geburtstagsgeschenk für meine zweitjüngste Tochter im Prenzlauer Berg vorgesehen hatte. Zu ihrem Erwerb begab ich mich in die Sportabteilung des KADEWE und ließ die Mütze direkt neben der Verkäuferin – was eigentlich immer ein sicherer Ort ist – in meine Tüte fallen. Die Verkäuferin sah mich Auswurf der Menschheit im Spiegel an, nahm mir wortlos die Tüte aus der Hand und rief durchs Telefon den Kaufhausdetektiv. Obwohl die Rolltreppe abwärts lief, blieb ich wie erstarrt neben ihr stehen. Wahrscheinlich *wollte* ich gefaßt und von meiner Sucht befreit werden. Vom Kaufhausdetektiv ließ ich mich zwei Stockwerke höher ins Kaufhausdetektivbüro führen, die Ergebenheit in Person. Doch als der Chef der Kaufhausdetektei nach meinem Ausweis fragte, bäumte sich alles in mir gegen diesen Eingriff in meine Privatsphäre auf. Ich setzte meine täppischste Miene auf und murmelte: «Ich bin ein armer Sperling vom Prenzlauer Berg und nur zu Besuch in Westberlin.» In der nichtdurchlöcherten Innentasche meiner Jacke hatte ich nämlich meinen alten DDR-Paß stecken, den man im Osten vergessen hatte, mir abzunehmen. Die blaue Pappe hat mir seitdem gute Dienste geleistet: kostenlose Benutzung von U-Bahn, Bussen, Museen und städtischen Freibädern. Auch das ist vorbei seit der Währungsunion.

Aber anstatt mich mit einer väterlichen Ermahnung ziehen zu lassen, riefen die Trottel von Detektiven die Polizei, da ich ansonsten der Bundesgerichtsbarkeit entgehen würde. Jetzt saß ich schön in der Tinte! Zuerst machten die beiden Polypen ganz auf Helfer und Freunde und begannen so eine Art Fachsimpelei: «Na was ham wir denn geklaut? 'ne Baseballmütze ... Son billiges Ding? War denn das die Sache wert?... Na sagense erst mal bei wem se zu Besuch sind.» Ich stotterte etwas von Tante Hilde.

«Wo wohntse denn?... Wieviel Tage sind se denn schon hier? Und wie lange bleibense noch?... Wo wohnen se denn im Osten wennse die Straße in der Tante Hilde wohnt vergessen ham?»

Auf so blöde Fragen konnte ich nicht mehr antworten und verweigerte die Aussage. Daraufhin machten sie von ihrem Recht auf Leibesvisitation Gebrauch und holten aus meiner zweiten Innentasche meinen Westberliner Ausweis heraus. Da hättet ihr sie erleben sollen! Schluß mit dem Verständnis, die waren total sauer. Der Schwager des einen hatte schon zwölf Anträge gestellt, und noch nie haben sie ihn in den Westen fahren lassen! Und mein Paß war übersät mit den Stempeln soffjetischer und österreichischer Zollbehörden! Augenscheinlich reiste ich mit einer Doppelexistenz durch die Weltgeschichte und raubte Europas Kaufhäuser aus. Als Ostler im Westen und als Westler im Osten, als österreichisch-russischer Stasispion!

Glücklicherweise gibt es ein bürgerliches Gesetzbuch, und sie durften mich nicht einfach in eine grünne Minna stecken und in die Keibelstraße fahren, um mich an Mielke auszuliefern. Sogar meinen Paß mußten sie mir zurückgeben. Mit dem konnte ich machen, was ich wollte, ich wurde ihn nicht los.

Zehn-, zwölfmal habe ich ihn in die Tasche mit den Löchern gesteckt, jedesmal hat ihn mir die Polizei zurückgeschickt mit einem Gruß vom Staatsanwalt, ich solle besser auf ihn aufpassen, da in ihm schon herumgefälscht worden sei. Aber meinen ersten Prozeß hatte ich nun am Hals, und außerdem sollte ich eine Prämie für den Kaufhausdetektiv zahlen, obwohl der überhaupt nichts damit zu tun und nur gepennt hatte.

Eine Woche, nachdem ich meine fünfzig Mark an das Kaufhaus überwiesen hatte, bekam ich Post vom KADEWE. Man dankte mir für meine Spende und schickte zwei Einladungskarten für ein Gourmetessen am nächsten Sonnabend 20 Uhr in der Delikatessenabteilung des Warenhauses. Das war mal eine angenehme Überraschung! Wie hochherzig und nobel – ein Fressen für sämtliche Kaufhausdiebe, damit sie sich schämen und bessern. Sicherheitshalber rief ich noch einmal an und fragte, ob mein Strafgeld angekommen sei. NEIN. Aber ich hatte die Quittung. Nach einer halben Stunde riefen sie aufgeregt zurück, mit dem Computer sei etwas falsch gelaufen, sie brauchten unbedingt die Einladungen. Ich antwortete: «Tut mir leid, aber damit habe ich schon den Ofen geheizt.»

Als es soweit war, weckte ich Marlene (bei solchen Gelegenheiten wurde sie immer hellwach), wir zogen uns anständig an und machten uns auf den Weg. Wir waren pünktlich auf die Minute, versichere ich euch. Samstag 20 Uhr, der Palast des Überflusses in vorweihnachtlichem Glanze erstrahlend, für uns beide. Zwei livrierte Türwächter warfen auf unsere

Einladungskarten einen Blick, ohne daß ihre seidenen Wimpern zuckten. Kein Käufer, kein Verkäufer und kein Kaufhausdetektiv waren zu sehen. Die Rolltreppen standen still. Der Fahrstuhl fuhr uns durch die Baseballmützenabteilung hindurch direkt bis ins oberste Stockwerk: das Schlemmerparadies, der Tempel der Freßlust! Angesichts der befrackten Herren und benerzten Damen sah mich Marlene, die Kellnerin, triumphierend an: So etwas hatte ich ihr noch nie geklaut! Wir hielten uns etwas abseits, sie bei den Fleischwaren, ich bei den Fischen, den Krebsen und Hummern, Seeaalen, Knorpel- und Knochenfischen, Ichthiosauriern und mehrschwänzigen Seekatzen. Wir sahen toten Haien in die Rachen und ins Innere ausgenommener Wachteln. Wir blieben nur eine Stunde. Ohne etwas in die mitgebrachten Tüten zu packen, aßen wir nicht viel, aber ausgezeichnet. Püriertes Mandelsoufflé, Gänseleber in Rotweinsauce und deutschen Käse, dazu tranken wir Champagner und arabischen Kaffee.

Seit diesem Abend, ihr Sperlinge, bin ich von meiner Sucht geheilt und klaue nicht mehr. Um wieviel angenehmer ist es, statt Strafe zu zahlen, fünfzig Mark zu spenden und zum Gourmetessen eingeladen zu werden! Um wieviel genußvoller ist es, Geld zu besitzen und damit zu bezahlen, als die Dinge einfach an sich zu reißen und in seine Wohnung zu schleppen! Und glaubt nicht, daß es an der Bedeutungslosigkeit von Ladendiebstählen liegt, wenn die Hormonausschüttung nachläßt und man glaubt, das «große Ding» drehen zu müssen. Das große Ding gibt es nicht, weil es viel zu viele davon gibt. Das Verbrechen wird immer niveauloser, und was noch Niveau hat, hat sich längst im bürgerlichen Geschäftsleben etabliert, kann dort ganz andere Gewinne erzielen. Nein, nein, ich sage euch, das Klauen ist völlig zwecklos geworden, wenden wir uns lieber der Bettelei zu.

Das BETTELN ist die reinste Art des Gelderwerbs. Man muß dazu allerdings bei der Reinheit seiner Lebensumstände angekommen sein. Keine Arbeit und kein Amt, keine Wohnung, keine Familie, keine Katze, keine Steuern und kein Zeitungsabonnement – das reine Leben. Nichts von Bürgerlichkeit und nichts von unveräußerlichen Menschenrechten. Die reine Kreatur, das Tier unter uns streckt die Pfote aus und will, daß wir, indem wir ein Geldstück reinlegen, aus der Pfote eine Hand machen. Ich rede nicht von denen, die das Schnorren als Gewerbe oder Hobby betreiben; ich rede von den Pennbrüdern, ich rede von den Berbern und Kunden, den Wermutbrüdern und Strabanzern.

Ich rede von dem, der ununterbrochen die Straßenkante langläuft und nicht mehr anhalten kann. Er redet nicht mehr und zeigt nur noch. Er bettelt nicht einmal mehr und sammelt nur, was auf der Straße liegt: Essensreste, leere Flaschen, Pfennige, die ich verlor.

Ich rede von dem alten Zausel, der um die Ecke Gneisenau-/Yorckstraße streicht, sich den Passanten in den Weg stellt, sie scherzhaft anrempelt und dazu sagt: «Ick laß mir nich umrenn. Ick bin 'ne Birke… ooch 'n Boom.»

Ich rede von dem Schlitzohr mit dem Hundeblick,

der mir die Hand entgegenstreckte, als sie noch keine Pfote war und ich zum erstenmal aus dem U-Bahnhof Mehringdamm ins Licht der neuen Welt tauchte. Damals war er noch nicht getauft mit dem Spülicht der Gosse. Damals hatte er eine neue Krücke für den frischgebrochenen Fuß. Die vier Jahre, die ich seitdem hier wohne, hat er neben der Telefonzelle gepennt. Er ist inzwischen ein Wrack, ein aussätziger Greis, der, sommers wie winters in Decken gemummelt, von seiner Bank nicht mehr aufsteht. Die Krücken sind mal weg, mal kommen sie wieder, der Fuß ist so angeschwollen, daß er in keinen Schuh mehr paßt; er pißt sich ein. Zweimal ist er in meiner Gegenwart aus seinem Tran aufgewacht und hat mir grinsend die Hand entgegengestreckt, ich glaube, wir kennen uns.

Ich rede von den Spritis am Bahnhof Zoo und im Bahnhof Friedrichstraße, die auf ihren Bänken in Haufen aufeinanderhocken wie klebrige Käfer. Wohin sind sie überhaupt, seitdem der Wind wieder durch die Friedrichstraße bläst, seitdem ihr stinkiges Loch ausgeräuchert wurde und es den billigen Schnaps nicht mehr gibt?

Ich rede von dem ekelhaften Kerl in Weiberkleidern, der die Kneipentische plündert und mit seinem Einkaufskorb voll Dreck die Straßen entlanghinkt wie der Tod; wenn er auf den Fahrdamm springt, wippt sein kahler Schädel zwischen den Autos auf und nieder, und man wartet vergebens, daß er nicht wieder auftaucht.

Ich meine die Alte in Friedenau, die von morgens bis abends mit schnellen Schritten durch die öden

Straßen rennt, ein Pappköfferchen in der Hand, gelbe Strümpfe und Hausschuhe an den Beinen und auf dem Kopf einen Hut, auf dessen breiter Krempe sich eine ganze Menagerie von Raubtieren tummelt.

Ich rede von dem U-Bahn-Verrückten mit den Kleiderbügeln in der Hand, der, als der Zug in die Station Kurfürstenstraße einfuhr, brüllte: «Rein ihr Tiere!» und danach seine Kleiderbügelarie tremolierte: «Tik – Kleiderbügel auf der Nase aber kein Streichholz im Schuh – tak – Wozu solln das gut sein? – tak – Für Hosen etwa? Fehlt'n Haken rutschen runter – tik – Oder als Bruchband für meine Wade – tiktik – Hat sich mir 'n Kumpel geschenkt – tak – Soll mir wohl Garderobe kaufen – tik – Werd ich verhökern auf der Uni – Fuffzijer das Stück – tak.»

Ich rede vom Stammler aus der Marheinekeplatz-Kneipe, der in sein Bier immer wieder ein und denselben Satz flüstert: «So viel Glück. So viel Glück... Was fang ich nur damit an?»

Ich rede von den Erniedrigten, Beleidigten, den Alkoholikern und Analphabeten, die kein Formular auszufüllen in der Lage sind. Ich rede von den Wahnsinnigen, von denen die Bürgersteige, Autos, Wohnungen und Kaschemmen voll sind. Sperlinge, seht euch vor, wenn ihr durch die Straßen lauft, hinter euch stolpert ein Wahnsinniger und will sich auf euch stürzen. Denn ich sage euch, alle sind mehr oder weniger wahnsinnig in dieser Stadt, in dieser Welt. Es ist das Geld, das sie wahnsinnig macht.

Am liebsten wohnt der Wahnsinn in der Armut, zusammen mit Krankheit und Alkohol. Dort fühlt er sich am wohlsten, dort wird er nicht gequält, dort muß er sich nicht verstellen. Dort taucht er in die Kloake des verpfuschten Lebens und kommt zum Charakter geläutert wieder zum Vorschein. Ich rede von denen, in deren Gesichtern noch so etwas wie Charakter widerscheint, weshalb wir in sie nicht zu sehen wagen, es aber doch müssen, um ihnen schließlich das schmutzige Geld, all die Silberlinge des Verrats, die durch unsere Finger gehen, vor die Füße zu werfen. Das ist der Hintergrund ihrer Bettelei; sie bieten uns ihren Anblick und machen uns glauben, wir könnten Charakter von ihnen kaufen.

Charakter existiert nur außerhalb der Gesellschaft. Sie selbst kennt nur die Imitation davon, Individualität, aber auch sie ist eine Selbsttäuschung. Ihr fürchtet und hofft, jetzt aus der kollektiven Gesellschaft in eine der Individualität zu wechseln. Das stimmt nur insofern, als die Gesellschaft selbst individuell ist. *Sie* ist die Persönlichkeit, sie ist charaktervoll, dynamisch, subtil, eigensinnig und stark. Sie übernimmt die Rolle des Individuums. So charaktervoll, wie die Gesellschaft ist, könnt ihr gar nicht sein, zumindest nicht als ihr Teil. Und als solcher werdet ihr auch nur gebraucht, als Partikel, als notwendiger, aber ersetzbarer Teil der großen Schöpfung unserer Epoche: der Massengesellschaft mit dem menschlichen Antlitz. Eure Angst, jetzt zu abgesonderten Individuen werden zu müssen, ist unbegründet – das Geld uniformiert mehr als jede Partei und läßt dabei noch leben. Nicht Persönlichkeit wird von euch verlangt, sondern die überzeugende Aufgabe jeder Persönlichkeit oder bestenfalls ihre überzeugende Demonstration. Laßt euch davon nicht beunruhigen: Was ihr einmal für eure Persönlichkeit gehalten habt, wird verschwinden wie Butter in der Sonne, und nur ein ranziger Fleck bleibt zurück.

Ich selbst bin Zeuge geworden vom lautlosen Hinscheiden zahlreicher Persönlichkeiten! Das Geld hat sie mit Haut und Haaren geschluckt. Plötzlich ist Schluß mit dem «Noch 'ne Runde für den ganzen Laden» und dem dicken Trinkgeld. Sobald der Kellner mit der Rechnung erscheint, wird ab jetzt gepokert: Wer verliert als erster die Nerven? Sicherheitshalber wird noch das Feuerzeug vom Nachbarn eingesteckt, denn deines ist gestern auch geklaut worden. Ich habe erlebt, wie aus Bergen Mäuse wurden und aus Imperatoren Höflinge. Ich habe erlebt, wie sich Gesichter, Ansichten und Sprache nicht nur wandelten, sondern auf Nimmerwiedersehen verschwanden.

Wie leicht war es doch im Osten, eine Persönlichkeit zu haben, zu der Zeit jedenfalls, als es nur Benzinfeuerzeuge gab. Da reichte ein einziger Feuerstein, irgendein dumpfes Gefühl im Bauch. Da reichte es, *dagegen* zu sein oder auf eine raffinierte Weise *dafür*, noch besser aber *überhaupt nichts*. Wie einfach war es, eine eigene Meinung zu haben. Es reichte, daß man *irgendeine* hatte, am besten aber überhaupt keine, nur stummen Vorwurf. Damit könnt ihr hier niemandem mehr imponieren. Irgendeine Meinung wird von euch verlangt, keine eigene, denn wie sollte man das bei dem Überangebot anstellen, aber irgendeine müßt ihr euch schon aussuchen.

Wahrscheinlich ist es aber genau das, was ihr wollt. Da ihr eure Brotkrümel hier wie dort sauer erschuften müßt, wollt ihr gar nicht Charaktere oder Einzelwesen sein, sondern Teil einer *funktionierenden* Massengesellschaft. Ihr wollt Teil und Fortsetzung dieses so präzise und doch sensibel wie ein Mensch funktionierenden Wirtschaftssystems werden. Ihr wollt endlich Teil und Fortsetzung all seiner so präzise funktionierenden Apparate und Maschinen sein.

Trotzdem werde ich weiter an eure Sterblichkeit denken und zu euch als Lebewesen reden.

Wir schrecken vor den Pennbrüdern zurück, weil sie so eindeutig Lebewesen sind und uns an Krankheit und Tod erinnern. Die Penner verkörpern, was zum Leben jeder Gesellschaft gehört, von ihr aber versteckt wird: die Not. Die gesellschaftliche Not ist hier allerdings eine andere als jene, die ihr kennt, und der schon im Osten törichte Versuch, sich ein gutes Gewissen zu verschaffen, indem man im Geiste die Leiden «aller» teilt, ist hier unmöglich. Denn es ist nicht Mangel, der nach Erfüllung schreit, sondern das schreckliche Leiden des Überdrusses, Gepeinigtwerden durch Zuviel, von dem es erlöst werden will. An dem allgemeinen Ekel vor der Welt teilzuhaben, bevor man sie kennengelernt hat, ist kein Akt der Solidarität, sondern Dummheit. Jeder muß sich seine eigene Not schaffen, die er zum Leben braucht.

Der Berber, der unter den Yorckbrücken haust, hat seine Not gefunden. Zumindest sieht es von außen so aus. Er macht jene Not sichtbar, die diese Gesellschaft exportiert hat und die jetzt durch die geöffneten Grenzen zurückströmt. Er verkörpert das Elend der nicht zivilisierten Welt, er ist der Ureinwohner, der Navajo, der Hottentotte unter uns.

Es gibt immer mehr, die diese Not zu spielen scheinen. Wie vieles für unsere östlichen, auf die nackten Tatsachen fixierten Augen als gestellt, als Teil einer Maskerade erscheint, so kommt uns auch die Not wie eine Bühneninszenierung vor. Aber laßt euch nicht durch den farbigen Anstrich täuschen. Was anderes als Not ist es, auf der Straße zu schlafen, sich bei der Sozialhilfe anzustellen oder acht Stunden am Tag einem mörderischen Job nachzugehen? Wenn es natürlich auch eine andere Not ist als die, die Mitte des Jahrhunderts Europa entvölkerte und heute Äthiopien oder Bangladesch. Vor allem sind es die *Gesten* der Not, die sich erhalten haben, vielleicht im Bewußtsein, daß sich nur deren Form wandelte. Die Not existiert, gerade in Deutschland und Europa, als Leere und Elend des Gefühls, und noch nie dürfte dieses Elend stärker als heute gewesen sein.

Trotzdem hat die Armut des Penners oder bettelnden Punks eine Würde, die der Armut, aus der ihr kommt, völlig fehlte. Sie ist ihr ganz persönliches Schicksal, ja, sogar ihre Leistung. Sie können es sich leisten, arm zu sein, denn es ist etwas da, an dem sie scheitern oder dem sie sich verweigern können und an dem sie dadurch noch Anteil haben. Indem sie den Wohlstand zurückweisen, stellen sie sich darüber oder daneben, nicht darunter; sie sehen, atmen und genießen ihn trotzdem. Um nichts in der Welt würden sie die Bank neben der Telefonzelle gegen eine Ein-Zimmer-Wohnung in Hellersdorf tauschen.

Penner und Punks sind die Bettlerorden der modernen Gesellschaft. Sie verkörpern die Not und übernehmen auch noch die Rolle des Überflüssigen. Sie leisten das schwere Geschäft des Müßiggangs, für das die Gesellschaft keine Zeit mehr hat. Sie sind ihr retardierendes Moment, eine andere Zeitrechnung als die zwischen Schichtbeginn und Tagesschau, sie verweigern die Produktion (außer der von leeren Bierbüchsen, die sie bei guter Laune zu Pyramiden stapeln), sie verrichten die harte Arbeit des Nichtstuns, des Verbrauchens von Überschuß, des Beharrens auf fundamentaler Passivität. Mit einem Wort: Sie leisten all das, was früher die Sache der Reichen war, die ihrerseits nur noch wie die Biber schuften. Sechzehn Stunden am Tag: ständig Konferenzen, Besprechungen und dringende Termine. Wo bleibt da die Verantwortung? Alles müssen die Armen selbst machen! Die Sklaven in Rom hatten es besser. Sie wurden einmal im Jahr von ihren Herren bedient, eine Woche lang, an Tischen, voll mit dem Besten der italischen Küche. Stellt euch das vor: Bangemann und Kohl bedienen euch, und ihr freßt und sauft eine Woche lang und scheucht sie umher, daß sie sich die Fastenkuren sparen können.

Ihr wollt das alles nicht? Ihr wollt weder bedient werden, noch wollt ihr arm sein? Ihr wollt nur Geld haben und das Bier aus einer Tulpe trinken und nicht aus der Büchse? Ich verstehe, ihr wollt also ARBEITEN. Ihr wollt das machen, was ihr immer gemacht habt, früh um sieben zur Arbeit gehen und um fünf wieder zurück. Ihr mußtet es im Sozialismus, ihr hättet es im Kommunismus müssen, warum sollt ihr es nicht im Kapitalismus, der die 38-Stunden-Woche hat, dreißig Tage Urlaub und den Lohn in Westgeld auszahlt. Ihr wißt, die Arbeit ist der Preis für das Geld. Das Geld *ist* Arbeit, *das Geld arbeitet*, und wer Arbeit hat, hat Geld. Und natürlich ahnt ihr auch schon, daß man, wenn man seinen Lohn in harter Währung ausgezahlt haben will, auch härter arbeiten muß. Aber, ihr armen Spatzen, ihr ahnt noch nicht, *wie* hart ihr arbeiten werden müßt! Hennecke, Stachanow und Frieda Hockauf waren faule Penner dagegen. Ihr müßt schuften wie die Politiker! Es reicht nicht mehr, zur Arbeit zu gehen und dann wieder weg, umgekehrt wird ein Schuh daraus: Abends dürft ihr kurz nach Hause und morgens müßt ihr wieder da sein. Und in der Zwischenzeit habt ihr euch zu schonen, genügend zu schlafen und nicht in den Kneipen rumzusumpfen, damit ihr am nächsten Tag fit seid! Denn eines kann ich euch versichern: Der, für den ihr arbeitet, fordert von euch *alles*.

Das wage ich zu behaupten, obwohl ich beileibe kein Spezialist für Arbeit bin (mehr für Arbeitslosigkeit) und mich deshalb diesem Thema nicht so intensiv widmen kann, wie ich es gern würde. Aber um arbeitslos sein zu können, mußte ich auch schon arbeiten. Zur Zeit muß ich in einem Archiv schuften, ich hoffe, ihr erinnert euch, Programme sortieren, Etiketten beschriften und Briefe schreibfreudiger Regisseurswitwen kopieren. Nicht, daß ich mich überarbeiten würde, nein, das ist es nicht, es ist die *Atmosphäre* der Arbeit, die meine Nerven angreift. Alle schuften wie die Biber, aber die Arbeit wird nicht weniger, sondern immer mehr! Wenn man einmal damit angefangen hat, produziert die Arbeit immer mehr Arbeit. Darauf beruht das ganze Wunder der westlichen Produktivität: mehr Arbeit als Menschen. Soviel Arbeit um einen Menschen herum anhäufen, daß er sie gar nicht schaffen kann, es aber verzweifelt versucht und damit immer mehr Arbeit produziert. Denn die Arbeit ist unendlich wie das Geld.

Alles in allem lernt ihr also einen Zustand kennen, der entgegengesetzt dem im Osten ist, wo möglichst viel Menschen mit möglichst wenig Arbeit behelligt wurden. Das war die in der Weltgeschichte einmalige Episode des sozialistischen Humanismus, die Schlamperei.

Wir hatten neulich Gäste aus dieser glücklichen Epoche, davon muß ich euch erzählen. Es handelte sich um eine kleine Delegation unseres neuen Partnerarchivs in Potsdam-Babelsberg, bestehend aus dem Stellvertreter des stellvertretenden Leiters sowie fünfundzwanzig seiner ausgesuchten Mitarbeiterinnen. Und alle hatten die Fachschule für Archivwesen in Salzwedel besucht und mindestens mit dem Prädikat «ausgezeichnet» abgeschlossen! Wie mitleidig die uns drei Figuren ansahen, die inmitten von mit Filmprogrammen gefüllten Apollinaris-Kartons eine Arbeit zu bewältigen suchten, die sie einfach ignoriert oder für die sie die Hilfe der Armee angefordert hätten.

Um zu sehen, welche Karten sie bei der deutschen Archiv-Vereinigung hätten, fragten sie nach unserer Ausbildung. Ihr hättet sie strahlen sehen sollen, als sie hörten, daß wir alles nur arbeitslose Philosophen, ehemalige Franziskaner, stellungslose Übersetzerinnen sind, Leute, die das Handbuch der katholischen Filmkritik auswendig können, aber nie im Leben die Fachschule in Salzwedel gesehen haben. Beruhigt zogen sie ab und ließen uns in einem Haufen der von ihren Archivarinnenherzen gepolterten Steine zurück. Und sofort machten sich meine Kollegen wieder über ihre Arbeit her. Sie dürsten förmlich nach dieser Arbeit, sie kämpfen mit ihr, bereit, ihr Leben dafür zu opfern, aber nicht vor ihr zu kapitulieren. Vor allem wollen sie diese Arbeit *haben*; eine Arbeitsstelle nämlich, fest und ihnen nicht mehr zu nehmen, damit ihr Mönchsdasein, ihr Philosophiestudium, ihr zweijähriger Indienaufenthalt endlich einen Sinn bekämen. Ich bin überzeugt, das hinter ihrer Brille so scharfsichtige Fräulein Bachmann würde ihre Seele dafür hergeben, wenn sie bis zum jüngsten Tag an ihrem Schreibtisch sitzen dürfte, festgekettet daran wie die alten Bürohengste auf Monty Pythons Galeere. Aber ihre Seele wollte bisher niemand haben. Bis gestern jedenfalls, als plötzlich die Stelle unseres Chefs frei wurde. Wir mußten alle mit ansehen, wie Herr von Fürstenquell mitsamt seinem lateinischen, französischen, althochdeutschen und slawischen Sprachschatz sowie dem gespeicherten Handbuch der katholischen Filmkritik für immer im Computer verschwand.

Ich sagte, man fordert von euch *alles*, Sperlinge. Das heißt, eure gesamte Kraft, eure Zeit, eure Lebenssubstanz. Wer bereit ist, während seiner Arbeitswoche alles zu geben, kann sich am verkaufsoffenen Sonnabend dafür alles kaufen. Auf diese Art Tausch bezieht sich die Erkenntnis, daß Lohn schändet. Du gibst Lebendiges und bekommst dafür Geld, mit dem du dir tote Gegenstände kaufen sollst. Jeder ist dieser Schande ausgesetzt, jeder wird vom Lohn erniedrigt, das ist die nicht gering zu schätzende Redlichkeit dieser Gesellschaft.

Der Sozialismus in seiner anmaßenden Beschränkung gab nur vor, alles zu fordern. Im Grunde wollte er nur eins: die Unterwerfung deines Geistes, dein Bekenntnis. Als ihm klarwurde, daß er nicht genug dafür zu bieten hatte, gab er sich sogar mit deiner Anwesenheit zufrieden. Dein Körper hatte anwesend zu sein und dein Geist zu schweigen, innerhalb dessen war jede Schlamperei möglich. Die Marktwirtschaft fordert von dir weder ein Bekenntnis noch deine Seele, sie fordert die Arbeitskraft, und wenn er die Energie dazu hat, kann dein Geist privat machen, was er will. – Jedesmal wenn ich U-Bahn fahre, erschrecke ich aufs Neue über die erloschenen Gesichter mir gegenüber. Kaum sitzen die Leute, schließen sie die Augen! Ich dachte immer, sie schließen sie, damit niemand in ihr Elend sehen kann und damit sie selbst kein Elend sehen müssen. Vor allem aber sind sie müde. Sobald ich nach achteinhalb Stunden Archiv in die U-Bahn steige und einen Sitzplatz erwische, schließe ich die Augen.

Zu den interessantesten Problemen gehören die Selbsttäuschungen, mit denen beide Gesellschaften ihre Ziele erreichen oder bis vor kurzem erreicht haben. Unter dem haschischwolkenverhangenen Südstern erklärte mir ein Dealer den Unterschied zwischen Ost- und Westdeutschen mit einem Satz: «Das is ganz einfach», lallte er, «wir sind zu Konsumenten erzogen worden und ihr zu Produzenten.» Das Resultat davon ist, daß der Konsument auf Teufel komm heraus produziert und der Produzent derart in Trägheit und Stumpfsinn ersoffen ist, daß er nur noch dazu taugt, das vom Konsumenten Produzierte mit zu verkonsumieren.

Sperlinge vom Prenzlauer Berg! Euch erwartet ein Leben voll harter Arbeit. Ihr müßt nicht nur das Produzieren lernen, auch das richtige Konsumieren muß euch noch beigebracht werden. Das Gleichgewicht dieser Gesellschaft beruht auf einer ausgeklügelten Arbeitsteilung: Während die eine Hälfte produziert, amüsiert sich die andere Hälfte. Aber auch das ist knallharte Arbeit, denn während man euch vormacht, ihr wärt unablässig am Amüsieren, so schuftet ihr doch wie die Galeerensträflinge, ihr konsumiert, ihr seid «Verbraucher». Eure wichtigste Aufgabe ist, möglichst viele dieser sinnvollen oder sinnlosen, vor allem aber schnell verschleißbaren Dinge zu verbrauchen, die ununterbrochen produziert werden.

Traut dabei niemandem: Nie könnt ihr sicher sein, ob ihr nicht belogen werdet in dieser von Betrug und Idiotie verkleisterten Welt, in der jeder nur verkaufen will und die größten Märchen erzählt, damit ihr ihm seinen Schund abnehmt. Das erweckt den Eindruck, als gäbe es überhaupt keine Wahrheit mehr. Das stimmt nicht, denn niemand behauptet ernsthaft, daß er sie sagt. Es gibt vielmehr viel zu viele davon, lauter kleine Wahrheiten oder halbe oder zumindest Notwendigkeiten, die auf ihre Weise recht haben und ein sinnlos zersprungenes Kaleidoskop ergeben, das zu keinem Muster mehr fähig ist. Das ist es, was euch irritiert – es ist nicht so durchschaubar wie die große Lüge im Osten. Der Kapitalismus lügt nicht. Das Geld ist seine Gerechtigkeit und seine Wahrheit, und wer die liebt, liebt das Geld.

Ich werfe jetzt meinen Hut hinab und habe nichts dagegen, wenn ihr ein paar geriffelte Alufuffziger hineinlegt.

# 6

# Kurze kalamazonische Literaturgeschichte

(PROLOG) Steht mir bei, ihr kalamazonischen Musen der Nachsicht und Milde, der historischen Distanz und dialektischen Weisheit, der Zwietracht und heimlichen Schadenfreude, auf daß ich die Kraft finde, ein Lob der unvergleichlichen Literatur des herrlichen Kalamazoniens zu singen, das seiner letzten Stunde würdig ist. Oh, ich weiß, die Kraft von Titanen wird dazu nötig sein, denn wer da behauptet, das Unvergleichliche der kalamazonischen Literaturgeschichte läge darin, daß sie so kurz war, der irrt! Denn kurz war zwar das Leben Kalamazoniens, doch lang wird seine Kunst sein. Sie wird noch leben, wenn der letzte in Kalamazonien geborene Autor zum letztenmal die Taste einer Schreibmaschine nach unten gedrückt haben wird. Sie wird als Bodensatz in dem großen und schmackhaften Mythenbrei leben, zu dem sich die vereinigte amazonische Literatur dereinst aufblähen wird.

Heilige und Helden werden aus der kalamazonischen Literatur hervorgehen in nie gekannter Anzahl. Geadelt durch *doppeltes* Heldentum, dem größten, das denkbar ist, nämlich klaglos ausgehalten zu haben und dann ein zweites Mal geopfert worden zu sein. Und schreiben werden diese Helden, daß es eine Freude ist. Sie werden weiter beharrlich am

Käse knabbern, mit Spucke ihre Nester zusammenkleben, und zwiebelschneidend werden sie die Vergangenheit bewältigen. Sie werden heulen heulen heulen... Und das Gute werden sie bewahren wollen, und der Rest wandert ins Kröpfchen. Nichts wird sie überraschen können, und ihr Ende wird glorreicher als jeder Anfang sein.

Ich weise darauf hin, daß es mir unmöglich sein wird, dem ganzen Facettenreichtum kalamazonischer Literatur gerecht zu werden. Ich kann nicht die bedeutenden Leistungen kalamazonischer Naturlyrik würdigen, nicht die der Wetterkunde, des experimentellen Versprechertums und nicht die Verdienste bei der Pflege des antiken Formenschatzes, und schon gar nicht kann ich mich bei einem der Außenseiter aufhalten, die die Literaturgeschichte nur durcheinanderzubringen pflegen. Als Chronist einer literarischen Epoche muß ich mich darauf beschränken, ihre Hauptzüge herauszuarbeiten, das, was nicht den Weg ins Vergessen und nicht den in die Befreiung von aller Klassifizierung antreten, sondern als unzweifelhaft kalamazonisch in Erinnerung bleiben wird.

Der Respekt vor den kalamazonischen Sitten verlangt es, daß wir uns zuerst den historischen Hintergründen dieser Literatur zuwenden. Das Sein bestimmt das Bewußtsein, und dieses wiederum ist als übergeordnete Instanz der Unterabteilung Literarische Produktion verpflichtet, niemals die historischen Gesetzmäßigkeiten außer acht zu lassen.

Unbezweifelbar ist die Tatsache, daß die kalamazonische Literatur aus der amazonischen hervorging und ihre Werke in diese zurückgehen werden, auch wenn sie geradezu unter der Voraussetzung entstanden, daß es die amazonische Kunst nicht mehr gab, daß sie zersplittert, verbrannt, in Kellerlöcher getrieben und über die Welt verstreut war.

Wie bekannt, wurde Amazonien nach dem letzten großen Krieg, den es entfesselte, in das westliche Panamazonien und das östliche Kalamazonien geteilt. Dieser Umstand ist verantwortlich für ein bemerkenswertes Novum in der Kunstgeschichte: Plötzlich sollte es in einem bis vor kurzem noch einheitlichen Land zweierlei Kunst und damit zweierlei Literatur geben. Der Unterschied bestand zunächst einzig und allein darin, in welchem der beiden Staaten der Schriftsteller durch Zufall oder freien Entschluß lebte. Somit war jede Kunst von vornherein dazu bestimmt, Staatskunst zu sein oder als solche mißbraucht oder denunziert zu werden. Sie war nicht der Gefahr ausgesetzt, Staatskunst zu *werden*, sondern sie mußte sich dagegen wehren, es zu *bleiben*, sie mußte, um das Eigentum ihres Autors zu werden, sich von dessen Ausweispapieren emanzipieren.

In Panamazonien fiel das zweifellos leichter, weil sich dieser Staat empörenderweise einen feuchten Dreck um die Kunst scherte. Ja, er war heilfroh, sie losgeworden zu sein, insbesondere die Literatur, welche doch nur die unangenehme Eigenschaft besitzt, die Konzentration des Publikums auf die Reden der Politiker zu stören, diesen die Sprache als deren rechtmäßigen Verwaltern wegzunehmen und dem Leser als persönliches Eigentum zurückzugeben.

Ganz anders aber im lieblichen Kalamazonien!

Von Anfang an legte dessen Regierung außerordentlichen Wert auf die Pflege der schönen Künste und der vielsagenden Literatur. Das war ihr ein inneres Bedürfnis, denn schließlich und endlich hatte sie sich breitschlagen lassen, das schwere Erbe der Geschichte anzutreten und den Menschen zu bessern, ihm den Weg in eine neue Gesellschaft zu weisen. Was konnte es für eine edlere Aufgabe für einen durch die Welt getriebenen Schriftsteller geben, als in seiner Heimat bei der Erfüllung dieses schönsten aller Träume mitzuhelfen? Hier wurde er mit offenen Armen empfangen, hier wurde er gebraucht und war nicht Mensch zweiter Klasse wie in Panamazonien, ein subventionsunwürdiges Subjekt, das nur störte und dessen unbequeme Fragen niemand hören wollte. Hier mußte er sich nicht wie im Kapitalismus um seinen Lebensunterhalt sorgen, denn als der bessere Mensch der alten Welt sollte er einen vollen Bauch haben, damit er die neue Welt besser besingen konnte. Er wurde dichterfürstlich aufgenommen, das muß man zugeben. Er wurde, hatte er einen großen Namen, Minister und durfte Nationalhymnen dichten, oder er bekam ein Theater geschenkt, einen Akademiesitz, einen Verlag, Nationalpreise und für den Sommer ein kleines Häuschen an einem märkischen See. Getreu der kalamazonischen Devise «Plane mit, arbeite mit, regiere mit» konnte er sogar mitregieren, er konnte sich beispielsweise in den *Zentral*rat wählen lassen oder in das *Zentral*komitee oder in die *Zentral*kommission, oder er konnte im *Zentral*organ seine Stimme zum Ruhme des herrlichen Kalamazonien erheben. Vor allem aber genoß er das höchste Privileg, dessen ein Sterblicher würdig war, er durfte in unmittelbarer Nachbarschaft seiner Freunde von Regierung und sozialistischer Partei leben, entweder in oder gleich neben der liebevoll «Städtchen» genannten friedlichen Villensiedlung, an deren Grenze freundliche Volkspolizisten ihre Schrankenwärterdienste versahen.

Nicht genug zu rühmen ist die Großmut der kalamazonischen Führer, die, bevor sie ihre Gunst der Körperkultur schenkten, die Geisteskultur über alles liebten. Als verdienstvolle Kader, die sich aus den einfachsten Kreisen emporgearbeitet hatten, waren sie besonders dem Theater mit seinen Sesseln und Kronleuchtern zugetan. Der alte Tischlergeselle zum Beispiel, den man, weil er mit seinem leutseligen Wesen und seinem gemütlichen Bauch am ehesten dem Ideal der Köchin am Herd des Staates entsprach, zum ersten kalamazonischen Präsidenten wählte, ließ sich in jedem Theater der Hauptstadt eine Loge reservieren und hielt dort seine Nickerchen.

Doch zum Theater kommen wir später noch. Fürs erste wollte ich nur feststellen, daß es zwischen den Künstlern und ihren Förderern keineswegs wie zwischen Hund und Katze zuging. Das kann man beim besten Willen nicht behaupten; sie lebten zusammen und besuchten sich zu den Geburtstagen, und wenn einer von ihnen starb, so trauerten sie gemeinsam. Aber so schlimm war es nun auch wieder nicht, wenn einer starb, denn selbst Tod und Leben waren nicht wie Hund und Katze, sondern die Eintracht hatte Ewigkeitswert. Das schönste Geschenk, das die kalamazonischen Führer ihren Dichtern machten, war eine Grabstelle gleich neben dem Haus, die sie noch zu Lebzeiten vom Fenster ihres Arbeitszimmers aus bedichten konnten. Man kann sich von solchem Leben und Sterben heute noch einen kleinen Eindruck verschaffen, wenn man eine Straßenbahn der Linie 46 besteigt und bis zur zweiten Station hinter der Pankower Kirche fährt. Der Chronist kennt sich dort ausgezeichnet aus. Er hat diese Zeiten zwar nur noch als musealen Wurmfortsatz erlebt, aber das reicht! Durch was weiß ich welchen dummen Zufall war er als Archivar in einer Villa gleich hinter der chinesischen Botschaft gelandet. Während er also im Keller alte Aurora-, Amiga- und Eternaschallplatten mit heißem Fitwasser abwusch und sortierte, dazu ununterbrochen «Madrid, du Wunderbare» auf einem Kofferplattenspieler hörte und laut mitsang, bewirtete oben im Klavierzimmer die Witwe des Hauses Besucher aus aller Welt. Wenn wir Glück haben, treffen wir sie heute noch auf dem Weg in die «Suppenterrine», wo sie gemeinsam mit Lotte, der Witwe des zweiten Arbeiterpräsidenten, ihre Abonnementsmahlzeiten zu verspeisen pflegt. Sie würde garantiert kehrtmachen und uns durch Klavierzimmer und Bibliothek führen, dann hinunter in den Garten, dort ließe sie uns von einer kleinen Treppe an der Grundstücksmauer einen Blick auf die Friedhofsseite der Mauer werfen, wo unter Efeu der Revolutionssänger liegt, der sich aus Gram totsoff.

Denn darüber darf man sich durch all die Friedhofsvogelsang-Harmonie nicht hinwegtäuschen lassen: Leicht war dieses Leben nicht. Hart geprüftes

Kalamazonien! Schwer war die Last der Verantwortung, die Mühen der Ebenen gewaltig, träge schlichen die Flüsse durch sie, an deren Ufer die Zwickmühlen der Dialektik bald nur noch Schrot und kein Korn mehr mahlten. Wovon sollte sich der Geist also ernähren in Pankow und Stadtmitte? Nur allzu begreiflich war es unter diesen Umständen, daß die Schriftsteller nicht mehr schriftstellerten und die Dichter nicht mehr dichterten und wenn, dann solches fürchterlich schlechtes Zeug, daß es nur noch zur Pflichtlektüre in den kalamazonischen Klippschulen von Schmachtenhagen bis Liebertwolkwitz taugte. Oder hatten sie das Schreiben vielleicht schon vorher verlernt? Länger als ein Jahrzehnt hatten diese Autoren über den ganzen Globus verstreut gelebt und kannten das Amazonien der Verfolgungen, der Pogrome und des Krieges nur aus den Zeitungen. Als sie zurückkehrten, waren sie in der Fremde gealterte Menschen, und auf die Frage, die jedes Kind seinen zurückkehrenden Eltern stellt, «Was habt ihr mitgebracht?», und die in diesem Fall nur lauten konnte: «Was habt ihr aus dem Krieg mitgebracht?», antworteten sie «Nichts» oder «Weisheit und Müdigkeit» oder «Die Erkenntnis, wie man ihn vermeiden soll». Aber der junge Leser will nicht wissen, wie etwas zu vermeiden ist, sondern wie das Unvermeidbare und Unbegreifliche gewesen sind. Dem Chronisten haben aus dem Krieg nur zwei Männer etwas anderes als Märchen mitgebracht. Der eine ist ein mit seinem Flugzeug abgestürzter Pilot, der aus seinem bodenlosen Feldtornister ununterbrochen Dinge zu Tage fördert und die Seiten eines imaginären Kriegstagebuchs vollkritzelt: Es ist die sprachlose Kunst der Zeichen, Bilder und Gegenstände, die nach dem großen Krieg in Amazonien den Geist am Leben erhielt. Der andere ist ein verrückter Kopfrechenkünstler und großer Aufschneider wie jeder Erzähler. Er ist mit dem Schrecken davongekommen, hat ihn bei sich behalten und flüchtete mit ihm in eine heidekrautbewachsene Zukunft hinter Maschendraht. Aber auch er ist kein Grimmelshausen. In Amazonien hat es keinen Grimmelshausen dieses Krieges gegeben; er schrieb inzwischen französisch oder amerikanisch.

Seliges Kalamazonien! Weit erhaben über diese niedrigen Probleme durch seine allseits anerkannte Friedensliebe und die zehn Gebote der sozialistischen Moral. Von jedem seiner Schriftsteller konnte man mit gutem Recht verlangen, daß er sich schon aus Dankbarkeit dem Sozialismus als der humanistischeren Gesellschaftsordnung verpflichtet fühlte. Er mußte es nicht unentwegt beteuern (besser war es allerdings), aber einen wirklichen Zweifel daran oder auch nur die Artikulation einer anderen Vorstellung davon konnte man beim besten Willen nicht dulden. Gleich was man vom Sozialismus hält – es bedeutete für den Schriftsteller, seine Kunst endlich in den Dienst einer *Sache* stellen zu können, sie als Teil der Ideologie zu sehen und zu verwenden. Welch großartiges Gefühl muß es für einen Intellektuellen sein, freiwillig das aufzugeben, was welcher Staat auch immer zwar beschneiden oder unterdrücken, aber ihm nie nehmen kann, die Freiheit des Geistes und der Kunst.

Bis auf die Gewissensqualen, deren Existenz man nie vollständig ausschließen kann, hatte dies vor allem unschätzbare Vorteile, von denen ich aus Zeitgründen nur zwei aufführen will. Erstens wurde das Feld der Kunst wie des Lebens damit sehr viel übersichtlicher und begrenzter, und zweitens: Man wurde Künstler und blieb es sein Leben lang durch einen einmaligen Akt der Berufung (ein Charaktermerkmal, das für die gesamte Kunst Kalamazoniens typisch blieb, auch wenn sich änderte, wozu man sich berufen fühlte). Das machte das Literatendasein so bedeutend angenehmer als in Panamazonien, wo man sich seinen Berufsstand mit jedem Wort neu erschreiben muß. In Kalamazonien konnte man durch eine einzige wohlüberlegte und zum richtigen Zeitpunkt publizierte Ode an einen Stahlwerker in den Stand der kalamazonischen Dichter berufen werden und dort sein Auskommen finden.

Das sich so herausbildende Berufsliteratentum wurde damit noch inniger mit dem verwandten Stand der Berufsrevolutionäre verschweißt, in einigen Fällen innerhalb einer Person. Beide hatten sich einmal zu irgend etwas berufen gefühlt oder fühlten es sich immer noch, aber sie brauchten nichts mehr dabei zu tun, außer vielleicht durch geschicktes Argumentieren und Organisieren diesen angenehmen Zustand zu erhalten. Bekanntlich verlangt die Lehre des Sozialismus, daß in der Gesellschaft zuerst die Klassen abgeschafft werden, damit keine mehr von der anderen profitieren kann. Dieses Ziel wurde in Kalamazonien zweifellos erreicht. Objektiv betrachtet – was immer die bevorzugte kalamazonische Betrachtungsweise war – muß man allerdings feststellen, daß sich sehr schnell eine neue herrschende Kaste herausbildete, in der die Intellektuellen (oder Tuis, wie sie der *Meister* nannte) gut aufgehoben waren, auch wenn einzelne Vertreter zu ihrem Opfer wurden. Zu dieser Herrscherkaste gehörten alle, die eine Sport-, Fach-, Hoch- oder Parteischule besucht hatten und danach das Nichtstun mit allen dem Intellektuellen in seiner ursprünglichen Bedeutung zuwiderlaufenden Eigenschaften verbanden. Sie waren der *Überbau* der Gesellschaft, der dafür, daß er dem *Bau* den Sinn seines Daseins erklärte, von ihm ernährt wurde. Ohne den strikt historiografischen Verlauf unserer Abhandlung durcheinanderbringen zu wollen, muß ich darauf aufmerksam machen, daß damit der Klassenkampf eine außerplanmäßige Wendung nahm: Nachdem alle inneren Feinde besiegt und der äußere selbst durch Kartoffelkäferabwürfe nicht zum Erfolg kam und sich schließlich an der Großen Kalamazonischen Mauer die Zähne ausbiß, ging die revolutionäre Klasse der Werktätigen gegen ihren eigenen Überbau vor, entwendete ihm sein wichtigstes Privileg, das Nichtstun, und machte es zum Gemeineigentum aller. Damit vollendeten sie den kommunistischen Aufbau in weitaus kürzerer Zeit, als es Marx und Lenin vorausgesagt hatten: Der Staat starb ab.

Welch unüberlegte Undankbarkeit! Wo sonst auf der Welt hatte sich die werktätige Klasse so lange Zeit der Fürsorge und des Wohlwollens der intellektuellen Klasse erfreuen können? Ja, es war geradezu ein Wahrzeichen echter kalamazonischer Kunst geworden, daß seine Vertreter nicht egoistisch an sich selbst dachten, sondern ausschließlich an das Volk und für das Volk. Der berühmteste kalamazonische Dichter, der schon erwähnte *Meister*, drückte das von ihm ersehnte herzliche Verhältnis zueinander in volksliedhaft-antithetischer Weise ungefähr so aus: «Er hat Vorschläge gemacht, und wir haben sie begeistert angenommen.» Welche Bescheidenheit! Dabei bedeutete es keine geringere Leistung, als die staatliche Lüge durch scheinbare künstlerische und moralische Autorität zu salben. Die *arrogante* moralisierende Lüge blieb seitdem ein Kennzeichen kalamazonischer Kunst und verhalf ihr zu jenem überdimensionalen Scheinheiligenschein, an dem man sie von so weit her erkennt. Beim *Meister* handelte es sich noch um einen richtigen Heiligenschein aus dem achtzehnten Jahrhundert, unter den sich jeder kalamazonische Schreiberling, wenn die Not am größten, bis zuletzt flüchten konnte. Es scheint daher unumgänglich, ihm und seinem kalamazonischen Urheiligenschein ein gesondertes Kapitelchen zu widmen.

(DIE MORALISCHE ANSTALT) Welch leuchtendes Beispiel lieferte der *Meister* uns dafür, daß Begabung auf dem Weg zum kalamazonischen Parnaß keineswegs hinderlich sein mußte, wenn man die richtige philosophische Einstellung besitzt. Sie half ihm, sich von einem genialen Moritatenschreiber und Poeten zum berühmten Verfertiger dialogisierter Sozialtheorien zu wandeln. Sein scharfer Grips hatte begriffen, daß das Theater eine durch den Film bis auf den Tod bedrohte Kunst und diese nur zu retten war, wenn man sie mit der neuen Ideologie verband, welche sich gerade anschickte, die ganze absterbende Gesellschaft zu verjüngen. Er machte aus der Kunst ein subtiles Instrument, mit dem man diese (oder jene) Geisteshaltung dokumentieren, die Gesellschaft auf diese (oder jene) Weise interpretieren und nach der Maxime der Philosophen in diese (oder jene) Richtung manipulieren konnte. Er schenkte Kalamazonien das Theater als Ersatz für das fehlende Hollywood. Er verwandelte es in eine Stätte der Demonstration im politischen wie im naturwissenschaftlichen Sinne. Die Kunst als Pathologie; ihr lebendes Objekt, die Gesellschaft oder das arme, von ihr völlig determinierte Individuum zur Leiche erklärt, an der man Krankheiten und die Wege zur Heilung studieren kann. Der Autor als Arzt (während die umgekehrte Variante bei ihm berechtigte Abscheu hervorrief), der Autor als Weiser, der Autor als Lehrer, als Zeigender und Führer; der besserwissende Autor, der Urtyp des kalamazonischen Dichters. Geheiligt durch Emigration, Gedankenschärfe, handwerkliche Perfektion und Weltruhm.

Doch nicht nur das einseitig geschärfte Seziermesser des dialektischen Materialismus verstand er zu handhaben, auch einen freundlichen Kulinarismus nannte er sein eigen. Er lobte die Nudelsuppe! Was lobte er nicht alles, der gute Mensch! Er lobte die Nudelsuppe und die Bäume, Stalin und den Himmel, den Kommunismus, die Dialektik und die Partei. Und wie übersichtlich zerlegte er die Welt für uns, die wir ihn auswendig lernen durften, in ihre

Bestandteile. Wer wollte nicht zu den Guten gehören, die sich an der Grazie des chinesischen Teewurzellöwen erfreuen durften und dessen Klaue nicht fürchten mußten?

Der *Meister* in seiner fernöstlichen Klugheit lobte zwar die Partei, aber er war auch so klug, nie in sie hineinzugehen. Das gab ihm den Glanz künstlerischer Autonomie, die über jeder Partei stand und ihn zur Verkörperung der Welt- und Lebensweisheit schlechthin befähigte. Er ließ sich herab, die Partei zu loben, und er nahm sich heraus, sie zu gegebener Zeit zu kritisieren. Das machte ihn so annehmbar für jene, denen die Vorhut der führenden Klasse zu dumm, der kalamazonische Aufbau ganz offensichtlich verkorkst und der Rest der Welt nur als Teufel an der Wand bekannt war. Der *Meister* verkörperte das Progressive, das Kluge und Humane nicht nur Kalamazoniens, sondern aller Länder und aller Zeiten. Er dachte für alle!

Und er dachte äußerst scharf. Kafka gab es nur, weil der *Meister* ihn mal lobend erwähnte. Wenn er sagte, Rilke ist ein überschminktes Frauenzimmer und alle Expressionisten sind hysterische Bauchaufschlitzer, dann wußte man ein für allemal, was man von diesen Experten zu halten hatte, denn er hatte ja auch gesagt, Joyce ist ein bedeutender Schriftsteller und die Nazis sind Verbrecher, womit er zweifellos recht hatte. Und wenn er sagte, der Kommunismus ist eine leichte Sache, die schwer zu machen ist, er ist die Ordnung, und was auch in Kalamazonien passiert, so ist es doch eine Angelegenheit, die in der Familie zu bleiben hat und immer noch besser ist als alles, was je in Panamazonien passieren kann, denn das gehört zur verfaulenden Welt des Kapitalismus, die das Chaos ist – so war das ein Trost von allerhöchster Seite.

Die Werke des *Meisters* standen bald in jedem kalamazonischen Bücherregal an hervorragender Stelle. Wenn eines der aus Schweißdraht zusammengelöteten und mit Küchenbrettchen belegten Leiterregälchen sieben Reihen umfaßte (was dem kalamazonischen Durchschnitt während der ersten beiden Fünfjahrespläne entsprach), so waren die obersten drei Reihen mit den Werken des *Meisters* belegt. Zehn Bände Gedichte, zwei Bände Kinderverse, acht Bände Altersweisheiten, sechsunddreißig Bände Theaterstücke, vier Bände Ansichtskarten, Speisezettel, Garderobenmarken usw. Seine Werke wurden vertont und von den besten Chören gesungen, sie wurden von Traubeamten, Jugendweihe- und Grabrednern rezitiert, seine Theaterstücke schließlich auf allen Bühnen Kalamazoniens gespielt. Und zwar von den besten Kräften – gegen den Widerstand der Holzköpfe und Ewiggestrigen! Der Chronist selbst hat nicht Anmut noch Mühe gespart, im Rahmen seiner Diplomarbeit den «Kaukasischen Kreidekreis» aus dem fernen Orient in den Thüringer Wald zu verlegen und für die Studenten der Forstschule von Zella-Mehlis ein neues Vorspiel zu schreiben.

Eine der unvergänglichsten Leistungen des *Meisters* wird bleiben, wie er sein Wirken der politischen Praxis angepaßt und diese in die Kunst verpflanzt hat. Er praktizierte als erster die Herrschaft des Kollektivs in der Kunst wie im Leben. Das sah so aus, daß er eine Vielzahl von Mitarbeitern beschäftigte, darunter bevorzugt Frauen, die die Rollen der Sekretärin, Köchin, Liebhaberin oder Lebensgefährtin ausfüllten; daß er seine Werke gern demonstrativ von anderen beurteilen ließ und ihre Änderungsvorschläge bedachte und daß er sich vor allem stets mit einer Schar von Schülern umgab, die seine Lehre bis ins entfernteste Stadttheater trugen. Nun kann man mit Recht einwenden, daß Theater ohnehin eine kollektive Veranstaltung ist. Das Phänomenale am Politbüro des *Meisters* aber war, daß alle die gleichen Frisuren und die gleichen Jacken trugen und alle die gleichen Zigarren rauchten. Er hat der kalamazonischen Intelligenz, die sich so sehr an die Diktatur gewöhnt hatte, zugleich einen geistigen Führer gegeben wie ihr das Prinzip der kollektiven Meinung geschenkt. Diese segensreiche Preisgabe der persönlichen Verantwortung des Autors für seine Arbeit gehört seither zu den unverzichtbaren Bestandteilen echter kalamazonischer Kunst.

(DIE UNMORALISCHE ANSTALT) Wir finden sie wieder in dem ausgeprägten Gruppen- oder Cliquenbewußtsein der in Kalamazonien lebenden Generationen, die sich zwar gegenseitig heftig beschimpften und bespuckten, aber nichtsdestotrotz eifrig an der Gesamtanthologie «Literatur Kalamazoniens» arbeiteten.

O heiliger Füllfederhalter, du Stafettenstab kalamazonischer Literatur, wohin wandertest du weiter, als das Städtchen verwaiste und deine politischen

Führer sich in die Stille der Wälder von Wandlitz zurückzogen? Ich kann es euch sagen, er kehrte zurück ins polternde Leben, geradenwegs nach Stadtmitte, wo zwischen Checkpoint Charlie und Alexanderplatz das Neue aus den Trümmern des Alten wuchs. Hier im ehemaligen Banken- und Regierungsviertel rund um die Leipziger Straße fanden sämtliche Berliner Schriftsteller bis zum Jahrgang 1940 ein würdiges Zuhause, in dem sie ungestört arbeiten konnten. Zwar genoß die dort einquartierte Intelligenzija nicht mehr in persona die Nachbarschaft zu der Staatsführung, aber inmitten der in den übriggebliebenen Vorkriegsbauten residierenden Verlage, Verbände, Ministerien und Klubhäuser mußte sie den so befruchtenden Kontakt zur Staatsmacht nicht völlig entbehren. Und was für ein emsiges Treiben herrschte in den Hochhäusern, in denen die Schriftsteller gemeinsam mit Funktionären der mittleren Ebene und Mitarbeitern fremdländischer Botschaften dicht neben- und übereinander wie die Uferschwalben nisteten! Der Chronist hat einen unauslöschlichen Eindruck davon erhalten, als er im Laufe seiner reichen beruflichen Laufbahn ein Quartal lang als Fensterputzer in einem Außenfahrstuhl die Fenster der Leipziger Straße auf- und abfuhr. Ich sah in das vertrocknete Leguansgesicht des Schriftstellerpräsidenten, als er seine Kakteen goß. Ich beobachtete zwei führende kalamazonische Hörspielautoren, wie sie im Verbandssekretariat ihre Beiträge zahlten, auf die Marken spuckten, sie in ihren Ausweis klebten und anschließend zur Tischtennisplatte gingen, um die Meisterschaft im Pingpong auszuspielen. Ich habe durch die nur halb zugezogenen Vorhänge gesehen, wie der Herausgeber der drei kalamazonischen Literaturzeitschriften vor seinem japanischen Farbfernseher saß und mit der linken Hand Filzstiftkringel zeichnete, wie pünktlich zur Mittagspause die Tür aufging, die Verbandssekretärin hereinkam und der Nestor der kalamazonischen Kunstwissenschaft sie höchstpersönlich vernaschte. Noch seltenere Perlen konnte man hier entdecken. Eines Tages sah ich tatsächlich Erich Honecker in der Küche seiner Tochter, wie er Nudelsuppe aus dem Kochtopf kostete. Ich winkte mit dem Lappen in der Hand, er winkte mit dem Löffel zurück – sofort wurde er von zwei kräftigen Männern zu Boden geworfen und hinter dem Küchenschrank in Deckung gebracht. Was für ein schweres Los, und für mich eine Begegnung mit unangenehmen Folgen. Der Fahrstuhl fuhr abwärts, und meine Karriere als Fensterputzer war beendet.

In diesen Häusern wehte ein frischer Wind, da wurden alte Zöpfe abgeschnitten und neue Lieder gesungen. Hinweg mit dem Alten, mit Dogmatismus, schlechter Laune und schlechten Versen! Jetzt wurden die Ärmel der FDJ-Hemden aufgekrempelt, und der *Neue Mensch* kam zum Vorschein: sportlich, jung, philosophisch und metrisch gebildet, technisch beschlagen und weltoffen – Teil der großen Weltrevolution, die aus der Erde einen blühenden Planeten machen würde. O goldene sechziger Jahre des Sozialismus! In denen der Intellektuelle sich allein durch sein Intellektuellsein schon als Mensch der Zukunft fühlen konnte. Im Kopf das blitzende Reißzeug der marxistischen Philosophie, mit dem die

Realität ausgemessen, ihre Verfehlungen (kritisch) vermerkt und ihre Perspektiven prognostiziert werden konnten. O mutige und sangesfreudige Aufbau-Generation! Ununterbrochen baute sie auf: den Uranbergbau im Erzgebirge, den Braunkohlentagebau in der Schwarzen Pumpe und den Kartoffelanbau in Mecklenburg. Ihr Leben war einzig dem Aufbau verpflichtet, und tatsächlich ist ganz Kalamazonien das Werk dieser Generation und die kalamazonische Literatur geprägt von ihrem forschen Auftreten und ihrer Liebe zur griechischen Antike.

Jetzt erst bekam Kalamazonien selbst jene antike Größe, für die es so bewundert worden ist und die ihm den Beinamen sozialistisches Hellas einbrachte. Für den außenstehenden Betrachter mußte tatsächlich der Eindruck entstehen, als daure nicht nur das trojanische Gemetzel noch immer an, nein, als hätten alle Helden Homers (bis auf den Landstreicher Odysseus, der unbedingt zurück ins kapitalistische Ithaka/Dublin wollte), die ganze Garde attischer und trojanischer Totschläger und Totsäufer nach dem Feldzug das kalamazonische Festland okkupiert und zu Kelle, Spaten und Bagger gegriffen, um ihre Schlachterfahrung nun an der Produktionsfront einzusetzen. Kein Kalamazonier war mehr gezwungen, das Land der Griechen mit der Seele zu suchen, die Griechen waren ja hier und bauten mit am kalamazonischen Griechenland, schön wie nie! Schluß mit Sklaverei und Panzerfaust! Kunst und Sport hieß allenthalben die Devise und machte die saxonischen Dichter zu Weltmeistern im Knittelverswerfen und Jambenspringen.

Glückliche Generation der Blauhemden, die den Staffelstab nicht von irgendwelchen vertrottelten Vorgängern, sondern direkt aus der Hand des *Meisters* übernommen hatte, dessen Stammbaum bekanntlich über Shakespeare bis Sophokles und Konfuzius zurückreicht.

Das verpflichtete dazu, bei aller Leidenschaft nicht den Verstand zu vernachlässigen und sich große Mühe bei der Einhaltung des klassischen Versmaßes und der Verfertigung aphoristischen Bescheidwissens zu geben. Es bedeutete die Verehrung der amazonischen Aufklärung (angereichert mit barocken Elementen), die Ignoranz gegenüber der Kunst dieses Jahrhunderts, insbesondere des gefühlsbeladenen Expressionismus, das nie erlahmende Bewußtsein der welthistorischen Mission Kalamazoniens – und dies alles wiederum nicht zu ernst zu nehmen und nie die Position des distanzierten Betrachters zu verlassen.

Es bedeutete die unangefochtene Dominanz der Dramatik und Lyrik im kalamazonischen Literaturbewußtsein. Hierin hat die kalamazonische Literatur ihre bedeutendsten Leistungen vollbracht, hiermit hat sie ihren Ruf als Insel der klassischen Dichtformen im Weltmeer der trivialen Prosa errungen.

Der entscheidende Grund für die so außerordentlich fruchtbare dramatische Produktion in Kalamazonien war: Man wußte, wie man es zu machen hat. Der *Meister* hatte es ja vorexerziert; er hatte es in seinen zahlreichen Schriften über das Theater groß und breit dargelegt, die speziellen Geheimnisse in die frischgewaschenen Ohren seiner Schüler geflüstert und sie so lange wiederholt, bis sie sie im Schlaf vor- und rückwärts aufsagen konnten. Im Grunde war alles ganz einfach: Man erklärt Kalamazonien zu Theben, Timbuktu oder Athen, und schon ist man mittendrin in einer antiken Tragödie. Aus dem großen Weltkrieg wird der Trojanische oder Peloponnesische Krieg, der zurückkehrende Soldat/Revolutionär wird zu Agamemnon, die amazonisch-kalamazonische Soldatenfrau wird zu Klytemnästra, die ihren Ehemann mit dem häßlichen Sekretär namens Ägisth betrügt und dafür von ihrem FDJler-Sohn Orest erdolcht wird. Das Ganze in fünf Akten, mit Songs gewürzt, die die Sirenen auf der Scylla des Kapitalismus einerseits und der Charybdis des Sozialismus andererseits vortragen. Oder man geht den umgekehrten Weg: Man nimmt sich irgendeinen alten Mythos oder ein mehr oder weniger lang zurückliegendes Ereignis und läßt die Hauptfiguren so reden, als ob sie in einem Neubau in Kalamazonien wohnten und das goldene Vlies ein Wassergrundstück sei.

Ja, die weltberühmte kalamazonische Theaterkunst konnte sogar auf neue Dramen völlig verzichten und die alten einfach so interpretieren, als ob sie neu seien. Das Theater ist schließlich eine Kunst der Interpretation und damit das ideale für eine erlauchte Öffentlichkeit, die die hohe Kunst beherrschte, nur noch zwischen den Zeilen zu lesen. Wie kein anderes Medium konnte es versteckte Botschaften in und hinter den Worten verkünden, ständig den Kreis der Historie neu durchmessen und neue Interpretationen anbieten. Das Theater hatte die wundervolle Eigenschaft, eine zweite Interpretationswelt hinter der offiziellen, aber kein Eingriff in diese zu sein. Mit seiner Geheimsprache bezog es die Zuschauer in den Geheimbund der Mitwisser ein, die in diesem Dazugehören ihre Erfüllung fanden. Es integrierte die Zuschauer in das große Theaterstück «Kalamazonischer Sozialismus», indem es ihnen Tricks beibrachte, es besser und mit intellektuellem Gewinn zu spielen, und erweckte dabei die so wohltuende Illusion, an einem *politischen* Spiel beteiligt zu sein.

Bis vor kurzem erlagen die kalamazonischen Dichter dem so verzeihlichen wie sympathischen Irrtum, politische Dichter zu sein. Wenn sie jetzt, da die Politik zum erstenmal in ihr Leben tritt (und sie diese sofort als etwas Langweiliges und Dreckiges durchschauen), behaupten, dies niemals gewesen zu sein und alles immer nur als Material betrachtet zu haben, so haben sie vollkommen recht: In dem trivialen Sinne, in dem jeder Schriftsteller ein politischer zu sein hat, nämlich dem Leben in der Polis verpflichtet, waren sie nie politisch. Sie haben die Polis längst hinter sich gelassen und sind ihrerseits in den ganz besonders illuminierten Himmel der Weltanschauung aufgestiegen. Sie waren große Weltanschauungsdichter und keine mickrigen Politikaster!

Jene Aura des Politischen und Überzeitlichen zugleich konnte ihnen das Theater nur in einem Land wie Kalamazonien verschaffen, in dem es glücklicherweise keine Politik gab. In dem das Theater die einzige Tribüne war, von der man Reden verkünden und hören konnte, die nicht genauso in der Zeitung standen, wo man Politik und Geschichte *spielen* konnte. Damit folgte Kalamazoniens Kunst großer klassischer Tradition, denn in heroischen Zeiten wollte Theater immer Politik und Geschichte spielen (und wenn nur für die Masse derjenigen, die nicht im Senat oder bei der Schlacht an den Thermopylen dabeisein konnten), wie andererseits sich die Politik immer als Theater zu inszenieren verstanden hat, je prächtiger, desto gefährlicher für die Komparserie.

Eines muß man bei aller Bewunderung eingestehen: Die kalamazonische Wirklichkeit bot nur äußerst schlechtes Theater. Die Revolution fand ausschließlich auf der Bühne statt, und deren tragisches Schicksal zeigt sich in der Tatsache, daß von ihr aus dann auch die tatsächliche Revolution verkündet wurde, ohne daß recht bemerkt wurde, daß aus dem Spiel Ernst geworden war und damit die *Inszenierung* endete. Wenn die Revolution auf der Straße und im Fernsehen stattfindet, bleiben die Theatersäle leer. Mit der Geburt der Demokratie starb das antike Kalamazonien, und mit ihr ist ihm jene Thematik ausgegangen, die seinem Theater die klassische Größe verschafft hat und auf die einen letzten Blick zu werfen dem Chronisten eine Ehre ist.

Das kalamazonische Theater als unmoralische Anstalt behandelt die Probleme des *Gehorsams*. Die Qualen wahrhaft tantaleischen Ausmaßes, die dem Helden oder der Heldin beispielsweise eine Parteimitgliedschaft abverlangen. Die Probleme des Gehorsams hießen: Führe ich den Parteiauftrag aus und liquidiere den Genossen X oder nicht, steige ich in den brennenden Hochofen und übererfülle den Plan oder nicht, zeige ich den Bauern Z wegen

Schwarzschlachtens eines Schweines an oder verdrücke lieber seine Leberwurst? Damit bewegte sich die kalamazonische Dramatik auf uraltem klassischem Gelände. In der hellenischen Antike war es, wie jeder weiß, das von den Moiren verhängte Schicksal, mit dem der Held zu kämpfen hatte, im elisabethanischen Theater der komische und tragische Streit der menschlichen Leidenschaften untereinander und mit den gesellschaftlichen Zwängen. Dem widmet sich auch das kalamazonische Theater, mit dem Unterschied, daß es dort keine wirklichen Akteure in den gesellschaftlichen Prozessen gibt, sondern nur passive Opfer, die aktive Teilnahme und wirkliche Gewissensqualen simulieren. Was die typische kalamazonische Tragödie immer auf der Kippe zur Farce stehen ließ (und ihr damit den unbestrittenen Ruf der Modernität eintrug), ist die von ihren Vorbildern abweichende Besonderheit, daß zwar das Pathos und die Terminologie des gesellschaftlichen Auftrags benutzt wurden, dahinter aber nichts als die pure Unwirklichkeit stand. Der gesellschaftliche Auftrag ist eine Lüge; das Gewissen weiß das, aber es quält sich dennoch, obwohl, wie auch immer es reagiert, nur wieder Lüge herauskommen kann, wenn es sich einmal auf sie eingelassen hat.

Diese letzte große dramatische Konstellation in der Geschichte der Menschheit herausgefunden zu haben ist das unvergängliche Verdienst kalamazonischer Theaterkunst. Mit ihr endet die traditionelle Dramatik. Wenn *alles* zur Lüge geworden ist, bleibt nur noch, sich auf den Weg zu machen und die Wahrheit zu suchen. Das aber ist der Weg der Prosa.

Sie kennt keinen Gehorsam, sie kennt kein kollektives Gewissen, sie kennt nicht den Zwang der Rolle, nicht den der gebundenen Rede, nicht einmal den, eine Fabel erzählen zu müssen. Sie kennt überhaupt keinen Zwang, sie *ist* frei. Die Ärmste kennt nur die Sprache, wie jedes Gedicht und jede Szene, die über die Qualen und Freuden des Gehorsams hinaus- und bei den Qualen und Freuden der Freiheit angelangt sind.

In diesem Zusammenhang wäre es ein unverzeihlicher Fehler, wenn man nicht eingehend die Rolle des *Neuen Meisters* würdigen würde. Aus den sich lang hinziehenden Nachfolgekämpfen um den leergewordenen King-Lear-Thron des *Meisters* ist der *Neue Meister* unter anderem deshalb als unangefochtener Sieger hervorgegangen, weil er von Anfang an in welthistorischen Dimensionen dachte und ihm Kalamazonien viel zu klein und lächerlich war, um sich vor seinen Machthabern zu fürchten. Ihm gelang es, Kalamazonien zu einem Teil der Welt und die ganze Welt zu einem einzigen Kalamazonien zu machen. Er hob das Meistersein als sozialistisches Großschriftstellertum auf die völlig neue Stufe des einundzwanzigsten Jahrhunderts, der ewigen Apokalypse. Mit feinem Instinkt tat er das, was man, um Meister zu werden, tun muß. Er imponierte der meisterlosen Jugend mit Whisky, scharfer Musik und Anekdoten aus unbekannten Ländern... Aber beim Thema *Neuer Meister* muß ich mich zurückhalten. Man kann ihn noch so sehr loben und doch nie sicher sein, ob nicht er oder jemand aus der Schar seiner revolutionären Bodyguards mit ihren vom ständigen

Klassenkampf geschärften Ohren eine Respektlosigkeit heraushört. Dann hagelt es Prügel! Die sind bereit, sein Leben für ihn zu opfern, und an ihn selbst kommt man schon längst nicht mehr heran, um ihn ist immer die Revolution.

Nein, das ist mir zu gefährlich, da werde ich lieber zitieren. Neulich, das heißt im vorigen Jahr, besuchten mich in meiner komfortablen Hütte am Kreuzberg drei wundervolle Grazien, eine panamazonische und zwei kalamazonische, eine davon mit einem hübschen Leberfleck auf der linken Wange. Doch leider galt ihr Besuch nicht mir, sie machten nur eine kleine Pause auf ihrer Expedition, die offensichtlich zum Ziel hatte, den *Neuen Meister* zu entführen.

«Dieser sexistische Patriarch, der mir andauernd beim Witzeerzählen auf den Busen starrt!» rief die Dame mit dem Leberfleck; sie ist inzwischen Kultusministerin von Mecklenburg-Anhalt-Vorpommern geworden.

«Aber wer ist denn bei euch nicht sexistisch», fragte ich vorsichtig, «der noch nicht mit Lockenwicklern ins Bett geht?»

Die zukünftige Kultusministerin sah ungerührt aus dem Fenster. «Ich kann mir genau vorstellen, wie er jetzt drüben bei Schultheiß Hof hält zwischen Bratwürsten und...»

«Nein, der sitzt in der Paris-Bar und trinkt Whisky...» Das war Flora von Florense, die es wissen mußte, denn sie war die Panamazonierin unter den dreien. «Glaubt doch nicht, daß der *Neue Meister* sich mit dem Volk gemein macht und Schultheißbier trinkt und Bratwurst ißt.»

«Ich habe es aus erster Quelle. Die Schultheiß-Brauerei ist der Sponsor des gesamten ‹Der *Neue Meister* und die Revolution›-Festivals. Sie hat sämtliche Inszenierungen, Symposien und Kolloquien finanziert und gibt heute abend auf ihrem Hof das Fest aus Anlaß seines morgigen sechzigundeinviertelsten Geburtstages, und genau null Uhr wird die Kultursenatorin, diese korrumpierte Ziege, eine Rede halten, und er wird sich an die leere Bar verdrücken. Das wird der Moment sein...», sie rannte zum Küchenschrank, zerrte mein Brotmesser heraus und schwenkte es triumphierend, «...an dem Rache genommen wird für alle beleidigten Frauen. Er wollte das Massaker und er soll es bekommen! Er hat das heilige Rot des Menstruationsblutes entweiht und es zum Blutrot patriarchalischer Schlächterei gemacht. Er ist ein Protagonist der sexistischen Kriegskultur und damit der Hauptfeind der wirklichen, der erotischen Kultur. Denn der Gegensatz von Krieg ist nicht Frieden, sondern die Erotik! Geschichte machen heißt Tote machen – nur die Kunst und die Erotik erzeugen das Leben. Nur eine neue erotische Kultur kann uns retten und vor der Todessucht der alten ökonomischen Kriegskultur bewahren, deren Hauptvertreter auf amazonischem Boden der *Neue Meister* ist. Alles wird bei ihm zum großen Trojanischen Krieg, in jedem Dialog ist es das gleiche: These – Antithese – Totschlag. Dafür wird er daran glauben!»

«Aber du hast uns doch versprochen, daß es ohne Blutvergießen abgehen soll und wir ihn nur entführen werden», wandte die dritte Amazone ein, eine ehemalige Tennispartnerin von mir, die jetzt allerdings Skistiefel trug.

«Das ist richtig. Schwestern, ihr müßt mich zügeln, wenn mich die Leidenschaften überwältigen und in Versuchung führen, die Wege des Eros zu verlassen. Es ist richtig, wir dürfen uns keinesfalls so benehmen, als führten wir ein Stück von ihm auf. Es geht nur darum, ihn für einige Zeit aus dem Verkehr zu ziehen und in den Kohlenkeller zu sperren. Wir müssen in seinem eigenen Interesse und dem der Allgemeinheit verhindern, daß er weiter Interviews gibt. Ich halte es nicht mehr aus! Welche Zeitung oder Illustrierte man auch immer aufschlägt, es steht ein Interview mit ihm darin; welche Talk-Show man auch einschaltet, der *Neue Meister* sitzt dabei, erzählt Anekdoten und hat alles schon immer gewußt. Mir reicht es. Seit zehn Jahren höre ich mir seine Weisheiten an, geheiligt und in den Rang ewiger Wahrheiten gehoben dadurch, daß er ein Meister ist und anderer Meinung als die Regierung. Er hat das kritische Meinungsmonopol; keiner widerspricht ihm, weil überhaupt keiner spricht und sprechen kann.»

«Aber Sie müssen doch zugeben», versuchte ich die Dame zu beruhigen, «daß er in den meisten Dingen recht hatte.» Doch sie war so sehr in Rage geraten, daß sie nicht mehr zu bremsen war.

«Natürlich hat der Patriarch, der nichts als das Gemetzel sieht und ununterbrochen behauptet, das Leben ist lächerlich, schäbig, sinnlos, pervers und häßlich, *recht*. Wenn man sich auf die Seite der Leichen stellt, gibt es keine Gegenargumente.»

«Aber er zeigt uns die Welt, wie sie ist: als großes

Schlachtfeld. Der Schmerz ist nun einmal das einzig Objektive...»

«...und die Diktatur ist als Denkaufgabe bedeutend interessanter als die langweilige Demokratie, ich weiß. Das ist es ja, was ich mit Kriegskultur meine, von der wir endlich durch eine neue Kultur der Erotik erlöst werden müssen.

Was glaubt ihr, was da drüben auf dem Schultheißberg jetzt los ist? Nicht nur dort, überall in der Stadt liegen die Mauserpistolen auf den Kantinentischen, und an den Garderobenhaken hängen Rotgardistenmäntel. Die Theaterrevolutionäre der ganzen Welt sind hier, allen voran die kalamazonische *Neuer-Meister*-Armee. Ganz Kalamazonien ist ein *Neuer-Meister*-Land. Bei jeder Gelegenheit wird der *Neue Meister* zitiert. Seine Lektüreempfehlungen (und er liest nur das Beste) bestimmen seit Jahren den Leseplan der kalamazonischen Intellektuellen, die um nichts in der Welt auf einen Leithammel verzichten wollen. Weil sie selber nicht reisen konnten, weil sie sich ihre Lektüre nicht selbst in einer Westberliner Buchhandlung aussuchen konnten, aber so tun wollten, als ob sie über alles Bescheid wüßten, plapperten sie ihm alles nach.

Dadurch, daß er nie mehr allein war, flogen seine Sätze sofort in alle Welt. Und der Meister gestattet sich, nur so zu sprechen, als spräche er in ein Diktiergerät. Wenn der Meister von einer seiner Reisen durch die Theaterkantinen dieser Welt zurückkam und sagte: ‹Dort im Kapitalismus ist es so und so›, dann waren alle beruhigt. ‹Aha, dort ist es korrupt und verlogen, und im Hotel Kempinski wissen sie nicht einmal, wie eine Havannazigarre richtig geschnitten wird. Das nennt sich Kapitalismus!›

Der *Neue Meister* ist unantastbar. Als jetzt zum erstenmal an ihm und anderen Meistern kalamazonischer Dichtkunst Kritik laut wurde, die sie ernst nehmen konnten, hieß es sofort: Pogrom, Hexenjagd! Welcher Alkibiades wagt es, die Vorkämpfer der Revolution zu beleidigen? Dabei passierte nichts anderes, als daß sie von denjenigen, die sie großgemacht hatten, damit sie über die Mauer sehen konnten, wieder kleingemacht werden, weil es die Mauer nicht mehr gibt! Aber ich werde mich davon nicht abschrecken lassen und nicht ruhen, bis der patriarchalische Kriegsgott gestürzt ist und die neue erotische Kunst Amazoniens aufblühen wird!»

So weit die Meinung der feministischen Göttin, die in zehn Jahren offizielle Kulturpolitik sein wird.

O ungerechtes Schicksal der Dramatik! Zu weit war sie ihrer Zeit voraus. Weiter, klarer, strenger, hellsichtiger, besser als diese, lebte sie bereits in der sauerstoffreichen Luft einer sozialistischen Zukunft, wo die Wahrheit, abgeschält bis auf die Knochen, in jedem Satz das Schicksal der Welt verkündet: unerbittlich, furchtbar und stolz, es zu *verkörpern*. Es leben nur noch sieben Menschen auf dieser Welt, und alle sind Opfer: der Kommissar, der Verblendete, der Wisser, der Unwisser, die Kakerlake, das Mastschwein und die Köchin. Keiner ist sündhaft und keiner ist unschuldig, denn alle sind nur Materialisationen historischer Kräfte.

Ich werde mich nicht beirren lassen und weiter das Lob der kalamazonischen Literatur singen, auch wenn im Moment kein Hahn nach ihr kräht. Das ist eine der typischen Undankbarkeiten des Publikums, bedenkt man, wie sehr sie von ihm vorher gebraucht wurde. Es war geradezu das international bekannte Markenzeichen der kalamazonischen Literatur, daß man ihr so deutlich anmerkte, wie sehr sie gebraucht wurde. Und zwar keineswegs von den Autoren, die sie verfaßten, sondern von den Lesern in finsteren Winternächten, in den Wartezimmern der Wohnungsämter und Zahnärzte. Ja, dieses Brauch-tum machte nicht einmal vor den Grenzen halt. Wenn eine kalamazonische Autorin beispielsweise in kühnem Sprung über die Mauer setzte und im holsteinischen Ricklinghusen landete, dann konnte der Ricklinghusener Gemeindesaal das Publikum gar nicht fassen; die Bevölkerung draußen vor der Kirche nahm sich abwechselnd auf die Schultern, um durch die eigens für diesen Zweck gesäuberten Butzenscheiben einen Blick auf die Autorin zu erhaschen... und wenn sie dann vorzulesen begann, wie sie ihre Hand schützend über die von den Strahlungen aus Tschernobyl bedrohte Petersilie hielt, dann weinten die panamazonischen Mädchen zu ihren Füßen!

So etwas fehlte in Panamazonien, eine so schutzlose Petersilie und eine Literatur mit so einer schützenden Hand! Wiewohl mir nichts ferner liegt, als auch noch die Literaturgeschichte Panamazoniens zu schreiben, muß ich darauf aufmerksam machen, daß dort die Literatur überhaupt nicht gebraucht wird. Sollte es möglich sein, daß in einer Gesellschaft, die die Erfahrung der Not aus ihrem Leben verbannt, auch die Kunst überflüssig wird? Da, wo sich die Menschen selbst für Kunstwerke halten, brauchen sie nicht mehr die Erlösung durch Kunst. Ein so kunstvolles Gebilde wie der postindustrielle Kapitalismus braucht weder das Individuum noch die Kunst – außer die der Repräsentation. Sie gehen beide im Teamwork auf, in den großen Gesamtkunstwerken, an denen jeder durch ständige Entäußerung mitzuarbeiten aufgerufen ist: an dem der Straße, der Ökonomie, des Films, der Politik, der Touristik und des gemeinsamen Fernsehens. Das individuelle Kunstwerk wird zum Anachronismus, das Schreiben zu einem aussterbenden Handwerk, das nur noch von solchen menschlichen Exemplaren ausgeübt wird, die aus irgendwelchen Gründen die Mitarbeit am Gesamtkunstwerk nicht befriedigt, was ihnen berechtigterweise die Mißachtung der restlichen Gesellschaft einbringt, die sich in schlechter Bezahlung ausdrückt.

Wie wohltuend anders war es doch in Kalamazonien! Da wurde die Literatur noch gebraucht wie in den Zeiten der Frühaufklärung, so als wäre der Buchdruck gerade erst erfunden worden. Für was mußte die Vielgeprüfte nicht alles Ersatz sein! Für die Presse und für Auslandsreisen, für die Religion, fürs Kino, für die Gastronomie und das Kabarett: einfach für alles! Das gesamte kalamazonische Leben fand in der Literatur statt. Sie lebte von dem, was es alles nicht gab, und simulierte, daß es etwas gab. Sie führte ein glückliches Ersatzleben, erlöst von der schwierigen Aufgabe, etwas Eigenes zu sein. Sie war nicht mehr selbst Letter, Wort und Satz, sie war der Zwischenraum zwischen ihnen und bildete sich sogar etwas darauf ein, denn damit war sie Teil einer majestätischen Gesamtlüge. Niemand konnte sich dieser Lüge entziehen, der einmal Teil der kalamazonischen Literatur geworden war und sich nicht ihrer schützenden und strafenden Hand entzog. In Kalamazonien nicht zu lügen hieß schweigen, weil kein Wort die tatsächliche Wahrheit, die darin bestand, daß alles Lüge war, benannte. Niemand hat die Kraft zu dieser Wahrheit gehabt. Das ist es, was Kalamazonien von seinen östlichen Nachbarn unterschied, weshalb es die Last eines eigenen Neuanfangs, selbst wenn er möglich gewesen wäre, nicht verdient hätte: Er wäre zu einer Fortsetzung der Lüge geworden.

Glückliches Kalamazonien, das kein Gewissen hatte, allerhöchstens ein schlechtes. Gewissen war ein Anachronismus. Da schließlich die ganze Welt gewissenlos ist, wie hätte man mit so etwas Altmodischem wie einem Gewissen auf der Höhe der Zeit sein können? In der kalamazonischen Literatur gab es derartiges nicht. Es gab alles mögliche in ihr, es gab den überzeugten Moralisten und den Kritiker, es gab den Träumer, den Depressionisten, es gab den geistvollen Äquilibristen und den ehrenwerten Kloreiniger, aber es gab nicht das Gewissen, nicht die Wahrheit und damit auch nicht die Phantasie. Niemand hat sein Ich aufgerichtet. Die große Kunst bestand vielmehr darin, aus dem Dreck Kuchen zu backen.

Glückliche kalamazonische Literatur, in der es

eine Mauer gab, von der jeder profitieren konnte: Sie war die Rechtfertigung für jedes Unvermögen der Eingesperrten, und sie sorgte für die Heiligsprechung derjenigen, die sie passieren durften. Glückliches Kalamazonien, das ein Panamazonien als Ersatz für das Gewissen hatte. Hinter jedem Gedanken, den man in Kalamazonien denken konnte, drohte oder lockte Panamazonien. Die Drohung hieß: Willst du etwa deinem panamazonischen Feind nützen, wenn du das sagst, was du jetzt für die Wahrheit hältst? Der Verlockungen waren mehrere: Schreibe so, daß es den Kritikern und Lesern in Panamazonien gefällt, oder: Schreibe so, als ob es weder Panamazonien noch Kalamazonien, noch überhaupt etwas auf der Welt gäbe. Oder: Gib es auf, da es aus diesem Zwiespalt kein Entkommen gibt, geh nach Panamazonien, bevor sie dich entweder zum falschen Märtyrer machen oder mit ihren Privilegien mästen.

Doch lassen wir uns nicht auf Nebenwege führen und tauchen zurück in den breiten Strom kalamazonischen Geisteslebens, wie er aus den Klippen und Sandbänken der siebziger Jahre hervortrat. Was kommt *nach* der Dialektik? Die Verbitterung darüber, daß sie nicht mehr funktioniert. Und der wohlfeilste Zynismus, nämlich derjenigen, die mal glaubten, recht gehabt zu haben und jetzt nur noch Vorrechte. Was kommt nach der Einsicht in die Notwendigkeit? Die Einsicht in die eigene Schäbigkeit. Alles Ein- und keinerlei Aussichten! Der Zyniker ist ein konsequenter Mensch und nimmt das in sich auf, worüber er sich erheben will. Das ist das schwere Los des sozialistischen Zynikers: Er füllt sich mit Dreck,

Leere, Lüge und Exkrementen, während es doch viel schmackhaftere Dinge gibt, mit denen man sich den Bauch vollschlagen kann.

Der offene Übergang von sozialistischer Dialektik zu sozialistischem Zynismus hat das Ende Kalamazoniens eingeläutet. Als die Leipziger Straße als Funktionäre und Intellektuelle einigende Magistrale nicht mehr existierte, weil die Aufbau-Generation entweder nach Panamazonien oder an die kalamazonische Peripherie geflüchtet war, begann die beklagenswerte Auflösung der kalamazonischen Literatur.

Doch zu den Merkwürdigkeiten Kalamazoniens gehört, daß es nach seinem geistigen Tod noch ein langes komaartiges Nachleben hatte, bis es endlich unter sich selbst zusammenbrach. Die kalamazonische Literatur wäre nicht die kalamazonische Literatur, wenn sie sich in dieser Zeit nicht zu einem letzten kollektiven Mythos zusammengeschusselt bzw. emporgerafft hätte.

(DIE ANSTALT) Nun laßt mich zum Schluß ein Lob auf die Anstalt singen, welche ihren Sitz in Berlins ruhmreichem Arbeiterbezirk Prenzlauer Berg hatte und von vorn eine offene war, von hinten aber geschlossen. Noch heute kann man sie besichtigen und an den gardinenlosen und unbeflaggten Fenstern erkennen, hinter denen die kalamazonische Literatur einen Überlebenskampf führt, der ihrer Sternstunden würdig ist. Obwohl man in diese Anstalt nicht eingewiesen wurde, so landete doch zwangsläufig darin, wer einmal die Kinderstube hinter sich gelassen und sich auf irgendeinen Weg gemacht hatte. Denn zwar führte kein Weg nach Rom, doch alle führten zum Prenzlauer Berg: Er war die letzte Station auf dem Weg in Richtung Panamazonien, der große kalamazonische Sackbahnhof, in dem man auf Koffern lebte, in Unterführungen, Mitropagaststätten, Toiletten und ausrangierten Zügen. Hier fand sich die Blüte der kalamazonischen Jugend zusammen, ein ununterbrochenes nationales Jugendfestival feiernd – und die letzte große Kollektivorgie der kalamazonischen Literatur, kollektiver und größer als jede zuvor. Noch bei ihren Vorgängern war das Kollektive vor allem ein Mythos; in persona begegneten sie sich lediglich in Verlagskorridoren und bei den Verbandsversammlungen, um gemeinsam die Hände zur Abstimmung zu heben und wieder fallen zu lassen.

Ihre Nachfolger vom gefürchteten Stamme der *Epigonen* (oder Quallnixe, benannt nach ihrem gefürchteten Heerführer) machten endlich Ernst mit der Eintracht! Tag und Nacht hockten sie beieinander und schmiedeten Kriegspläne, wie sie die Führung der kalamazonischen Literatur an sich reißen und von da aus die Welt erobern könnten; sie drängten sich in den beiden Kneipen, in denen sie abwechselnd ihr Hauptquartier aufschlugen, saßen zu dritt auf einem Stuhl, weil es an Sitzmobiliar fehlte, bohrten sich gegenseitig in der Nase, griffen sich in die Taschen und ließen immer den letzten die Zeche zahlen. Schon aus diesem Grund mußte dieses Leben für den Chronisten eine Episode bleiben, weil es sich aus irgendeinem Grunde ergab, daß er stets der letzte war. Die Liebe der *Epigonen* zur Gleichheit ging so weit, daß alle gleich aussehen, die gleichen Frisuren und Schuhe tragen, die gleichen Bücher lesen und vor allem die gleichen Gedichte schreiben mußten.

Lange habe ich gebraucht, um auf die tiefere Ursache dieser Gleichheit zu kommen, bis ich endlich begriff, es ist eine Literatur *nach* dem Tode, leichenblaß, pathologisch geizig und mit einem kleinen Schuß Galgenhumor. Dabei war diese Generation in sympathischer Selbstverkennung mit dem Anspruch angetreten, der Jungbrunnen der Kunst zu sein. Progressiv, experimentell, radikal, innovativ, vorurteilslos und vor allem absolut unkalamazonisch. Welche Vorbilder die *Epigonen* auch immer plünderten, auf jeden Fall lebten diese außerhalb der Landesgrenzen. Trotzdem waren die unzähligen Poeme, Collagen und aberwitzigen Kreuzworträtsel das Allerkalamazonischste, was man sich nur vorstellen kann. Das, was Mandelstam vom Schriftsteller forderte, nämlich daß er ungenehmigte Literatur zu schreiben habe, hat es glücklicherweise in Kalamazonien nie gegeben. Ein kleines Loch in der Großen Kalamazonischen Mauer genügte, und schon wurde aus der ungenehmigten eine sehr genehme Literatur. Wie praktisch und konzentrationsfördernd beim Balanceakt auf des Messers stumpfer Schneide! Plötzlich gab es in Kalamazonien nur noch ungenehmigte Literatur, und jeder, der in einem Verlag zwischen Checkpoint Charlie und Alexanderplatz veröffentlichte, war ein käuflicher Halunke.

Ich werde mich von der kalamazonischen Muse

der Bosheit nicht so weit verführen lassen und behaupten, jede der unvergänglichen Zeilen sei nur den Blicken durch die Mauerlöcher zu verdanken. Nein, das wäre eine ganz unangemessene Verzweiseitigung. Nein, die bewußte Gehorsamsverweigerung war wichtigster Teil des Programms einer Generation, das keineswegs auf Amazonien beschränkt war. Nur, aus der Verweigerung auch noch Literatur machen zu wollen, das war typisch kalamazonisch. Auf der bunten Seite der Mauer haute man Fensterscheiben oder aufs Schlagzeug ein, prügelte man sich mit den Polypen oder soff sich einfach den Kanal voll – ihre kalamazonischen Brüder schrieben darüber ellenlange Versepen und kurzärmlige Essays; zwar eigenhändig zur Gitarre vorgetragen und mit Linolschnitten illustriert, aber noch immer in bester kalamazonischer Tradition.

Diese anscheinend nie versiegende Tradition ist das allumfassende Bescheidwissen, gespeist von einer beneidenswerten Unkenntnis des außerliterarischen Lebens und der Hingabe an die Ideologie, und sei es eine postmoderne. Auf diese Weise konnte man verhindern, daß es zu einem wirklichen Auslüften der kalamazonischen Literatur kam, und das Bestehen auf unermüdlichem Entlarven wurde zu einer besonders liebenswerten Form des Moralisierens. Nein, wir sollten die kleinen Provokationen und den verzweifelten Avantgardismus nicht allzu tragisch nehmen, sie waren ja doch nur geborgt, modebewußte Attitüden, die neben anderen Regeln einhalten mußte, wer in den Stamm der *Epigonen* aufgenommen werden wollte.

Die wichtigste Regel, die die Produktion von Texten betraf, lautete: Demontage der versauten amazonischen Sprache und Spiel mit ihr. Obwohl es so wichtig nun auch wieder nicht war, denn wie gesagt reichte es in Kalamazonien, sich als Dichter zu *fühlen*, in einer von zwei Kneipen zu sitzen und die Zeche zu prellen. Aber wenn man das Dichten in der Gruppe betrieb, dann konnte es so richtig Spaß machen. Und hatte man es einmal begriffen, war es eine ziemlich einfache Sache, ein Kinderspiel, leichter zu lernen als die Orthographie. Vor allem da man sich mit keinerlei falschen Rücksichten herumschlug wie etwa mit jenem Ratschlag, nach dem an jeder Tür zu einem Schriftstellerzimmer die unsichtbare Aufschrift stehen sollte: «Nach Ihnen bitte, Sprache!» Nein, Höflichkeit galt in Kalamazonien schon immer als ein überflüssiges Relikt aus der Vorgeschichte der Menschheit. Statt dessen trampelte man frohgemut der Sprache und sich gegenseitig auf den Füßen herum. Zum unumstrittenen Epigonenhäuptling wurde dabei *Quallnix* gekürt, denn natürlich brauchte auch dieses Kollektiv seinen Häuptling und Sekretär, seinen Kapo, der die Marschrichtungszahl angibt, nach der man den Kompaß zu drehen hat. Und *Quallnix* wußte ganz genau, wo lang der Hase läuft. Sein Urteil war felsenfest, seine Verdikte berühmt und unumstößlich. Er war der Theoretiker und Propagandist der Szene und ihr begnadeter Organisator. Seiner nicht unbeträchtlichen konspirativen Fähigkeit und seinen weitreichenden Verbindungen war es zu verdanken, daß die kalamazonische Literatur eine ganz neue Stufe der Korrumpierbarkeit erklomm, die einer bestechenden Unbestechlichkeit. Er fügte zusammen, sortierte aus und ein, bis es keine Unterschiede mehr gab und jeder ein Zuträger wurde zum großen Werk postkalamazonischer Poesie. Diese Poesie existiert nur als Teamwork, als unendliche kalamazonische Mauer voller Graffiti, Latrinensprüche und Werbeslogans, verfertigt nach einer Rezeptur, die *Quallnix, der Epigonenhäuptling*, aus jener Philosophie herausdestilliert hat, die sich nicht nur als der letzte Schrei der Zeit, sondern *nach* allen Zeiten empfindet.

In genialer Vereinfachung folgen sie der Aufforderung, die Sprache in erster Linie als Schrifttext zu sehen, und verfertigen linguistische Graphiken, die zusammen mit der graphischen Linguistik kalamazonischer Zeichner ein Gemeinschaftswerk ergeben, in dem wie bei der Multiplikation aus zweimal Minus Plus wird. Das Buch als Bilder-, Sparkassen- oder Telefonbuch, Pictogramme, Lektüre für Analphabeten wie die amerikanischen Rekruten, die die Bedienungsanleitungen für ihre Raketenwerfer nur noch als Comic strips ausgeliefert bekommen. Literaturersatz für den Homo sapiens visualis, dessen sämtliche anderen Sinne zugunsten des Sehsinns zurückgebildet sind.

Welch meisterhafter, wenn auch nicht gänzlich neuer Trick, mit dem die kalamazonische Literatur die Schwierigkeit umgeht, ein offenes Ohr finden zu müssen.

Das am meisten malträtierte Organ des Gegenwartsmenschen ist zweifellos das Ohr. Die Sprachkunst spricht zu allen Organen, ursprünglich vor allem aber zum Ohr. Mehr noch als zum Gehirn, zur Leber, zu den Nieren, Lungen, Genitalien und Augen. Der Mensch müßte aufgemeißelt, gefoltert, verführt werden, damit er wieder hört. Die Gegenwartsliteratur zieht aus dem Weghören die Konsequenz und schreibt nur noch für das Auge. Das Ohr darbt weiter und wächst zu. Wer soll das Schmalz zum Fließen bringen, die verengten Gehörgänge durchstoßen? Man müßte flüstern, schreien, säuseln, trommeln, reden, singen: daß die Ohren sich weiten und begierig werden zu lauschen.

Wie gern hätte ich beispielsweise gelauscht, als ich vor einiger Zeit einer Delegation der *Epigonen* in einem panamazonischen literarischen Colloquium wiederbegegnete. Doch ihre Darbietung war vor allem etwas fürs Auge. Wie beeindruckten sie durch ihr geschlossenes ungehobeltes Auftreten! Sie dokumentierten noch einmal die Überlegenheit einer Diktatur, die es geschafft hat, auch alle ihre Gegner gleich zu machen. Alle hatten sich vor sechs Tagen zum letztenmal rasiert, alle hatten ihr linkes Hosenbein abgeschnitten, und alle qualmten das furchtbare Kraut namens «Karo», das auch ich einmal geraucht habe.

Heimatlich wehte es mich an: so, als hätte man soeben den Deckel einer beheizten kalamazonischen Grabkammer geöffnet. Und nun erklangen doch noch ihre Verse, die bekannten Strophen aus dem großen kalamazonischen Trauergesang ... Wie angenehm war es meinen Ohren, als er plötzlich endete.

# Die kalamazonischen Reden

## 7 und 8

*Die Linke und der Sozialismus*

Habe ich tatsächlich gesagt, daß mein Herz auf der der rechten entgegengesetzten Seite schlägt? Wann soll das gewesen sein? So vor etwa dreihundert Tagen, meint ihr? Also, vor mehr als dreihundert Jahren, sage ich, vor mehr als einer halben historischen Ewigkeit. Dennoch sehe ich mich keineswegs gezwungen, diese Aussage zurückzunehmen, muß aber darauf bestehen, sie als eine rein physiologische Tatsachenbeschreibung aufzufassen. Bis zu einem bestimmten Alter ist es sozusagen selbstverständlich, Gesellschaft, Politik und das Leben als solches physiologisch zu betrachten, mit dem Idealismus und guten Willen des Kindes, das jede Gesellschaft als Vergewaltigung seiner Natur ansieht und darauf besteht, daß die Menschen nicht mehr sterben müssen, um in den Himmel zu kommen.

Inzwischen sind wir dreihundert Jahre älter geworden und sollten unsere politische Unschuld endlich verloren haben; wer sie bis jetzt nicht verloren hat, wird sie nie verlieren und auf ewig als Dummheit behalten. Inzwischen haben wir Geschichte erlebt, die meisten von uns zum erstenmal, das großartige Ächzen und Poltern, mit dem ihr Rad sich zu drehen beginnt, und dann ihre grausam monotone

Mechanik der Fortbewegung, bei der man nicht weiß, geht es vor- oder rückwärts, nur, daß sie weder zu beschleunigen noch anzuhalten ist. Inzwischen haben sich Physiologie und Verkehrskunde aus dem Zeitgeschehen verabschiedet, und auch dem letzten könnte klargeworden sein, daß Politik weniger eine Sache des Herzens und der guten Absichten als des Kopfes ist und von Vorteil für das Denken, wenn man dazu beide Gehirnhälften benutzt.

Wenn ein Linker nach dem Bekanntwerden des Ergebnisses der ersten DDR-Wahl eine Banane hebt, um zu zeigen, was er von den Wählern hält, erklärt er damit seinen geistigen Tod. Wenn ein Rechter von der multikulturellen Gesellschaft als einer lebensnotwendigen Tatsache schreibt, gibt er ein Zeugnis zumindest seiner geistigen Beweglichkeit. Beide Beispiele sind symptomatisch für das Denken im vergangenen Jahr. Die sogenannte Linke fühlt sich von der Geschichte betrogen und beleidigt, die sogenannte Rechte versucht die Fragen der Wirklichkeit zu beantworten und natürlich in ihrem Sinne zu manipulieren. Das Fatale ist, daß in dem Moment, in dem sich die Rechts-Links-Kategorisierung für den Denkenden als ebenso überholt wie lähmend herausstellt, diese an den Rändern der Gesellschaft um so starrer wiederaufersteht. Als könnte Deutschland tatsächlich keine Einheit ertragen, als wäre es zu Differenzierungen unfähig und brauchte statt der geographischen nun eine stärkere politische Teilung.

Die Linke hat in diesem Prozeß ihr Gesicht verloren: das der moralischen Rechtfertigung, die sie als traditionelle Verteidigerin der Unterprivilegierten bislang für sich reklamieren konnte. Sie hat diese Unterprivilegierten als eine Herde von Affen beschimpft, weil sie nicht ihre erklärten Sachwalter wählten, sondern die Privilegien selbst: das Privileg, zur ersten Welt und nicht mehr zur zweiten zu gehören, das Privileg der D-Mark und das in der Geschichte wohl einmalige Privileg, seine Vergangenheit einfach ablegen und eine Zukunft dafür einsetzen zu können, die man scheinbar nur zu übernehmen braucht. Angesichts dessen hat die Linke nicht nur strategisch versagt; sie hat sich als ein krämerhafter Verein mit erstaunlichen Fähigkeiten zur Demagogie erwiesen. Ihr Gesicht hat sie gleichzeitig mit dem Verschwinden der DDR und des sozialistischen Lagers verloren, und zwar so gründlich, daß man ihm unbedingt nachforschen muß.

Und wieder höre ich sie Verrat! schreien. Faßt den schamlosen Hund, der nur die *Gelegenheit* nutzt!

Ja, ich nutze die Gelegenheit und bin dankbar für sie. Nichts kommt dem Erkenntnisprozeß gleich, den die unmittelbare Erfahrung eines gesellschaftlichen Umbruches beschert, in dem sämtliche Motive, Grenzen und Möglichkeiten, jedes intellektuelle Urgestein, jeder Talmi und alle möglichen Emotionen bloßgelegt werden. Ich werde mich dabei nicht mit einem Wort zufriedengeben! Es reicht nicht der Ausruf, es reicht nicht die Beschimpfung. Ich werde die Linke kritisieren, weil sie Teil meiner eigenen intellektuellen Geschichte ist. Ich werde sie kritisieren, weil das, was Ionescu bereits vor zwanzig Jahren forderte, nämlich nach der Entmystifizierung der Rechten endlich auch die Linke zu entmystifizieren, nie erfolgt ist, höchstens die sprachlose Abkehr und Landung in der Indifferenz. Ich werde mir Hilfe bei Ionescu und Hannah Arendt holen, bei all denen, die nicht seinen Zusammenbruch in der Realität brauchten, um den Kommunismus als den folgenschwersten Irrtum der Menschheitsgeschichte zu begreifen. Ich werde den Sozialismus kritisieren, auch wenn ihr meint, ich sollte meine Kritik lieber dem triumphierenden Kapitalismus widmen. Ich denke nicht daran! Die Demokratie beinhaltet die Offenbarung ihrer Schwächen, während dem Sozialismus noch immer eine Aura des Heiligen und Niedrigen zugleich anhaftet, die zu analysieren vermessen oder unergiebig erscheint. Die Kritik ist notwendig, weil abzusehen ist, daß die sozialistische Idee, nunmehr unbefleckt von allen Beschmutzungen der Realität und wieder reines Versprechen, statt korrigiert, restauriert werden wird. Die Reinwaschung muß verhindert werden, und zwar von denen, die in dem Dreck gelebt haben, mitunter ohne ihn zu bemerken.

Eines ist offensichtlich geworden: Mehr als alles andere ist «links» zu sein Teil einer Konvention, die von Erfahrungen weitgehend unabhängig ist. Soweit ich sie begreife, besagt die Konvention, daß die Linke das Neue vertritt, die Armen und Unterdrückten; sie ist intelligent, progressiv und für die Gerechtigkeit; die Rechte aber, bzw. alle, die nicht zu den Linken gehören, sind Vertreter des Alten, reich, dumm, borniert und für die Ausbeutung. Dieses Schema hat sich in den Köpfen unbeeinflußt davon gehalten, daß die herrschende Kaste in Osteuropa sich einer linken Ideologie bediente und auch in

Westeuropa die Verteidiger der von der Masse verratenen Ideale sich gern ausgewählt kleiden, italienisch essen und ab 3000 Mark aufwärts verdienen, während das malochende Pack die Boulevardpresse liest und finstere nationalistische Gefühle auskocht. Links zu sein heißt, von derartigen Mickrigkeiten unangefochten seine Gesinnung zu bewahren. Es bedeutet das Bekenntnis zu einer Religion, die, wenn man ihren grundsätzlichen Glaubensartikeln, die ziemlich detailliert Beurteilungsmuster jedes Problems liefern, nicht mehr folgen kann, schon den Zweifelnden exkommuniziert. Zum «Linken» oder «Rechten» wird man anscheinend getauft, und es bedeutet ungefähr das gleiche, wie im Dreißigjährigen Krieg Protestant oder Katholik gewesen zu sein. Man kommt dazu durch Herkunft und Umgebung, Erziehung, Zwang oder dummen Zufall.

Die Generation der im Krieg oder Nachkrieg Geborenen wurde beispielsweise zum Linkssein in einer Massentaufe bestimmt, die spätestens in den sechziger Jahren vollzogen war. In der DDR mußte sie dazu nicht einmal umgetauft werden – es war ihre natürliche Denkausstattung.

Diese Generation hat den Stalinismus nicht als System der Unterdrückung erlebt, nicht Deportationen und Arbeitslager, Denunziationen, Enteignungen und Zwangskollektivierung. Die Verheerungen waren anderer Art: Wir hatten nicht den Stalinismus selbst, nur das Bild, das er von sich und dem Leben vermittelte, zu ertragen. Ein herrliches Bild, strahlend in den Farben des Mittelalters: Blau, Gold und Rot! Das süße Gift eines konsequent schematischen und vollkommen utopischen Weltbildes, das in die Adern eines jeden geträufelt wurde, der in den fünfziger Jahren Kind gewesen ist. Wie unwiderstehlich wirkte es in den Traumkammern der Kinos! Wenn Timur und sein Trupp auf ihrem hölzernen Beobachtungsturm die rote Fahne flattern ließen und der diensthabende Pionier die goldene Posaune in den blauen Himmel erhob, um zum Kampf gegen die verlausten Strolche aus der Vorstadt zu blasen, dann versprach es das Leben als einziges sakrales Fest. Daß die Welt dabei in zwei feindliche Lager geteilt war, je nach Thematik des Films in die guten sauberen Roten und bösen dreckigen Weißen oder in die Russen auf der einen und die Deutschen, Tartaren oder Amerikaner auf der anderen Seite, war kein entscheidendes Hindernis. Das gab diesem Leben erst die Würze, das war ja die *Aufgabe*: das Schlechte im Kampf zu vernichten, um danach das Leben im Paradies zu genießen, in dem Mitschurins Riesenpfirsiche ungehindert wuchsen und Makarenko *alle* Kinder gewaschen, sauber eingekleidet und gesättigt hatte.

Wie man weiß, ist eine glückliche Kindheit eine für die weitere Entwicklung höchst schädliche Sache. Das eigentlich Inhumane am Stalinismus für uns war das Infiziertwerden mit einer Vorstellung vom Leben als ununterbrochenem Glücksrausch, der obendrein noch darin bestand, fortwährend verbrecherische Elemente zu entlarven und um die Ecke zu bringen. Was es dieser Generation so schwer machte, ein einigermaßen realistisches Verhältnis zum Leben zu finden, war, daß bevor noch der erste

Paradiesrausch richtig verflogen war, der zweite schon folgte und bei den meisten bis heute anhält: die Euphorie der musikalischen Revolte in den sechziger Jahren.

Es kostet natürlich Überwindung, Bob Dylan und die Rolling Stones in Zusammenhang mit der Entwicklung linken Bewußtseins zu sehen, aber in Osteuropa folgten sie nun einmal auf Stalin, wie sie in Westeuropa auf Adenauer und Eisenhower folgten. Weshalb sie hier genannt werden müssen, liegt an dem Zukunftsversprechen, das sie bargen, und daß sie am Beginn einer Jugendkultur standen, die das gesellschaftliche Leben mehr als alle Parteiprogramme und Guerillakämpfe revolutionieren sollte. Aus den Nachkriegskindern, denen Makarenko und Ludwig Ehrhard den Weg in eine sauber gescheitelte Zukunft zeigen wollten, wurden auch im Osten langhaarige Halbstarke. Wenn ihr erträumtes Paradies auch anders aussah als das der Leninpioniere, wenn in ihm auch weniger exerziert als getanzt wurde, so verband beide doch der Wunsch, nie aus diesem Garten Eden vertrieben zu werden, in dem die ewige Jugend herrscht.

Das Paradies lag jetzt nicht mehr allein im Osten, von wo es sich ausbreiten würde, wie der von Budjonnys Reitern gezogene Sonnenwagen in Richtung Westen stürmt – nein, im Westen selbst, in Liverpool war eine zweite, viel hellere Sonne aufgegangen, und überall kamen neue hinzu: in Kalifornien und Kuba, in Paris, Prag, Vietnam und Chile. In unserem Geist wurde die Welt jetzt tatsächlich *eine* Welt: Alle hörten die gleichen Songs, und in Moskau lasen auf dem Majakowski-Platz Jewtuschenko und Wossnessenski vor Zehntausenden wie im New Yorker Central Park Ginsberg und Ferlinghetti. Das Leben *war* das revolutionäre Fest, in dessen Verlauf das Neue das Alte besiegen wird, das Gute das Böse, die Phantasie die Erstarrung, das Leben den Tod und die Linke die Rechte. Und zwar keineswegs durch einen militärischen Feldzug, wie ihn Ilja Murowetz oder Tschapajew führten, nein, es siegte gewissermaßen der Frieden selbst, es war ein Triumphzug der Liebe, und die Schüsse, die aus den Kalaschnikows Ho Chi Minhs und Che Guevaras fielen, klangen wie feurige Gedichte. Selbst die Massenmorde im China Mao Tse-tungs waren, wenn auch mit ersten Fragezeichen versehen, noch in ein Weltbild integrierbar, das es als eine großartige Sache ansah, das *Absterben* alter, überlebter Klassen erleben und nötigenfalls beschleunigen zu können.

Zumindest in den Ländern des europäischen Ostens waren kritische Stimmen, die vor der Mythisierung revolutionärer Gewalt warnten, kaum hörbar. Außer Songtexten und den Namen von Leitfiguren wie Wilhelm Reich und Marcuse, deren Ideen dieser Bewegung im Unterschied zur folgenden No-future-Generation noch ein ethisches und geistiges Fundament gaben, war hier nichts bekannt. Die Breite dieses kulturellen Aufbruchs, von neuen Formen des Zusammenlebens bis zum Beginn der ökologischen und feministischen Bewegung, alle jene Ansätze, die den tatsächlich in die Zukunft wirkenden Wert dieser Zeit ausmachten, blieben uns verschlossen. Wir kannten weder Ostermärsche noch

Kommunen noch Yoga, und daß wir mit Alkohol, die im Westen aber mit Drogen aufgewachsen sind, ist bis heute der wichtigste Grund für unsere Verständigungsprobleme. Im Grunde hatten wir nur das Gefühl, jung, progressiv und – links zu sein.

Davon konnten in der DDR weder der Bau der Mauer noch der Einmarsch der Truppen des Warschauer Pakts in die Tschechoslowakei abschrecken – es gab einfach nichts anderes. Dagegen zu sein, oppositionell zu sein und womöglich gar Widerstand zu leisten, blieb stets mit dem Bewußtsein verbunden, links zu sein. Dann war man eben linker als die sogenannten Linken an der Macht, man war für den ursprünglichen, wahren und erst in der Zukunft zu verwirklichenden Sozialismus statt für den realen.

Diese Treue zu den einmal eingepaukten Grundwerten einer «linken» Ideologie hat sich bis heute unter den meisten DDR-Oppositionellen gehalten und beschert uns jetzt den allgemeinen Katzenjammer und der PDS zehn Prozent Wählerstimmen. Daran ändert überhaupt nichts, daß sie inzwischen ins westliche Ausland reisen und sich überzeugen können, daß dort nicht nur das absurde Theater einer verkommenen Kapitalistenmafia gespielt wird, die die Menschheit in den Abgrund wirtschaftet, genausowenig wie es einen jungen Kämpfer der Antifa-Front oder einen hartgesottenen Frankfurter Altlinken beeindrucken kann, wenn er auf einer Reise durchs mitteldeutsche Industrierevier das vom Sozialismus hinterlassene Elend sieht.

Beide halten sich nicht lange an dem jetzt in vollem Ausmaß zutage tretenden Morast von Korruption, Lüge, Verbrechen und Dummheit auf, der schließlich aus der falschen Richtung stinkt. Für sie steht der neue/alte Feind bereit, an den man in dieser historischen Stunde seine Ideale auf keinen Fall verraten darf. Weder die Toten an der Mauer noch die Massengräber in Schmachtenhagen, weder die Pläne für Internierungslager noch die Liquidationslisten, die in den Schubladen der Stasi gefunden wurden, können sie davon abhalten. Das alles wird mit dem Hinweis auf Auschwitz und die viel größeren Verbrechen der Nationalsozialisten bagatellisiert. Es wird der Tod mit dem Tod gerechtfertigt. Es wird von der Scham geredet, die man angesichts der Verbrechen des Dritten Reichs nicht verlieren dürfe – wer redet von Scham oder Zorn angesichts der Verbrechen, deren Zeuge und Mitschuldiger er selbst geworden ist?

Ich spreche nicht von Bewältigung – was für ein lächerliches Wort! Daß es Konzentrationslager, Krieg und Zuchthäuser gibt, der Mauerbau oder nur ein anderthalbjähriges Uniformtragen – das alles wird niemals zu bewältigen sein. Es kann nur darum gehen, den Prozeß zu verstehen und zu bewältigen, in dessen Verlauf es dahin kommt und der noch immer als selbstverständlich angesehen wird. Die Linke umgeht das Vergessen, das Sinowjew die schlimmste Form des Pogroms nennt, indem sie gar nicht erst wahrnimmt. Ihre Moral erweist sich nicht nur als doppelte Moral, sie wird zur reinen Argumentationshilfe in einem Prozeß, bei dem die Anklagebank ein für allemal besetzt ist.

Die wachsende Ausländerfeindlichkeit etwa

nimmt man nur am Rande als Resultat einer Politik wahr, die Grenzen nach Belieben öffnete und schloß, die polnischen Gastarbeiter zwang, ihre Ausweise zu zeigen, wenn sie Brot kaufen wollten, und die Vietnamesen und Angolaner in Wohnlagern an den Stadträndern kasernierte. Diese Tatsachen werden nicht etwa Anlaß einer Analyse der Fremden- und grundsätzlichen Individuumsfeindlichkeit eines Staatssystems und der dahinterstehenden gesellschaftlichen Konzeption – nein, es wird umgebucht auf das Konto des traditionellen Hauptfeindes. Der Hauptfeind hat sein nationales Gewand gewechselt und steht wieder im eigenen Land; es ist der großdeutsche Imperialismus, der die DDR annektiert, anschließt, einverleibt und die Rechtsradikalen dazu als fünfte Kolonne benutzt. Doch die Gewaltbereitschaft ist eben nicht nur bei irgendwelchen Neonazis zu finden, sondern genauso bei autofahrenden Familienvätern, holzenden Fußballspielern und linken Jugendbanden, die mit Kuhketten und Baseballschlägern durch die Straßen ziehen und Faschos Vertreiben spielen.

Und die scheinen das ja inzwischen durchaus ernst zu meinen. Seit gestern steht neben meiner Haustür fett die Drohung: *Rache für die Mainzer!* Um Gottes willen, denke ich, was hast du mit den Mainzern angestellt, daß jemand dafür Rache nehmen will? Das ganze Viertel ist mit Runen übersät wie eine Germanensiedlung, und wenn man sie entziffert, handelt es sich um Hochrufe auf die internationale Kampfbereitschaft. Was hat mich allein die Ankündigung *Vergewaltiger wir kriegen dich!* für Angstschweiß gekostet! Und daneben die Doppelkastrationsaxt der kretischen Urmutter. Das ist kein Spaß – ich bin überzeugt, wenn sie dich erst einmal haben, kannst du deine Unschuld beteuern, soviel du willst, dann ist es um dich geschehen. Was mich überzeugt hat, ist ein Blick in ihre Gesichter, als ich ihn noch wagte: dieser fürchterliche Wille zur Häßlichkeit. Und ich hatte einmal fest daran geglaubt, daß jede Frau irgendwie schön ist! Ich mußte mich eines Besseren belehren lassen. Die Rache, die an der Welt genommen werden soll, ist die für eine Häßlichkeit, die tief von innen kommen muß und weder etwas mit dem Geschlecht noch mit Politik zu tun hat.

Das Gefährliche an der gegenwärtigen Situation ist ja, daß die Geschichte anscheinend alle Fehler wiederholen und auch nicht den Punkt auslassen will, an dem sie in den Alptraum entglitt. Die Gewalt, die in Deutschlands Straßen zwischen den beiden Kriegen herrschte, war ursprünglich genausowenig politisch motiviert wie die, welche man jetzt beschwört; sie war das Resultat einer zerstörten Gesellschaft und wurde erst von den Demagogen beider Extreme zur politischen Gewalt formiert. Glücklicherweise sind die Unterschiede zu den dreißiger Jahren genauso evident. Es gibt keine zehn Millionen Arbeitslose, und vor allem gibt es ein breites Bürgertum, das das friedliche Verzehren der Früchte seines Kapitals höher zu schätzen gelernt hat als kriegerische Expansion, das seine Töchter und Söhne gut nährt, zu Höflichkeit erzieht und sich dem Dienst an der Schönheit widmen läßt.

Die meisten Ostdeutschen haben vor diesem Kapital keine Angst, sie sehnen es vielmehr herbei. Mit den bürgerlichen Parteien haben sie dieses Kapital als das sicherste Mittel gewählt, ihren bisherigen Zustand zu beenden und etwas Neues zu schaffen – in diesem Sinne noch durchaus mit revolutionärer Konsequenz. Das wird ihnen nicht verziehen, und sie müssen deshalb das Schreckgespenst rechtsnationaler Reaktion spielen. Natürlich hätte man sich noch andere Konsequenzen der Revolution vorstellen können und einen weniger einseitigen Akt der Vereinigung. *Was* aber bitte hätte sich «in Anstand und Würde» und gleichberechtigt vereinigen sollen? Das einzige Funktionierende, was die DDR in die Vereinigung einzubringen hat, ist die Staatssicherheit. Und wer hätte in einer noch über Jahre souveränen und mit der Bundesrepublik konföderierten DDR das ökonomische Aufbauen und moralische Aufräumen übernehmen sollen: die handvoll Bündnis 90-Leute gegen den ganzen Filz von Staatsbürokratie, Justiz, Partei, Staatssicherheit, ökonomischer Inkompetenz und Korruption? Als die Ostdeutschen den Westen in ihr eigenes Land hineinwählten, wurde das als Aufgabe der eigenen Identität interpretiert. Ich sehe das Gegenteil: Sie wählten damit auch ihre eigene Vergangenheit zurück, drei Millionen Flüchtlinge nämlich, egal ob die das wollten oder nicht.

Daß die Auflösung der Zwangsgemeinschaft DDR so rasch wie möglich erfolgen mußte, hätte jedem beizeiten ebenso klarwerden können wie die Tatsache, daß natürlich der Westen diktiert, wie es weitergehen soll. Er hat schließlich die Hauptarbeit zu leisten, auch wenn er zusehen wird, daß er dabei nicht zu kurz kommt. Wenn die Linke ihre Zeit damit zubringt, von den Restaurationsmöglichkeiten der DDR zu träumen oder nachzuzählen, was das alles kosten wird, braucht sie sich nicht zu wundern, daß sich die Einigung über ihre Köpfe hinweg vollzieht.

Es handelt sich hier schließlich nicht um irgendeinen so oder so, aber möglichst unauffällig zu vollziehenden Übergang, sondern um das Ende einer Epoche, um das Ende – ich wiederhole es – eines Weltkrieges, an dessen kalten Fronten sich beide deutschen Staaten gegenüberstanden. Und am Ende dieses Krieges gibt es einen klaren Sieger: die parlamentarische Demokratie, das Abendland, die Marktwirtschaft oder den Kapitalismus, wie immer man es ausdrücken will. Zumindest diese Erkenntnis darf man doch von einem geschulten Marxisten erwarten, und daß er von *diesem* Punkt aus weiterdenkt. Er kann sich immerhin mit der Tatsache trösten, daß sich häufig – und zuletzt nach dem Zweiten Weltkrieg – die Verlierer als die wahren Gewinner herausstellen, wobei ich auch in diesem Fall hoffe, die Geschichte wiederholt sich nicht.

Das Großartige daran, daß ein Krieg zu Ende ist, will zumindest die extreme Linke nicht begreifen. Sie ist somit auch unfähig, sich an dem Umstand zu erfreuen, daß dieser Krieg keine zig Millionen Tote gefordert hat, daß er nicht mit Annexionen, Kriegsgefangenen und Reparationszahlungen endete. Aber vielleicht braucht die Linke den Krieg, jedenfalls den geistigen? Da ich das wiederum verstehe, werde ich nicht davor zurückschrecken, an dieser Stelle einige Bemerkungen einzustreuen, die ich schon längst loswerden wollte und welche die Anatomie linken Denkens betreffen, wie sie sich am Horizont meines einfältigen Geistes abzeichnet, der schon bei der Einschulung warten mußte, welche Hand die anderen heben, um der Aufforderung der Lehrerin nachzukommen und zu zeigen, wo rechts und links ist.

So wie ich es verstehe, gehört das Verlangen nach einem Feind zu einem tiefsitzenden dualistischen Weltbild, das seine entscheidende Prägung im Christentum erfahren hat. Vom ewigen Kampf zwischen Gut und Böse über die Heilserwartung bis zu Diesseitsverweigerung und anderen masochistischen Bedürfnissen reichen die alten Muster, die von der sozialistischen Ideologie säkularisiert wurden und ihre Anhänger nicht mehr loslassen. Vom Dualismus habe ich schon viel Gutes gehört, aber irgendwie funktioniert er nicht mehr. Er beruht darauf, die mindestens doppelten Bedeutungen jeder Erscheinung voneinander zu trennen und als beherrschende Eigenschaften auf verschiedene Dinge zu übertragen. Die Dialektik erscheint in diesem Licht als der Versuch, der Kompliziertheit der Welt doch noch Rechnung zu tragen, indem man diese geistigen Monaden in ein Spiel miteinander bringt, das in Wirklichkeit nicht nur zwischen ihnen, sondern vor allem *in* ihnen abläuft. Ein faszinierendes und erhellendes Spiel, das starke Nerven erfordert, weil es die Gefahr birgt, den Spieler zu verführen, auf Gewinn zu spielen. Das neunzehnte Jahrhundert hatte den Selbstzweck jeden Spieles vergessen und kannte nur noch den Gewinn als Ziel – so wie Dampfmaschinen laufen, um Lokomotivräder zu bewegen und nicht um ihrer selbst willen. Der deutsche Gelehrte Karl Marx konnte sich mit dem Spiel an sich und den analytischen Möglichkeiten, die er dabei fand, nicht zufriedengeben; er erlag der Versuchung, so lange zu würfeln, bis der alles klärende General (drei Sechsen, drei Einsen...) herauskommt – eine letzte Antwort, das Orakel, das die Zukunft nicht nur deutet, sondern bestimmt und den Weg dorthin weist.

Der katastrophalen Reduzierung der Realität gingen die Vereinfachungen des Denkens voraus. Das Unmenschliche bereits an der Marxschen Zukunftsweisung – und nicht erst ihrer späteren Pervertierungen – war, daß sie das Makellose wollte, den General. Doch Darwin gilt höchstens fürs Tierreich; das Menschliche fängt da an, wo das Unvollkommene nicht gefressen wird und überleben darf, es endet vor der Maschine. Es respektiert und liebt das Chaos mehr als die Ordnung. Bei allem, was die kommunistische Idee an humanen Sehnsüchten wie Hoffnung auf Erlösung, Glücksanspruch, Emanzipation, Gleichheit vor Gott oder der Geschichte zum Ausdruck brachte, so war doch gerade in diesem Vollkommenheitsversprechen die Vision eines unmenschlichen Maschinen-Tierreichs etabliert.

Wie sehr die Fiktion eines für alle zu erreichenden Ziels dabei die Maßstäbe des einzelnen deformierte, zeigt sich im Auflösungsprozeß dieser Gesellschaft.

Schuld, wenn überhaupt davon die Rede ist, hat plötzlich jeder, was nichts anderes bedeutet als niemand. Es bedeutet, daß es Schuld überhaupt nicht gibt, daß der Unterschied zwischen Schuld und Unschuld aufgehoben ist. Es bedeutet die Neuauflage einer Kollektivschuld, die es vor fünfzig Jahren genausowenig gab wie heute. Es heißt, daß man denjenigen, der zehn Jahre dafür nach Bautzen ging, weil er seine Freundin im Sperrgebiet der Wismut besuchen wollte, in einen Topf wirft mit dem, der ihn dazu verurteilte; den, der noch verhaftet wurde, bevor er seinen Fluchtballon zusammengeflickt hatte, mit dem, der ihn denunzierte; diejenigen, die wegen der Biermannausbürgerung saßen, mit denen, die sie lautstark begrüßten. Es bedeutet die Gleichsetzung von Opfer und Täter. Es versucht die egalitäre Opfertäter-Herdenmentalität zu konservieren, die zu erzeugen das alte Regime so erfolgreich war, nur um sich nicht mit dem eigenen Versagen auseinandersetzen zu müssen. Es bedeutet, an einem fatalistischen Weltbild festzuhalten, das dem Individuum keine Entscheidungsfreiheit einräumt und schon deshalb Schuld kollektiv verteilen muß, weil man sich im Schutz dieses Kollektivs verbergen und diesen Schutz gerade in der neuen individualistischen Gesellschaft gut gebrauchen kann.

Schwer zu fassen ist nur, daß es vor allem die ehemaligen Oppositionellen sind, die an der alten Rollenverteilung festhalten und darauf bestehen, zum zweitenmal Opfer zu werden, jetzt endgültig Opfer der deutschen Einigung. Den Kadern der sozialistischen Gesellschaft sind derartige Probleme naturgemäß fremd. Wie die Protagonisten einer Diktatur aus dem Sturz ihrer Herrschaft hervorgehen, kann man bei Hannah Arendt nachlesen: «Bricht die Bewegung aus gleich welch äußeren Gründen zusammen und ist die ‹Gewalt der Organisation› verschwunden, so hören ihre Anhänger von einem Tag zum anderen auf, an ein Dogma und eine Fiktion zu glauben, der ihr Leben zu opfern sie gestern noch bereit waren. (...) In aller Stille, als handele es sich um nichts als einen dummen Reinfall, werden sie ihre Vergangenheit aufgeben und, wenn es not tut, verleugnen, sich nach einer neuen vielversprechenden Fiktion umsehen, oder warten, bis die alte Ideologie wieder an Stärke gewinnt und eine neue Massenbewegung ins Leben ruft.»

Die Aufgabe, von der hinterlassenen Wirklichkeit und den dazugehörigen Resten der Ideologie noch zu retten, was zu retten ist, übernehmen makabrerweise die Opfer und kleinen Mitläufer. Letztlich versuchen sie damit ein Stück ihrer Identität zu retten, die in einer Welt der Abwesenheit von Dingen und Leben darin bestand, zu welchen Utopien vom Leben man sich bekannte. Dieser Rettungsversuch scheint eine Überprüfung und Korrektur der eigenen ideellen Standpunkte anhand der jetzt deutlich zutage tretenden Realität auszuschließen, so als habe man nur einen mißglückten Versuch erlebt und nicht das grundsätzliche Scheitern einer gesellschaftlichen Idee.

Jede Theorie muß sich an den Ergebnissen messen lassen, die sie hervorbringt. Sie kann sich nicht hinter Zielen verstecken, denn keine Ideologie wird etwas anderes versprechen als die glückliche Zukunft der Gesellschaft. Die Offenheit, mit der die Nationalsozialisten erklärten, daß es auf dem Weg dahin der Vernichtung oder Versklavung ganzer Völker und Rassen bedarf, ist ihnen allerdings nicht allein eigentümlich; auch die kommunistischen Theoretiker kündigten die Liquidierung des Oben durch das Unten, des Alten durch das Neue, das Auslöschen und Absterben ganzer Klassen an – was sich zwar abstrakter anhört, so als handele es sich nur um die Verschiebung von Strukturen, aber das Auslöschen von Menschen einschloß.

Es hat sich eingebürgert, nicht nur für die Epoche der furchtbarsten Verbrechen unter Führung des Namensgebers selbst, sondern auch für alle nachfolgenden «Deformationen» des Sozialismus den Begriff «Stalinismus» zu verwenden. Das geschieht in dem verständlichen Bestreben, die Idee des Sozialismus von dem zu trennen, womit sie in Verbindung gebracht zu werden nicht verdient hat, mit der Stalindiktatur und ihren Folgen; und doch ist es das gleiche, als würde man Faschismus und Naziherrschaft auf Formen des «Hitlerismus» reduzieren. Ich werde das Kind bei dem Namen nennen, den es sich selbst gewählt hat, auf den es bis zuletzt hörte und unter welchem Siegel es, egal in welchem Land und auf welchem historischen Untergrund, ein fast gleichermaßen deformiertes Leben hinterließ. «Stalinismus» werde ich nur für die Stalinzeit der Lager, Prozesse und Deportationen benutzen; Sozialismus ist mehr, schließt aber diese mit ein.

Die Resultate des sozialistischen Aufbaus sind von Mitteleuropa bis Korea, von Äthiopien und Mosambik bis Kuba die gleichen, sie sind vor allem rein destruktiver Natur, und eine Bilanz wird zwangsläufig zu einer Aufzählung dessen, was abgeschafft wurde. Das sozialistische System erfordert immer das gleiche: daß eine marxistisch-leninistisch geschulte Kaderpartei die Macht im Land übernimmt und nach und nach das gesamte politische Leben diktiert, es erfordert die weitgehende Enteignung privaten Besitzes, was die Bevölkerung zu einer homogenen Masse rechtloser Produzenten macht, die tatsächlich nichts mehr als ihre Ketten zu verlieren haben, es erfordert, daß sich darüber eine parasitäre Schicht aus Bürokraten, Partei- und Staatsdienern und intellektuellem Lumpenproletariat bildet; es erfordert die polizeistaatliche statt der rechtsstaatlichen Ordnung, es erfordert zugunsten der Grundrechte auf Wohnung, Nahrung und Arbeit, die nichts weiter als das Recht sind, existieren zu dürfen, die Abschaffung sämtlicher anderer Rechte wie des Rechts auf freie Fortbewegung, Meinungsäußerung usw.

Im Namen dieses Systems hat es mehr Tote gegeben, als der letzte Weltkrieg forderte, die Schätzungen schwanken zwischen sechzig und achtzig Millionen. Sie gehen nicht allein auf das Konto Stalins, vorausgegangen waren die Liquidierung des russischen Adels, die ersten Leninschen Säuberungen und der Bürgerkrieg, danach folgten die Massenmorde unter Mao Tse-tung und Pol Pot. Im Namen des Sozialismus wurde das Territorium von Mitteleuropa bis zum Gelben Meer zur kulturellen Wüste – wenn man unter Kultur mehr versteht als die Existenz von Ballettschulen und Literaturbeilagen. Es wurden die alten Kulturen Chinas, der Mongolei und Südostasiens zerstört; es wurde das spirituelle

Herz der Erde gebrochen, Tibet, die letzte antike Hochkultur; aus Mittelasien, der orientalischen Oasenlandschaft um Städte wie Buchara und Samarkand, wurde eine riesige Baumwollplantage, in der die Bevölkerung sich von Fladenbrot ernährt; die Kaukasier, Balten und alle anderen Völker, die den Rand des Imperiums bewohnen, wurden der uralten Verbindungen zu ihren Nachbarn beraubt, sie wurden kolonialisiert und in eine Enge getrieben, die sich jetzt mit Waffengewalt Luft machen will; die Minderheiten wurden umgesiedelt oder ausgerottet, die Identität der Russen genauso auszulöschen versucht wie aller anderen Völker.

Nicht nur die feudalen Hochkulturen und die mit ihnen verbundenen religiösen Traditionen wurden zerstört; die bäuerliche und plebejische Volkskultur mußte genauso daran glauben. Damit ist nicht Folklore gemeint. Es wurde versucht und ist zum überwiegenden Teil gelungen, das, was die Menschen zu gesellschaftlichen Wesen gemacht hat, nämlich den Boden zu kultivieren, ein Handwerk zu beherrschen und Handel zu treiben, schlichtweg aus ihrem Gedächtnis zu streichen. Der Sozialismus hat es fertiggebracht, daß dic Bevölkerung innerhalb eines Menschenalters die einfachsten Tätigkeiten verlernte, ihre Beziehungen untereinander auf das notwendigste Maß der Existenzsicherung schrumpften.

Der Sozialismus hat intellektuell und psychisch zerstört, ohne etwas wirklich Lebensfähiges an die Stelle des Alten zu setzen, und er hat ebenso den wesentlichsten Teil der materiellen Hinterlassenschaft vernichtet. Der «Wald der Dinge», den Mandelstam noch in den Wirren des Bürgerkrieges so atemlos durchstreifte, ist inzwischen gründlich gerodet. Schlösser sind gesprengt, Kirchen und Moscheen zerstört, Basare, Kaufhäuser und Hotels von der Liste der Bauwerke gestrichen worden, ganze Landstriche überflutet, die Städte dem Verfall überlassen und die Museen geplündert. Der Sozialismus hat die kulturelle Vergangenheit der Menschen zerstört oder war dabei, sie für bares Geld zu verkaufen. Er hat sowohl den Müßiggang abgeschafft wie die Anstrengung, den Luxus wie die Arbeit. Indem er die Bürgerrechte beseitigte oder gar nicht erst zuließ, hat er es geschafft, daß sich die ihm ausgelieferte Bevölkerung grundsätzlich als rechtlos empfindet; was bedeutet, grundsätzlich als schuldig, bereit zu jeder Strafe und irgendwann bereit zu jeder Vergeltung, die sie von der Last der Demütigungen, Komplexe und unterdrückten Aggressionen befreit.

Natürlich kann man auch von jeder anderen Gesellschaftsform eine Schreckensbilanz ihrer Zerstörungen aufstellen. Der wesentliche Unterschied ist, daß es sich im Falle des Sozialismus nicht um das Resultat eines Verfallsprozesses oder chaotisch verlaufender technologischer Revolutionen handelt, sondern um die systematisch betriebene Umsetzung eines Planes, der sich «Aufbau» nannte. Die Unbegrenztheit der Möglichkeiten, welche die kommunistische Zukunftsvision anbot, wurde im Laufe ihrer Realisierung zur unbegrenzten Möglichkeit zu beseitigen. Eine scheinbare Unbegrenztheit übrigens, an der sie scheiterte. Als ihre Grenzen in Sicht kamen und dahinter das reine Nichts gähnte, mußte eine

Ideologie, die sich nur in der grenzenlosen Ausbreitung von Glück verwirklichen kann, in ihrer Bewegung halt machen (was den Tod jeder «Bewegung» bedeutet) und den restlichen Verfall der Zeit und der einmal in Gang gekommenen Mechanik überlassen. Im Grunde war der ‹Aufbau› des Sozialismus in der Sowjetunion mit Stalins Tod und in China mit dem Tod Mao Tse-tungs beendet. Was danach folgte, war nur noch der Versuch, das Ende hinauszuschieben, einen Status quo zu halten und in Drittländer zu exportieren.

Dieses auf so verschiedene Weise hinausgezögerte Ende sorgte vor allem für die von Hoffnungen begleiteten Reformen, Besonderheiten und vermeintlichen Neuansätze. Die sozialistische Variante des Totalitarismus (so wie ihn Hannah Arendt definierte als eigene, in der Geschichte völlig neue Gesellschaftsform, deren Sinn in der Liquidierung vorher überflüssig gemachter Menschen besteht) endete in der Sowjetunion und den mittel- und südosteuropäischen Staaten tatsächlich mit der letzten Stalinschen Säuberungswelle nach dem Krieg. Insbesondere die DDR ist nur von seinen Ausläufern erreicht worden, und sicher ist das ein Grund, weshalb alle Versuche, den deutschen Nationalsozialismus und den russischen Sozialismus in den Zusammenhang zu bringen, in dem sie nun einmal stehen, so heftig von den Intellektuellen der DDR abgewehrt wird.

Das Schicksal Babels, Mandelstams, Bulgakows, Platonows, Plinjaks oder Solschenizyns hat uns niemals gedroht, und dennoch ist es Teil der Welt, in der wir gelebt haben. Wir haben nur das Nachschauern des Totalitarismus erlebt, einen sich mal aufgeklärter gebenden, mal bornierteren Despotismus und zum Schluß die Gerontokratie, die stinkende Diktatur vertrottelter Greise. Wir haben nicht das «radikal Böse» erlebt, wie es im Totalitarismus zum erstenmal institutionalisiert unter die Menschen trat, wir haben nur das radikal Dumme und Verdorbene kennengelernt. Und was ihm nicht verziehen wurde, war nicht, daß es auf dem radikal Bösen fußte, daß es ohne dieses nicht hätte existieren können, sondern daß es so *unfähig* war. Daß das Dumme einfach nicht begreifen wollte, wie lächerlich es ist, dieses oder jenes Buch zu verbieten, diesen oder jenen Dissidenten zu verhaften oder auszuweisen, diesen oder jenen armen Teufel nicht zu seiner Tante Hilde fahren zu lassen. Daß es einfach nicht begreifen wollte, um wieviel besser die sozialistische Gesellschaft funktionieren würde, wenn es mehr Verlage, mehr Zeitungen, mehr Theateraufführungen, mehr Reisen, besseren Schnaps und mehr öffentliche Disputationen gäbe. Und wenn der einfältige Honecker doch ein bißchen mehr auf das gehört hätte, was man schon immer sagte, und vorher Ulbricht und der dicke, doch ganz anständige Tischlergeselle Wilhelm Pieck.

Denn im Grunde war es ja gar nich so schlecht... oder? Man konnte hier doch leben! Oder haste etwa nich gelebt als du noch hier warst? Denk doch nur mal an die Miete un den Brotpreis un die Kinderkrippen für die Kinder deiner armen Fraun un daran daß vor zwei Jahrn noch ein pickobello Bauerngehöft mit Schilfdach für fünftausend Ostmark zu haben war das Schilf handgeschnitten am Malchiner See. Weißte was du jetzt dafür bezahlst?... Un malen konnte inzwischen jeder was er Lust hatte un schreiben doch auch wenn nich im Osten konntste es ja im Westen veröffentlichen. Un denk mal daran daß du sogar 'ne Zeitschrift hast machen können ohne daß sich jemand drum scherte un denk mal an die Freunde die du hier hattest un an die Solidarität! Gibts das im Westen? Da gehts doch nur ums Geld! Wenns nach mir ginge ich brauchte den Westen nich. Was hat er denn zu bieten was ich hier nich ooch hatte un mich nich drum kümmern mußte wie ich die nächste Miete bezahle. Freiheit?... Daß ich nich lache die gibts da ooch nich die gibts nirgends!

Natürlich, du räudiger kalamazonischer Gemeindeschreiber, gibt es all das nicht, was du nicht kennst! Für dich gibt es weder Freiheit noch Gefangenschaft, für dich gibt es weder Paris noch Moskau noch Berlin, noch hat es je die Mauer gegeben, für dich ist Amerika nie entdeckt worden, für dich hat es nie Schiffe gegeben, für dich gibt es kein Telefon, keinen Amsterdamer Puff, keinen Regenwald und keine Anden, für dich hat es nie fünfzig Millionen Tote und nie Samarkand gegeben, für dich gibt es weder einen tibetanischen Mönch noch eine Dattelpalme, noch ist je eine einzige Brücke über den Yangtsekiang gebaut worden. Für dich hat es immer nur deinen eigenen dreckigen Bauchnabel gegeben.

*Revolution und Freiheit*
War, was im Winter 1989/90 in der DDR, der Tschechoslowakei, in Rumänien und Bulgarien geschah, was in Polen und Ungarn ein schon viel länger währender Prozeß ist, der längst nicht beendet ist und anderen Ländern noch bevorsteht, eine *Revolution* oder zumindest ein Teil davon? Oder handelte es sich lediglich um den zwangsläufigen Kollaps von staatlichen Administrationen als Folge wirtschaftlicher Zerrüttung? Oder hat es als Revolution begonnen und ist als Konterrevolution geendet? War es vielleicht von Anfang an eine Konterrevolution, eine «weiße» Revolution? Oder war alles nur von den Geheimdiensten provoziert, handelte es sich um getarnte Putschversuche von Stasi, Securitate und Komplizen?

Die letzte Frage können wir ausklammern, nicht weil sie absurd wäre, sondern weil selbstverständlich keine politische Bewegung mehr und schon gar keine Revolution ohne Beteiligung der Geheimdienste abläuft. Was ist eine Revolution?

Zuerst einmal ist sie eine der grundlegenden politischen Mythen der Neuzeit. Sie ist die Inkarnation und Krönung gesellschaftlicher Veränderung schlechthin, an die sich der Mensch noch nicht als an den Normalzustand seines Daseins gewöhnt hat und für die er nach sichtbaren Zeichen verlangt. Sie ist der gesamtgesellschaftliche orgiastische Rausch, dem die Sehnsucht und der Kult der Jugend gelten und die Furcht der Alten. Ihr Verlauf scheint festgelegt seit der Französischen Revolution von 1789. Das Muster sieht als Auftakt und ersten Höhepunkt den siegreichen Aufstand unterprivilegierter Volksmassen vor. Der Aufstand als solcher, und nicht die Revolution, was man auch darunter verstehen mag, ist es, der verherrlicht und gesucht wird: als Festersatz, Katharsis, als durch nichts zu ersetzender Triumph des Lebenswillens einer Bevölkerung über die Ordnung.

In der Cité von Paris habe ich ein Zeichen dafür gefunden, was es für eine Nation bedeuten muß, zumindest einmal die gesellschaftliche Ordnung aus eigner Kraft umgewälzt zu haben. Ich meine die Reiterstatue der Jeanne d'Arc am linken Seineufer. Fast unscheinbar steht sie zwischen riesigen Schloßgebäuden auf einem Platz, der einer Kreuzung gleicht, und zieht inmitten von Autos und Fußgängern auf die Pont Royal zu: stolz und goldstrahlend in ihrem Triumph. Wenn die Paläste umher sie auch wie von Fenstern durchbrochene Berge umstellen, wenn nach ihrem Sieg auch eine alte oder neue Ordnung einkehrte, wenn Paris auch entsetzlich stinkt: Sie hat einmal den Hof erobert und gezwungen, ihr über diese Brücke zu folgen. Diesen Triumph kann ihr niemand nehmen, mit dieser Drohung muß jeder, der diesen Hof bewohnt, fortan leben. Um wieviel größer muß der Stolz einer Nation sein, wenn es ihr gelingt, diesen Hof nicht nur einmal zu verwandeln, sondern für immer die Trikolore darin zu hissen.

Allerdings ist es keineswegs mit dem siegreichen Aufstand getan. Der revolutionäre Prozeß, den die Französische Revolution ein für allemal vorgeschrieben zu haben scheint, den die russische kopierte und in den Rang einer ehernen Gesetzmäßigkeit hob, erfordert die unaufhörliche Eskalation, das niemals wirkliche Ende dieses Aufstandes, bevor nicht eine gesellschaftliche Schicht nach der anderen davon mitgerissen ist und zum Schluß die unterste, ärmste und am meisten ausgebeutete die Macht ergriffen hat, um Staat und Gesellschaft in ihrem Sinne zu gestalten. Dieses Szenario muß natürlich ein Szenario der Gewalt sein; sie ist so sehr mit dem Begriff *Revolution* verbunden, daß man sich gezwungen sieht, das Attribut *friedlich* hinzuzufügen, wenn sie ausbleibt. Es gehören Guillotinen und Erschießungskommandos dazu. Die Gewalt ist destruktiver Art und äußert sich als Akt der Liquidation oder Vertreibung. Das Bürgertum liquidiert oder vertreibt den Adel, die Bergpartei die Girondisten, die Sansculotten die Bergpartei; die Bolschewiki vertreiben oder liquidieren nacheinander Zarenfamilie, Adel und Großbürgertum, Menschewiki, Sozialrevolutionäre und Anarchisten; und mit ihnen ihre Institutionen, ihren Besitz, ihre Kultur. So weit die schematische Vorstellung, deren normative Kraft weit über die Frage der reinen Machtergreifung hinausreicht. Der Trotzkische Gedanke von der *permanenten* Revolution ist eine Konsequenz daraus. Sie kann nicht enden, auch wenn ihr Sieg längst entschieden ist, ihre Eigendynamik verlangt, daß sie – wie das Rad der Geschichte – nicht stillsteht und das Werk der Liquidation und Vertreibung fortsetzt, auch wenn es sich dann Aufbau des Sozialismus nennt. Es ist deshalb sinnlos, darüber zu spekulieren, bis zu welchem Punkt die wahre Revolution in Rußland dauerte und wann ihre Pervertierung einsetzte. Was war revolutionärer? Die Schießerei im Winterpalais, die Niederschlagung des Kronstädter Matrosenaufstandes oder die Liquidierung der Bauernschaft? Das, was an tatsächlich neuem gesellschaftlichem Leben entstand wie etwa die Sowjets, war älter als die Herrschaft der Bolschewiki und wurde von ihnen schnell dem revolutionären Prozeß geopfert.

Die gewaltsame Beseitigung des Alten und «Überlebten» scheint tatsächlich die Voraussetzung für die Entstehung von etwas Neuem zu sein. Und das, obwohl die klassische Revolution – der Aufstand der Massen also und nicht der geplante Putsch – in der Regel *nicht* ausbrach, um etwas Neues zu schaffen, sondern weil ein alter Zustand mit alten Rechten wiederhergestellt werden sollte. Ionescu geht so weit, die Revolution als einen Akt zu sehen, mit dem aus Furcht vor einer gewonnenen Freiheit, die eine alternde Gesellschaft wie das Ancien regime zu Ende des achtzehnten Jahrhunderts gewähren muß, in die Hierarchie eines neuen Regimes geflohen wird. Wie dem auch sei: Wie, warum und wann eine Revolution ausbricht, scheint niemand vorhersagen zu können, am wenigsten die Berufsrevolutionäre, die meist im Ausland beim Quellenstudium von ihr überrascht werden und sich erst in ihrem Verlauf an ihre Spitze zu stellen versuchen. Eins steht aber fest und bedeutet noch nicht die Widerlegung Ionescus: daß trotz der von ihm angenommenen Furcht vor der Freiheit (oder dem Chaos, dem Machtvakuum) die Freiheit von überkommenen Fesseln stets zum höchsten Ziel einer wirklichen Revolution wird; eine Bedingung, die die Ereignisse des Jahres 1989 zweifellos erfüllen.

Gleichzeitig bewahrt diese Freiheitssehnsucht immer einen rückwärts gewandten Aspekt. Vor allem verlangt sie nach Freiheit *von* etwas: von jenen Fesseln nämlich, die Staat, Familie, Religion, Tradition, die die Gesamtheit der gesellschaftlichen Verhältnisse um jeden einzelnen schlingen. Sie verlangt nach Befreiung von der Last menschlicher Geschichte, all ihren Verkrustungen und Verknotungen. Revolutionen sind die periodisch wiederkehrenden Versuche der Menschheit, in einen gesellschaftlichen Urzustand zurückzukehren und einen Neubeginn zu versuchen. Rousseaus *Zurück zur Natur!* ist der Schlachtruf, der unausgesprochen oder formuliert über sämtlichen Revolutionen bis zur Mitte dieses Jahrhunderts schwebte.

Die Bedeutung der Französischen Revolution und der amerikanischen, ihrer unbekannteren Schwester, liegt darin, daß sie über dieses metaphysische Ziel und das rein materielle nach Umverteilung des Reichtums hinaus die Freiheit *zu* etwas, und zwar zu ganz konkreten Rechten, einforderten und zu den entscheidenden politischen Maßstäben der Gegenwart machten. Die Freiheit ist nichts Nebulöses, sie ist konkret. Interessanterweise war eines der ersten eingeforderten Rechte das auf freie Fortbewegung (locomotion of power), im feudalen Europa und im kolonialen Nordamerika genausowenig eine Selbstverständlichkeit wie im Osteuropa der vergangenen Jahrzehnte. Prinzipiell kann man von der Freiheit der *Wahl* sprechen, die eingefordert wurde, nicht so sehr zwischen Parteien als überhaupt zwischen den Angeboten der Wirklichkeit – sie ist somit das Gegenteil jener abstrakten Freiheit, die die Leere eines planierten Feldes braucht, um wahrgenommen werden zu können.

In Beziehung zu den vorangegangenen bürgerlichen Revolutionen und den von ihr konstituierten positiven Freiheiten und Rechten war die russische Oktoberrevolution zweifellos eine klassische Konterrevolution. Sie schaffte sämtliche gewonnenen Freiheiten *zu* etwas ab und setzte an deren Stelle wieder die Freiheiten *von* allem möglichen, als wesentlichste Neuerung die von Privateigentum.

Die gegenwärtigen Revolutionen in Mittel- und Osteuropa, einschließlich ihrer Vorläufer in den fünfziger und sechziger Jahren, knüpften an die Tradition der bürgerlichen Revolutionen, insbesondere der Amerikanischen, an. Ein Grund dafür liegt vielleicht darin, daß es sich ebenfalls um kolonialisierte Länder handelt, deren erstes Ziel die Unabhängigkeit ist. Der Wunsch «Zurück zur Natur» wäre eine Absurdität für sie, denn zum kreatürlichen Urzustand waren sie bereits verurteilt. Zum erstenmal in der Geschichte liegt über Revolutionen der Ruf «Zurück zur Kultur!»: zurück aus dem Jäger- und Sammlerdasein in einer industriellen Steppe, zu dem sich die Existenz im Sozialismus zu entwickeln drohte, zurück vom Weg in die urkommunistische Hölle, als die sich das erträumte Paradies entpuppte; zurück zu Kaffeehäusern, Pferderennbahnen und Zeitungen, zurück zu den Dingen und nicht die Freiheit von ihnen, zurück zu Kaufsucht, Luxus, Dekadenz und Bosheit! Schluß mit der Lüge vom guten Zweibeiner, Schluß mit dem Zustand des staatlich ernährten reinen Menschseins mit sozialistischer Spießermoral, Schluß mit der Horde und zurück zum Individuum, wieder Bürger werden mit seinen Rechten und der Pflicht, Steuern zu zahlen!

Betrachtet man die Geschichte als Emanzipationsprozeß, so hat die sozialistische Periode vor allem bewirkt, daß die gewaltigen Umwälzungen, die der bürgerlichen Revolution folgten, vor Osteuropa haltmachten: die technologische Revolution, die sexuelle, die soziale, die feministische, die kulturelle. Lenins Prophezeiung, daß dieses Jahrhundert eines der Revolutionen und Kriege werden würde, ist eingetroffen. Allerdings sind die entscheidenden Revolutionen nicht mehr die bewaffneten Aufstände, es sind die Revolutionen des Alltags, die in der Mitte des Jahrhunderts begannen und seitdem nie mehr zum Stillstand gekommen sind. Wir *leben* in einer permanenten Revolution. Daß Westdeutschland beispielsweise eine wachsende Zahl von Einwanderern und Flüchtlingen anzieht, hat das Leben dort grundsätzlich verändert: Es hat die Tische auf die Straße gebracht, andere Gerüche, andere Klänge, andere Farben und überhaupt wieder eine Vorstellung davon, was Kultur ist. Mehr als alles andere aber hat die Technik unser Leben revolutioniert, und keineswegs nur im apokalyptischen Sinne: keine Freiheit der Fortbewegung ohne Verkehrsmittel, keine sexuelle Emanzipation ohne die Pille.

Die sozialistische Gesellschaft war eine Gesellschaft der Angst vor diesen Revolutionen. Sie hat die Angst nicht nur zum herrschenden Prinzip innerhalb des Systems gemacht, sie hat die Menschen auch zu einer Angstgemeinschaft gegen die sie umgebende Welt zusammengeschweißt. So sehr war die Angst selbstverständlich, daß sie nicht einmal mehr gespürt und zu sprachloser Duldung wurde. Sie war das Fundament, auf dem die sozialistische Gesellschaft ruhte, der auslösende Faktor *ihrer* Revolution. Angst vor der Freiheit, Angst vor der Bindungslosigkeit in einer Gesellschaft, die das Individuum isoliert und seinem Leben jeden Sinn zu nehmen scheint, Angst vor dem Wissen, Angst vor der Wahrheit, Angst vor der Realität, wie sie ist und wie sie noch werden könnte. Beide unser Jahrhundert verheerenden Ideologien sind aus der Angst geboren worden. Daß sie dabei die Geschichte einmal als Geschichte von Klassenauseinandersetzungen und einmal als die von Rassenkämpfen interpretierten, ist kein so wesentlicher Unterschied, wie ihre Feindschaft vermuten läßt. Es ist beides nur *eine* Perspektive, und jede ist schlüssig, homogen, eng und gefährlich.

Was glaubt ihr, wie schlüssig und überzeugend der Rassismus ist! Im Archiv habe ich jetzt ein Verzeichnis mit den Kulturfilmen des Dritten Reiches in die Hände bekommen. Lückenloser kann gar kein Weltbild sein. Die Filmtitel zeigen: Es gab eine rassistische Zoologie, Ethnologie, Geschichtsschreibung, Geographie, Architektur, Kunst, Astronomie, Mathematik und Vogelkunde. Absolut lückenlos und genauso überzeugend wie die marxistischen Spielarten. Der wesentlichste Unterschied ist, daß sie unterschiedliche Opfer bestimmten für ihren Ausleseprozeß, in dessen Verlauf die Menschheit gerettet werden sollte.

Die in Leipzig, Prag und Temeswar auf die Straße gingen, haben die Barriere der Angst durchbrochen. Das *ist* eine Revolution. Ihr Gelingen ist nicht daran zu messen, wie viele alte Machthaber und Mitläufer sie liquidiert, ob am Ende die radikalste Gruppierung die Macht erringt und eine Diktatur errichtet, ob alle sozialen Ansprüche und utopischen Forderungen nach Freiheit *von* etwas erfüllt werden. Eine Revolution kann als vollendet betrachtet werden, wenn sie die ihren wesentlichsten Zielen entsprechenden Institutionen findet und damit die Sehnsucht nach etwas Neuem (oder Altem) zu neuen gesellschaftlichen Strukturen führt. Der Ablauf der Französischen Revolution glich deshalb einer Schreckensszenerie, weil sie diese Institutionen selbst erst *er*finden und obendrein den Ballast feudaler Geschichte abwerfen mußte. Daß dies unter anderen Bedingungen unblutiger, *sanfter* und hauptsächlich in Versammlungsräumen geschehen kann, zeigte die Amerikanische Revolution. Sie hatte nicht Standesunterschiede zu beseitigen, sondern nur einen fremden Machthaber zu vertreiben, sie konnte wie die osteuropäische von einer faktisch vollzogenen Gleichheit ausgehen und sich darauf konzentrieren, eine gemeinsame Verfassung auszuarbeiten und die sie durchsetzenden Institutionen zu schaffen. Das Besondere an den osteuropäischen Revolutionen ist, daß es diese Verfassungen und die ihr entsprechende gesellschaftliche Organisationsform bereits als Modell in den westeuropäischen Ländern vorfindet, ja, daß diesen gesellschaftlichen Zustand zu erreichen das Hauptziel der revoltierenden Massen war, wenn einige ihrer Inspiratoren auch darüber hinausgehende oder darunter bleibende Ziele hatten. Das *absolut* Neue konnte kein Ziel sein; und der Glaube, daß es ein Wert an sich wäre, ist eine ebenso gefährliche Fiktion wie die vom Leben als einem Experimentierfeld. Die Besonderheit der Revolution in der DDR war, daß die angestrebten Institutionen wie die Verfassung nicht nur als Modell bereitlagen, sondern zusammen mit Geld und allem möglichen Know-how im anderen Landesteil darauf warteten, durch die staatliche Einheit auf Ostdeutschland übertragen zu werden. Welche Gründe sollte es für die bürgerliche Gesellschaft geben, ihre siegreichen Prinzipien durch die Reste eines bankrotten Systems oder die Wünsche Dritter korrigieren zu lassen? Es ist Illusion, von dieser Revolution zu fordern, sie könne die Vorstellungen der verschwindenden Minderheit institutionalisieren, die sie vorbereitet haben.

Und doch handelt es sich anscheinend um eine nicht zu Ende gebrachte oder richtiger, um eine von außen beendete Revolution – und zwar in dem Maße, wie es bisher noch keiner Revolution gelungen ist, den Geist ihres Neubeginns zu bewahren, ohne in die Phase der Destruktion überzugehen. Der revolutionäre Geist, der eine Gesellschaft umwälzt und ihre Ziele neu formuliert, hat sich bisher stets ähnliche Foren geschaffen: Bürgerversammlungen, Deputiertenkongresse, Sowjets und Räte, die allen Bevölkerungsschichten offenstehen und nichts mit Parteien zu tun haben. In Mittel- und Osteuropa waren es die Gewerkschafts- und Bürgerbewegungen,

Friedenskreise und Runden Tische. Inzwischen ist das eingetreten, was bisher bei jeder Revolution eingetreten ist: Das Parteiensystem (egal, ob als Mehr- oder Einparteiensystem) hat das Rätesystem besiegt. Es ging in der DDR so schnell, weil dieser Sieg die Voraussetzung für den deutschen Einigungsprozeß war: ohne Parteien, ohne Parlament und ohne demokratisch gewählte Regierung keine Verhandlungspartner.

Als im Februar 1990 ein Vertreter von «Demokratie jetzt» vor Schriftstellern aus beiden Teilen Deutschlands von der Notwendigkeit sprach, die Verfassung des neuen Deutschlands zu diskutieren, und zu einer Konferenz dazu einlud, wurde er glatt überhört. Ihn ernst zu nehmen hätte bedeutet, den Geist der Revolution auf das gesamte Deutschland zu übertragen. Wahrscheinlich gab es die Zeit für eine Verfassungsdiskussion objektiv nicht, aber sie kommt wieder, genauso wie nach der Einheit nur die beiden Teilstaaten verschwinden, nicht aber ihre Einwohner. Es ist denkbar, daß sich die erfolgreiche Taktik, zuerst die Gunst der Stunde zu nutzen und die nationale Frage zu klären, rächen wird, wenn man es bei einem rein administrativen Akt beläßt, an dem die Bevölkerung nur als Wähler beteiligt ist. Der Ruf nach Volksentscheid und Verfassungsdiskussion artikulierte den Wunsch, die Revolution zu einer gemeinsamen Erfahrung zu machen und zu einem Neubeginn in beiden Teilen Deutschlands zu nutzen. Die Frage nach der Verfassung ist die Frage danach, ob die Grundlagen, die vor zweihundert Jahren in Frankreich und Amerika gelegt wurden, noch für die

Welt des nächsten Jahrhunderts ausreichen. Sicher ist der Gedanke von der Freiheit und rechtlichen Gleichheit jedes Individuums der herausforderndste, den ein Mensch von seinesgleichen fassen kann; zu schwer erkämpft, als daß man ihn einfach preisgeben könnte. Angesichts einer Entwicklung, in deren Verlauf es bald zehn Milliarden Individuen geben wird, die die reale Möglichkeit besitzen, nicht nur sich, sondern jedes organische Leben auf der Erde auszulöschen, ist es allerdings Zeit, nach Prinzipien zu suchen, die neben den Rechten des Individuums auch seine Verpflichtungen gegenüber diesem Leben neu festlegen.

Das Problem der westlichen Gesellschaft ist, daß sie anscheinend keine bindenden ethischen Vereinbarungen kennt, die ein dirigistisches Eingreifen rechtfertigen, wie es für jede andere soziale Gemeinschaft selbstverständlich ist. Die Angst vor Sozialismus und Kommunismus ist zu groß und zu leicht zu mißbrauchen. Daß der Osten wieder zur europäischen Realität gehört, könnte trotzdem dazu führen, daß die bürgerliche Demokratie zu Maßnahmen gezwungen wird, die auf ihren liberalen Egoismus wie christlich-sozialistisches Weihwasser wirken. Ist sie dazu unfähig, werden Revolutionen auf sie zukommen, welche aufs neue die Forderung nach Freiheit *von allem* auf ihre fundamentalistischen Fahnen schreiben werden und diesmal sie auch erreichen.

# 9

# Wo liegt Europa?

Nach meinem letzten Besuch träumte ich von Prag:

*Zwei bis drei Glas Bier aus der Brauerei Bohumil Hrabals, also würzig und mit einer Blume aus Lindenduft und Spatzentschilpen, hatten mich beschwingt die Rundreise mit der Prager Untergrundbahn antreten lassen, die so tief liegt, wie der Veitsdom hoch ist. Kein Wunder, daß die Fahrt zum Gaudi für die beiden Mädchen wurde, die mich als meine beiden Töchter begleiteten, allerdings keineswegs beidseitig, sondern meist links von mir kichernd. Sie waren vierzehn plus neunzehn Jahre alt, geteilt durch die Zweisamkeit unseres Hotelzimmers; in einem Alter also, das die Welt und damit auch mich mit Witz, Bosheit und erwachender sexueller Neugier betrachtet. Ich hatte während unseres Treffens mich und meine westliche Väterwelt vorzuführen, sie als Bühne und mich als Hauptdarsteller darauf, am erträglichsten in der Rolle des Harlekins.*

*Prag war eine internationale Hauptstadt, es hatte die Rolle übernommen, die Berlin infolge der Teilung aufgeben mußte: ein Tummelplatz der Geheimdienste, ein von Scheinwerfern angestrahltes Exerzierfeld, in dem jeder nicht nur doppelte Schatten, sondern auch eine doppelte Identität hatte. Und in der Mitte ein Bahnhof Friedrichstraße, wo diese Schatten in einen zusammenfielen: Hier herrschte Kalamazonien.*

*Wir wurden von einer jungen Frau in einem quergestreiften Badeanzug begleitet, die Querstreifen waren das Zeichen konspirativer Eigenständigkeit, die Zusammenarbeit mit dem Staatssicherheitsdienst nicht ausschloß. Sie brachte uns zum Bahnhof Friedrichstraße, auf dem wir umsteigen mußten und der fest in den Händen der kalamazonischen Transportpolizei war. Mir war es noch immer strengstens verboten, kalamazonisches Gebiet zu betreten. Jeder meiner Schritte wurde noch immer von der Geheimpolizei überwacht und unsere Ankunft auf dem Bahnhof Friedrichstraße vorangemeldet. Als wir die Schalterhalle betraten, fuhren Stellwände aus kalamazonischer Wellpappe auf uns zu, die uns isolieren und gefangensetzen sollten. Die beiden Mädchen huschten sofort, und ohne sich nach mir umzusehen, nach links und rechts weg; das kleinere, indem es die etwa zwei Meter hohe Stellwand im Fosbury-Flop-Stil überflog, eine Fähigkeit, die es von mir abgeguckt oder geerbt haben mußte. An dumpfen knurrenden Geräuschen merkte ich, daß sie drüben Beamte des tschechoslowakischen Geheimdienstes in Empfang nahmen, wie sich einer von ihnen jetzt auch an mich heranmachte. Sie sind leicht daran zu erkennen, daß an ihnen alles lang ist: lange Nasen, lange Ohren, lange Muskeln, lange Finger und lange Füße. Nur ihre Haare sind kurz geschnitten und schon etwas grau. Wie es so ihre Art ist, nahm mich der Beamte in den Schwitzkastengriff, und in diesem Moment wußte ich, daß es meinen Töchtern genauso erging, ja, daß man schon dabei war, ihnen die Köpfe abzudrehen. Jetzt war meine Stunde als Harlekin beziehungsweise sächsischer Kasper gekommen.*

*Ich holte meinen Prügel heraus, einen mit einer Mischung aus Steinen, Sand und Sägespänen gefüllten Ledersack, und schlug damit auf den Kopf des Beamten ein, bis er mich losließ. Nachdem die Stellwände das Weite gesucht hatten, machte ich mich unter dem Beifall der Reisenden über die Köpfe der anderen Geheimpolizisten her. Die Mädchen kamen frei und mischten sich kichernd unter das Publikum. Ich war jetzt der Capa schwingende Stier in der Arena, der Bahnhof umstellt von kalamazonischen Transport- und tschechoslowakischen Geheimpolizisten. So lästig ich ihnen war, so erforderten doch die Gesetze, mich keinesfalls wieder entwischen zu lassen. Militär, Polizei, Feuerwehr und Staatssicherheitsdienst waren informiert und würden in ca. zwei bis fünf Minuten auf ihren Lastwagen eintreffen. Ich nahm ein Buch aus meiner Tasche, öffnete es und begab mich, indem ich (durch die Bahnhofshalle wandelnd wie Plato im Gymnasium) darin las, Satz für Satz in eine andere Welt. So verzweifelt die Behörden waren, daß ich ihnen entwischt war, so verzweifelt trafen sie jetzt Vorbereitungen, zu verhindern, daß ich wieder zurückkäme. Denn inzwischen, so wurde mir klar, war ich außerhalb des Bahnhofs, die Kinder aber noch drinnen unter den begeisterten Zuschauern. Ich mußte, um sie zu befreien, den doppelten Salto wagen, einen vor- und einen rückwärts.*

*Es wurde kohlrabenschwarze Nacht. In ein bis drei Minuten würden die Laster einrollen und der Bahnhof von ganzen Bataillonen besetzt und umstellt werden. Mehr oder weniger ruhig sah ich zu. Sie fuhren vor und zogen vor den fünf Ausgängen des wie eine barocke Festung nach sternförmigem Grundriß erbauten Bahn-*

*hofsgebäudes auf. Ihr Auftrag war unmißverständlich: Unter keinen Umständen durfte ich wieder das Territorium der kalamazonischen Republik betreten, zu dessen Hoheitsbereich der Bahnhof Friedrichstraße gehörte. Der Statthalter, der persönlich mit seiner Leibwache für den ordnungsgemäßen Verlauf der Aktion sorgen sollte, hatte seine Kommandozentrale in der Schalterhalle eingerichtet. Noch eine halbe Minute blieb nach dem ursprünglichen Plan für meine Verhaftung, nach dem jetzigen, meine Rückkehr zu verhindern. Das Militär stand in Fünfer- und Sechserreihen vor den Eingängen. Zwar hatte ich die Fähigkeit zu fliegen schon weitervererbt, aber noch immer war ich – zumal ich drei halbe Liter Bier getrunken hatte – in der Lage, große Sprünge zu machen. Ich nahm also Anlauf und setzte in Sprüngen, für die ich die von Uniformmützen bedeckten Köpfe als elastische Pflastersteine benutzte, über die Reihen der Militärs und landete genau vor dem Statthalter.*

*Dieser lag nackt in einer Badewanne, aus der man das Wasser gelassen hatte, und war augenscheinlich ein kranker Mann. Um seine Fettwülste schlang sich eine Kette, die von einem Vorhängeschloß unter seinem Pimmel zusammengehalten wurde. Ich ging grinsend auf ihn zu, salutierte und meldete, kurz bevor der Minutenzeiger der Bahnhofsuhr auf die zwölf rückte: «Bürger Wagner meldet sich vorschriftsmäßig zur Verhaftung.»*

*Verzweifelt sah er mich aus seinen runden, vorstehenden Augen an. Irgendwie erinnerte er mich an Schalck-Golodkowski. «Ist er das?» fragte er seine Stabsoffiziere. Die nickten stumm. «Hat er die Medien benachrichtigt?» Wieder nickten sie stumm. Dann röchelte der Statthalter kurz und hörte auf zu atmen. Der Militärarzt beugte sich zu ihm hinab, fühlte seinen Puls und sagte knapp: «Herzinfarkt.» Es war der zweite innerhalb von fünf Minuten, wie ich erfuhr, der erste hatte ihn ereilt, als er auf dem Weg zum Bahnhof die Nachricht erhielt, daß ich ausgebrochen war. Ein bis zwei Sekunden herrschte Stille. Dann beugte sich der Militärarzt noch einmal zu der schlaffen Hand des Statthalters hinab, suchte den Puls und meldete: «Jetzt ist er tot», worauf alle laut applaudierten.*

Zum letztenmal hatten wir uns vor einem Jahr in Prag getroffen, als noch kein Gedanke daran war, daß wir vier Monate später durchs Brandenburger Tor gehen und uns zwischen seinen Säulen verträumt ansehen sollten. Prag, das glockenschlagende Herz Europas, die nächste Großstadt, in die man aus beiden Deutschlands reisen konnte, war für uns wie für Tausende andere zum alljährlichen Treffpunkt geworden; eine Bühne für das deutsch-deutsche Drama, das hier rund um die Uhr gespielt wurde. Die Darsteller waren Frischverliebte und Frischgeschiedene, Ehepaare, Freunde, Kinder, Eltern, Großeltern und die Staatssicherheit, gespielt wurden die Tragödien und Komödien der Liebe und des Hasses, des Betrugs, der Treue und des Verrats, der Entfremdung und Nähe, des Wiedersehens, der Trennung und des Nimmerwiedersehens. Spieldauer war zwei Stunden oder zehn Tage, die Spielorte Hotelzimmer, Cafés, Bierkeller, Bars und Bahnhöfe.

Wir mußten in verschiedenen Zügen nach Prag fahren. Die Mädchen in einem voll kofferloser Betrunkener, die beabsichtigten, die bundesdeutsche Botschaft zu stürmen. Ich saß allein im Abteil eines Transitzugs, unter dem, bevor er abfuhr, Hunde entlangkrochen und mit Stangen in den Klosettbecken herumgestochert wurde, dessen Türen man in Westberlin abschloß und auf bayrischem Gebiet wieder öffnete, der nur auf Bahnhöfen hielt, die von Transportpolizisten mit Maschinenpistolen bewacht wurden.

Wenn ich aus dem Zug nach draußen sah, war es jedesmal das gleiche unwirkliche Erlebnis. Als würde ich durch Rußland, Litauen oder eine verlassene Ecke Lothringens fahren, durch irgendein fremdes Land. Eine ungewohnte Stille; die Farben der gemäßigten Zone, Grün, Grau und dunkles Braun. Ein Mann kniete am Teichufer neben seiner Angel, deren Schnur sich unter Seerosen verirrt hatte. Ein Junge sah an der Hand seines Vaters staunend dem verschlossenen Zug nach, in dem ich saß. Sie blieben zurück und wurden von einer Landschaft aufgenommen, die grenzenlos, üppig und von einer nicht gezähmten Wildheit zu sein schien.

Gleichzeitig wurde die Fahrt durch die DDR zu einer Fahrt durch die Historie. Da der Zug sowenig wie möglich Feindberührung haben sollte, nahm er Nebenwege, die ich nicht kannte. Wolfen, die alte Agfa-Fabrik, eine qualmende Backsteinstadt, in deren verfallenden Werkhallen die Produktionsweise des neunzehnten Jahrhunderts aufrechterhalten wurde – der Sozialismus konservierte das Zeitalter, aus dem er stammte. Stundenlang fuhr der Zug mitten durch das alte sächsische Industrierevier, durch Hinterhöfe, Betriebe, Städte und Stadtviertel, die einander glichen wie die Wäschestücke auf den Leinen. Dazwischen Feldraine, Fahrräder mit Rücktritt, Gestank nach Chemie und Exkrementen und ein Sonnenuntergang, dem man noch glauben will. Konnte man hier etwa die verlorene Zeit wiederfinden? Nein, es war etwas anderes. Zeit als Staub auf der Lunge, ein Uhrzeiger, der sich einfach nicht mehr bewegte. Und noch einiges mehr, das herauszufinden und zu beschreiben mir zu schwierig ist. Der Zeitsprung ist nicht zu beschreiben, nur das, was diesseits und jenseits der Zeitgrenze ist. Jedesmal hat er mich aufs Neue in höchste Verwirrung gestürzt. Es war schlimmer als der abrupteste Klimawechsel, unfaßbarer, als mit der Erde im Rückspiegel zum Mond zu fliegen.

In Prag fand die Zeit zu einem mittleren Rhythmus, wurde wieder eine Variante der Gegenwart. Noch immer war das Sirenengeheul der Unfallwagen bis auf die Burg hinauf zu hören, zogen die Apostel zu jeder vollen Stunde am Fenster des Altstädter Rathauses vorbei, auf die Reise geschickt vor fünf Jahrhunderten von den Händen eines Blinden. Noch immer sammelten die Kellner das Trinkgeld auf Untertassen ein, der Kaffee wurde zusammen mit einem in rosa Silberpapier gewickelten Stück punčová serviert und kostete für mich nur noch zehn Pfennige. Alles war von einer beruhigenden Normalität. Prag schien seine Lähmung überwunden zu haben und neuen Atem zu schöpfen. Für John Lennon lagen mehr Blumen als je vor der Gedenkmauer, auf der Karlsbrücke diskutierten wieder die Philosophen, und neben ihnen wurden Lieder ganz ohne Bezahlung gesungen. Ein Sommerabend an der Moldau: in einer Welt ohne Reklame, in einer Welt, in der nicht jedes Jahr ein Streichholz weniger in der Schachtel liegt.

Bevor ich selig versinke in dieser geldlosen Welt, zwinge ich mich zu erinnern: ein anderer Augusttag einige Jahre zuvor, ein anderes Deutschlandtreffen, zu dem ich noch aus dem Osten und meine Freunde aus Westberlin anreisten. Es war schwül, die Stadt klebte von Schweiß. Da ich früher gekommen war, ging ich zur Moldauinsel hinunter, wo es etwas Wind und einen Park mit Bänken gibt. Überall lagen Schlafende. Ich suchte mir eine freie Bank und machte ebenfalls die Augen zu. Als ich sie wieder aufschlug, fiel mein Blick auf eine Dreiergruppe, die anscheinend eine schwierige Unterhandlung führte. Auf der einen Seite ein junges Paar, durch seine Sandalen als meine Landsleute erkennbar, auf der anderen Seite eine finstere Gestalt, welche offenbar die beiden gerade von der Wiese hochgescheucht hatte. Als der Kerl die Hand ausstreckte, fingerte der Junge seinen Ausweis aus dem Brustbeutel und reichte ihn ihm. Der blätterte fachmännisch darin herum, deutete immer wieder aufs Gras, schüttelte den Kopf, legte beide Hände wie in Handschellen aneinander. Dann holte er einen dicken Packen Kronenscheine aus der Tasche und rieb Daumen und Zeigefinger der anderen Hand aneinander. Nachdem er die Kronen zurück in die

Tasche gesteckt hatte, kam seine Hand mit einem aufgeklappten Taschenmesser wieder zum Vorschein. Er fuchtelte eine Weile damit in der Luft herum, steckte es wieder ein, gab den Ausweis zurück, legte halbmilitärisch die Finger an die Schläfe und marschierte weiter.

Der Kerl war eine Kakerlake, der man meilenweit ansah, daß sie stinkbesoffen war. Sein förstergrünes Hemd hing hinten aus der dreckigen Hose, am Gürtel trug er einen Schlüsselbund mit Flaschenöffner und eine Ledertasche: das war seine ganze Legitimation. Doch sie wurde nicht nur von DDR-Bürgern als ausreichend empfunden.

Breitbeinig, die Ellenbogen nach außen gedrückt, die Hände abwechselnd gespreizt und geballt, setzte der selbsternannte Parkbulle seinen Rundgang fort. Er rüttelte das nächste Paar wach, das auf der Mauerbrüstung in der Sonne lag, und zeigte befehlend auf eine leere Bank: Sie setzten sich dorthin. Er ging zu den beiden Bänken, auf denen Männer ihren Kopf in den Schoß von Frauen gelegt hatten, scheuchte sie hoch: Sie rieben sich die Augen und setzten sich aufrecht neben ihre verdutzten Frauen. Es war kaum zu glauben, die Kakerlake jagte den ganzen Park aus dem Schlaf, ohne daß sie von einem der stämmigen Burschen und wohlbeleibten Männer einen Tritt in den Hintern bekam; sie folgten schweigend ihren Befehlen.

Jetzt war der Kerl am Parkende angelangt, wo eine alte Frau ihrem Pudel gestattete, durchs Gras zu schnüffeln. Der Kerl winkte die Übeltäterin heran und erklärte ihr höflich, aber unmißverständlich, daß Hunde an der Leine zu führen seien. Während sie sich sofort hinter ihrem Liebling hermachte, kauerte *er* sich auf den Weg, pfiff und schnalzte und versuchte, den Hund herbeizulocken. Der Köter roch den Schnaps und kläffte die Kakerlake an. Endlich hatte die Frau das Tier wieder und machte die Leine am Halsband fest. Nun nahm die Kakerlake höchstselbst die Leine in die Hand, zog den Hund zu sich heran und – ließ ihn huldvoll wieder frei! Dann ließ die alte Frau sich zu einer Bank führen und von dem Kerl belehren. Er legte die Hände wie in Handschellen aneinander, er holte das Bündel mit Geldscheinen aus der Tasche, er zeigte ihr sein Taschenmesser...

Das war Prag anderthalb Jahrzehnte nach dem August, in dem die sowjetischen Panzer den Wenzelsplatz hinaufgerollt waren, und ein halbes, bevor auf denselben Wenzelsplatz der Sieg über diejenigen gefeiert wurde, die sie gerufen hatten; singend und tanzend und ohne daß dabei eine Siegesgöttin zu Bruch ging. Das war Prag in der Zeit seiner tiefsten Demütigung, das gebrochene Prag, scheinbar schon gestorben wie der ganze Osten.

Wie jedem ist es mir unter die Haut gegangen, als ich die auf der Mauer tanzenden Berliner sah, und noch wichtiger war es, den Leipziger Bahnhofsvorplatz voll von Menschen zu sehen, die wußten, daß auf den Dächern ringsum Scharfschützen lagen und daß die gesamte Innenstadt von Militär umstellt war. Doch am tiefsten war ich bewegt, als Dubcek und Havel am Wenzelsplatz auf den Balkon traten und niemand mehr die Menge hindern konnte, sie singend und winkend zu grüßen. Hemmungslos geheult habe ich, als ich die aufgebahrten Toten von Temeswar sah, von denen es inzwischen heißt, es seien Leichen aus dem Krankenhaus gewesen, und die mit den Kerzen dabeistanden, Schauspieler aus dem städtischen Theater. Es ist völlig egal, ich heulte gemeinsam mit ihnen und meinem rot entflammten Fernseher beim Anblick der rumänischen Fahnen mit den kreisrunden Löchern, als die Bukarester Ceaucescu in seinem Hubschrauber in die Luft trieben; als die Rebellen ihre Botschaften in die Kameras schrien, die Securitate draußen vor den Türen.

Ich kenne das Land mit dem unheimlichsten Loch in seiner Flagge von zwei Zugfahrten quer durch die Karpaten. Einer meiner abseitigsten Träume war immer, einen Sommer lang den ganzen Karpatenbogen, von den Beskiden bis hinunter nach Transsylvanien, zu durchwandern. Dieses Bedürfnis hatte ich seit einer Reise durchs polnische Riesengebirge: Hügel auf Hügel ging es in sanften Wellen aufwärts, bis man das Gefühl hatte, über ein grünes Wolkengebirge zu fliegen, mit tiefem Blick in die zurückbleibende Ebene, wo jeder Meter Boden gezeichnet ist von der Geometrie der ineffizienten polnischen Einzellandwirtschaft; Heuhaufen, Zäune, Viehherden und Holzhäuser, so blau getüncht, daß der Himmel erblaßt. Ich wollte erfahren, wie dieses Gebirge sich fortsetzt, ich wollte wissen, was noch an Leben hinter den Namen der Landschaften mit dem verführerischen Klang ist: Galizien, Wolhynien, Waldkarpaten, Bessarabien, Bukowina, Moldawien.

Was für ein anmaßender Wunsch! Allein der beantragte Zeitraum war eine Verhöhnung der Fürsorgepflicht eines Staates, der keinem seiner Bürger zumutete, länger als drei Wochen außer Landes zu bleiben, in welcher Gegend der Erde auch immer. Außerdem gehörten dazu die Visa von fünf Ländern, die den Gebirgsstock unter sich aufgeteilt und als geographische Tatsache abgeschafft hatten; die zu bekommen, war völlig unmöglich.

So kenne ich die Karpaten nur von der Durchreise. Aber ich kenne sie bei Tag, und ich kenne sie bei Nacht, vom Sommertag einer Reise nach Bulgarien und der Winternacht einer Fahrt zurück. Die rumänischen Karpaten des Sommers sind noch reicher und schöner als die Namen seiner vielfältigen Landschaften. Nur die höchsten Gipfel zeigen etwas vom steinernen Rückgrat der Berge, alles andere ist Erde, eine ganze von Menschen bebaute und bewohnte Welt für sich. Mit den Karpaten hat sich die Natur das Vergnügen gegönnt, ein Gebirge weder als Göttersitz noch für Bergsteiger zu schaffen, sondern für Bauern und Räuber, Zigeuner, Waldarbeiter und jüdische Händler. Das ist das Rumänien des Tages, der Panjewagen und bunten Teppiche über den Holzzäunen.

Die dunkle Seite des Landes habe ich in einem Waggon des Orient-Express kennengelernt, den ich in einer Februarnacht in Bukarest bestieg. Es war auf der Rückfahrt von einer Bulgarienreise, zu der ich mich von einem Fotografen hatte überreden lassen, um dem Berliner Winter zu entgehen.

Als wir in Bukarest umstiegen, stand auf dem

Nachbargleis der verspätete Orient-Express mit offenen Türen, und kaum hatten wir uns in den letzten Wagen geschwungen, da ruckte der Zug schon an. Eine Fahrt durch die rumänische Winternacht begann, die ich nie vergessen werde.

Vergeblich versuchte ich, die Waggontüren zu schließen, sie waren festgefroren. Genauso unmöglich war es, in einen anderen Wagen zu gelangen, denn so wie die Türen, die in die Nacht führten, sich nicht schließen ließen, so waren die zum nächsten Waggon nicht zu öffnen. Dafür hatten wir unter den Abteilen unseres Wagens freie Auswahl: Alle waren leer und eiskalt. Wir setzten uns in eines, das uns wegen des geschlossenen Fensters etwas wärmer vorkam.

Auf dem Boden rollte eine zerbrochene Mineralwasserflasche; das Wasser war gefroren und hatte das Glas gesprengt. Wir holten alle unsere Sachen heraus, zogen sie übereinander oder deckten uns damit zu und versuchten zu schlafen. In regelmäßigen Abständen kamen zwei vermummte Schaffner – woher, war rätselhaft – und nahmen uns aus immer demselben Grund Geld ab: für die acht Plätze, auf denen wir lagen und keine Platzkarten hatten.

Irgendwann wurden wir zur selben Zeit wach, völlig durchgefroren. Draußen war es finster, Schnee wirbelte am Fenster vorbei, im Hintergrund Berge. Als ich auf den Gang hinauslief, sah ich durch die Tür, daß wir an einer Station mitten in den Karpaten hielten. Entlang der Bahnstrecke standen Arbeiter, die Schaufeln- und Hackenstiele in dicken Handschuhen hielten. Alle hatten die gleichen spitzen

Fellmützen auf dem Kopf, wie sie Ceauşescu bei der Bärenjagd trug. Fellmützen, so kegelförmig, so schwarz-zottig und schneeüberstäubt wie die Berge hinter ihnen. Dann fuhr der Zug weiter, die Männer schulterten Schaufeln und Hacken und verschwanden in der Dunkelheit.

Inzwischen war in unserem Waggon ein weiteres Abteil belegt. Irgendwo mußten die sechs oder sieben alten Männer und Frauen zugestiegen sein, die da eng beieinander zwischen ihren Koffern saßen, jeder ein Tuch um den Kopf geschlungen. Ich ging hinein, um mich etwas aufzuwärmen, ihr Atem belebte das Abteil. Sie sprachen ein altertümliches, fremdes Deutsch; es waren Banater Schwaben, die nach Augsburg und Ulm zu ihren Kindern fuhren, weg aus diesem Land und dieser Kälte.

Der Zug jagte jetzt mit gespenstischer Geschwindigkeit durch die Nacht, der Schneesturm fegte zur vorderen Waggontür hinein, durch den Gang und zur hinteren Tür wieder hinaus. Trotzdem lief ich ununterbrochen auf und ab, im Laufschritt, ich schlug die Hände aneinander, sprang auf einem Bein, dem anderen, allen beiden, lief wieder. Der Fotograf saß mit erstarrtem Gesicht in seiner Ecke und wollte die Kälte durch Meditation besiegen, wollte stärker sein kraft seines Geistes und seiner inneren Wärme. Ich wußte, daß das aussichtslos war, nicht nur bei ihm, denn ich hatte eine Winterübung in einem Schützenpanzerwagen erlebt, in dem man sich nicht bewegen *kann* – die Glieder werden selbst zu dem Eisen, auf dem sie liegen. Ich wußte, das einzige, das gegen die Kälte hilft, ist, sich unaufhörlich zu bewegen; man kann sie nicht *aushalten.* Ich lief immer wieder von einem Waggonende zum anderen, hinten flogen die Schienen weg in die Nacht, auf der anderen Seite des Wagens glomm ein Licht, dunkel, rot, warm. Aber die Tür dorthin war verschlossen.

Kurz vor der ungarischen Grenze hielt der Zug wieder. Draußen noch immer Nacht, eine flache Ebene, es hatte aufgehört zu schneien. Ich lief noch einmal zur Tür – und plötzlich ließ sie sich öffnen. Ich überschritt die Blechbrücke zur nächsten Tür, hinter der nicht nur ein, nein, drei rote Lämpchen glommen. Auch sie öffnete sich, und ... ich stand auf einem weichen Orientteppich ... Wärme! ... Teppiche auf dem Boden und leise türkische Musik. Vor mir eine Bar, hinter der ein junger Mann mit Bärtchen, in eine Uniform aus bordeauxrotem Tuch gekleidet und mit einer runden Mütze auf dem Kopf, einen Mixbecher schwenkte.

«Bonjour», sagte er erstaunt und trotzdem freundlich, wie es sich für einen Herrn aus einer anderen Welt gehört. Und weiter in der Sprache, in der angeredet zu werden ich immer wieder für eine besondere Ehre halte, auch wenn ich sie nur unvollkommen verstehe: Möchten Sie einen Kaffee? Oder lieber einen Pastis, ein Glas weißen oder roten Wein? Ich dankte, wollte mich nur ein wenig aufwärmen, das wäre genug und vor allem bezahlbar für mich. Ich hielt mich ruhig und unauffällig im Gang des Wagens auf, der ebenfalls leer war und aus dessen offenen Abteilen Wärme und ein leichter Parfümduft strömten, der sich mit dem des frisch gebrühten Kaffees vermischte. An den Wänden hingen Stiche von

Istanbul mit der Hagia Sophia und von Paris mit Notre-Dame und dem Eiffelturm. Richtig, ich befand mich im Orientexpress auf der alten Strecke Paris–Istanbul, und dies war ein separat beheizter Waggon der französischen Eisenbahn, der diese Linie als Gespensterwagen symbolisch befuhr.

Ich blieb so lange, bis ich meine Füße und Finger wieder spürte, und ging dann zurück, um den Fotografen zu wecken und in die Wärme zu holen. Aber es war zu spät: Er ließ sich nicht mehr bewegen, steif wie ein Brett lag er auf der Abteilbank ausgestreckt, die Augen starrten grau wie aus einer gesprungenen Flasche. Ich nahm meine Sachen und ging zu Kaffee und Istanbul und türkischer Musik zurück. Langsam näherten wir uns Budapest. Als ich im Keleti-Bahnhof auf den Bahnsteig trat, sah ich, wie die beiden rumänischen Schaffner mit roten Nasen den Fotografen aus dem Nachbarwagen bugsierten, ihn sich auf die Schultern hoben und, der eine in der freien Hand den Lammfellmantel, der andere Fotoapparat und Reisetasche, in Richtung Gepäckaufbewahrung liefen.

Bukarest, Prag und Budapest, Warschau und die Küste des Schwarzen Meeres.

Von den mittel- und osteuropäischen Völkern will ich sprechen, die die wirklichen Opfer des beendeten Krieges sind und die zugleich unsere einzige Hoffnung waren. Deren Unglück darin bestand, auf jenem Territorium zu leben, das zum Hauptkampfplatz zweier Ideologien wurde; die sich nicht mit diesem Schicksal zufriedengaben, es schließlich wendeten und den Neubeginn ermöglichten.

Für uns DDR-Bürger bedeutete der Osten einmal *alles*, er war Osten und Süden und Westen zugleich, nur der Norden waren wir selbst. Wenn wir einen Hauch von Freiheit und Improvisationskunst spüren wollten, sind wir nach Polen gefahren, auf die Märkte von Stettin und Gdansk, in die Theater und Museen von Krakow, Wroclaw, Warschau. Westliche Zeitungen konnten wir nur in polnischen Lesecafés oder den Hotelfoyers von Budapest lesen. Wollten wir den Süden erleben, türkische Bäder, römische Ruinen oder die Nähe Griechenlands, so fuhren wir nach Ungarn oder ans Schwarze Meer, in Zügen, die ewig und drei Tage unterwegs waren. Der Morgen dämmerte in der Slowakei, und über dem Knie der Donau blitzte die Sonne auf, über Maisfeldern und Ketten getrockneter Paprikas, Wein auf den Hügeln.

Wenn uns irgend etwas aus provinziellem Denken befreien und eine Ahnung von «europäischem Bewußtsein» vermitteln konnte, so war es eine Reise nach Prag, Warschau oder Budapest. Vielleicht waren die Wohnungen und Klubs der osteuropäischen Intellektuellen die einzigen Orte, wo Europa überhaupt noch existierte, als Sehnsucht und geistiges Programm, als ständige Suche nach dem Gespräch mit dem anderen Europa, das sich mehr und mehr entfernte und schließlich entschwand.

Nur langsam wird deutlich, daß es in der zweiten Jahrhunderthälfte keinen gewichtigeren Beitrag zur Kultur Europas gibt als den der mittel- und osteuropäischen Literaturen. Brodsky und Miłosz, Sinowjew, Hrabal, Gombrowicz und Konrad, in jedem von ihnen überlebten die Kultur und Widerstandskraft einer ganzen Nation. In Hrabal siegten der scharfe Geist und die Poesie der tschechischen Literatur über zwei Diktaturen und zwei Besatzungen, ohne sich von ihnen vertreiben zu lassen. Solschenizyn war stärker als Stalin, Breschnew und der Archipel Gulag.

Im Unterschied zu Deutschland gibt es im Osten Europas bezeichnenderweise keine ernst zu nehmenden Intellektuellen, die den Marxismus nicht längst zu den Akten der Vergangenheit gelegt hätten. Es ist ihre besondere Leistung, daß sie sich weder von einer Ideologie haben benebeln lassen noch in ein abstraktes Nirwana geflohen sind, sondern das Recht des Menschen auf Individualität, Wahrheit und Phantasie verteidigt haben. Was diese Intellektuellen in ein gemeinsames Europa einzubringen haben, ist die Kraft, unmißverständlich Nein sagen zu können. Es ist zugleich der positive Akt des Beharrens auf Persönlichkeit, damit Teil einer zutiefst europäischen Tradition, die das freie, sich selbst bestimmende Individuum erst hervorgebracht hat.

Die DDR gehörte in diesem Sinne nicht zu Europa; vielleicht lag es daran, daß die Kultur des europäischen Bürgertums hier kaum noch auffindbar war, daß sie von den Nationalsozialisten und ihren Nachfolgern mit deutscher Gründlichkeit zerstört wurde. Eine Vorstellung von einer verschollenen Lebenskultur, die über Geldverdienen und -verbrauchen hinausging, bekam man in manchen Budapester und Prager Wohnungen. Zusammengeschrumpft auf das Maß des einem ihrer Nachfahren verbliebenen Hinterzimmers, war der geistige Nachlaß der verfallenden Institution bürgerliche Familie zu betrachten: die Bibliothek, ein Flügel, Stiche und alte Fotos an den Wänden. Die darauf abgebildeten Personen häufig verschollen, Sohn oder Tochter hüteten das Erbe und die Kenntnis zweier alter und dreier moderner europäischer Sprachen.

Zu diesen, nicht selten jüdischen Familien gehört das Emigrantenschicksal als eine Selbstverständlichkeit. Nicht erst die Vertreibung der osteuropäischen Intelligenz seit den fünfziger Jahren hat innerhalb Europas und zwischen Europa und Amerika ein Band geknüpft, das die Grundlage einer geistigen Einheit war. Wie es die Wirtschaft in den Osten zieht, zog die Intelligenz von jeher in Richtung Westen. In Paris oder Berlin zu studieren und zu leben war für junge Rumänen, Ungarn oder Polen eine Selbstverständlichkeit, die nie bedeutete, die Nationalität aufzugeben. Nabokov blieb russischer Schriftsteller, Ionescu und Eliade blieben Rumänen, Herbert und Polanski Polen und zumindest als Gerücht und Herausforderung ist etwas von ihren Erfahrungen in ihre Heimatländer zurückgeflossen. Daß man sein Land verlassen kann, ohne es zu ‹verraten›, daß Nationalität nichts mit einem Staat und schon gar nichts mit einem Gesellschaftssystem und nicht einmal mit einem bestimmten Territorium zu tun haben muß und trotzdem existent ist, diese Erfahrung war in Europa nirgends so selbstverständlich wie in dem Gürtel zwischen Ostsee und Schwarzem Meer, in dem, nach Hannah Arendt, «die Völkerwanderung praktisch nie zu Ende gekommen ist».

Die Bevölkerung dieser Länder hat zu Zeiten des

Eisernen Vorhangs die Tür zu Europa nie ganz zufallen lassen, und sie war es auch, die sie wieder aufstieß. Perestroika und der Fall der Mauer sind letztlich von Polen, Ungarn und Tschechen erzwungen worden. Sie stellten im sowjetischen Imperium den ewigen Risikofaktor dar, der weder durch die Niederschlagung der Nachkriegsrevolutionen noch durch den Einmarsch in die Tschechoslowakei wirklich zu beseitigen war; sie haben schließlich ihre Führungen gezwungen, den Weg nach Europa zurückzugehen, in dessen Mitte sie jetzt wiederauftauchen wie der verlorene Sohn. Ein Sohn allerdings, der nicht freiwillig weggegangen ist, sondern den man gepackt und in ein Nebengebäude des elterlichen Hauses gesperrt hatte. Sein Auftauchen irritiert deshalb so sehr, weil er allen Vorstellungen vom bescheidenen, durch erlittene Strapazen geläuterten und zu solidarischem Handeln befähigten Verwandten widerspricht. Er ist einfach nur heruntergekommen.

Das Bedrückende an dem vom Sozialismus hinterlassenen Erbe sind vor allem die moralischen, psychischen und intellektuellen Verwüstungen. Seinem historischen Auftrag gemäß hat er es geschafft, einen neuartigen Menschentyp herauszubilden, so einheitlich wie unverwechselbar von Havanna bis Hanoi, von Magdeburg bis Wladiwostok. Wie jeder neue Mensch hat er sich von oben nach unten durchgesetzt: von den brüderküssenden Politbüros bis zu den Transportpolizisten, Zugschaffnern und freiwilligen Parkwächtern. Man darf sich bei der Beurteilung des Phänomens nicht von äußeren Verhaltensweisen beeindrucken lassen: Wenn sich Mielke und Honecker jetzt im Gefängnishof begegnen, lassen auch sie die Kakerlake heraus, und die beiden Schaffner, frisch rasiert und neu eingekleidet, würden, selbst wenn sie den Mund aufmachen müßten, in keinem Politbüro der Welt auffallen. Die Einheit liegt vor allem in den inneren Werten, die für das Fortkommen in dieser Welt unerläßlich waren: eine mit einem Schuß Bauernschläue gemischte Dummheit, Korrumpierbarkeit in jeder Richtung, Faulheit, Feigheit nach oben und Brutalität nach unten, ein naiver Zynismus, wie ihn unübertrefflich Stefan Hermlin dokumentierte, als er verlauten ließ: Wenn ihr so schön wie Theo Adam und Peter Schreier singen könnt, dann dürft ihr auch ins Ausland fahren.

Das Scheitern des Sozialismus in den mitteleuropäischen Ländern bedeutet noch nicht das Verschwinden dieses sozialistischen Menschentypus. Ob er nun seine Ideologie wechselt und ein überzeugter Antisemit wird oder sie gänzlich ablegt und sich der Marktwirtschaft oder dem Taschendiebstahl widmet, in jedem Fall kennt er nach wie vor nur zwei Möglichkeiten im Umgang mit anderen: deren Untertan oder Herrscher sein.

Trotzdem haben die osteuropäischen Länder immer wieder politische Energien entwickelt, die den Geist des Widerstands wachhielten und jetzt die Chance ihres Neuanfangs sind. Der Bürgerrechtsbewegung in der Tschechoslowakei oder der polnischen Gewerkschaftsbewegung hat die DDR nichts Vergleichbares entgegenzusetzen, den Ersatz bildeten Massenflucht, Dauerdemonstrationen und der

Einfluß Westdeutschlands. Dennoch bezweifle ich, daß man es in den osteuropäischen Ländern als ein Glück ansieht, etwas zu haben, dessen Mangel für Ostdeutschland beklagt wird: Zeit und die Verpflichtung, aus eigener Kraft heraus die Gesellschaft umzugestalten. Zeit hat der Osten immer mehr als genug gehabt, ein ganzes Meer von Zeit, in dem alles andere ersoff. Der Versuch, ein ganzes Zeitalter, nämlich das kapitalistische, zu überspringen, hat sich als eine große Vergeudung von Zeit herausgestellt, was nicht so schlimm wäre, wenn die alten Götter des Ostens währenddessen nicht von der Kontemplation zu Lethargie und Stumpfsinn übergegangen wären. Jetzt weiter *warten* zu müssen, daß die Zeit sich wandelt, ist kein Vergnügen. Denn Hoffnung auf einen Wandel kann man nur in die setzen, die heute unter Zwanzig sind, die Älteren können sich höchstens noch anpassen.

Der Neubeginn, der den Ostdeutschen eine neue Währung, eine neue Staatsbürgerschaft und Verfassung, neue Gesetze und eine Administration bringt, die das alles umsetzt – er sieht bei ihren Nachbarn wesentlich unauffälliger aus. Wahrscheinlich bekommt jeder das, wonach ihn am meisten verlangte: die DDR ihre Auflösung und steigenden Wohlstand; Ungarn, Polen und die Tschechoslowakei nichts als ihre Souveränität zurück. Während die deutschen Linken klagen, daß ihnen die Zeit fehlt, eine Vergangenheit zu bewältigen, die sie hätten bewältigen sollen, als sie Gegenwart war, müssen sich ihre ehemaligen Schicksalsgefährten am eigenen Zopf aus dem Sumpf ziehen. Sie, die sich nie mit dem Sozialismus abgefunden und ihn schließlich ad absurdum geführt haben, müssen eine Suppe auslöffeln, die ihnen zuerst Deutschland und dann die Sowjetunion eingebrockt haben.

Daß der Osten den Westen einholen kann, war schon immer eine Illusion, es sei denn, er versuchte es entgegen der Uhrzeigerrichtung. Nicht der Vorsprung des Westens ist zu groß, sein Bewegungsrhythmus ist zu schnell. Als Dauer kennt er die Zeit gar nicht mehr, er hat schon zuviel davon gefressen, er hat sie aufgehoben. In ihm lcbt alles zur selben Zeit: der Steinzeitmensch und der Astronaut, die Nonne und der Android, der Hippie, der Manager und die englische Aristokratie. Auch der Osten lebte in ihm: als Kalkablagerung, als Bandscheibenschaden, als Stromausfall und Stau auf der Autobahn; als all das, was plötzlich nicht mehr funktioniert und einen auf den Handwerker oder Arzt warten läßt. Der Fall der Mauer hat die Kategorie der Zeit wieder eingeführt und damit die Sterblichkeit, schreckenerregend. Die Angst vor der militärischen Aggression ist eingetauscht gegen sämtliche alten Ängste, die sich je gegen den Osten gerichtet haben: die vor dem Chaos, vor der Armut, vor Immigration, Irrationalität, vor dem ideologischen Rückstoß, der Europa wieder in den Schoß von Nationalismus und Rassismus zurücktreiben wird. Eins wird dabei mit dem anderen vermengt und alles zusammen denunziert. Der Nationalstaat wird mit Nationalismus und dieser mit Chauvinismus gleichgesetzt, dieser wiederum mit Rassismus und Antisemitismus und alles zusammen am besten mit Kapitalismus. Und dies, obwohl die rassistische Ideologie wie die kommunistische gerade *gegen* jede nationale Begrenzung angetreten waren, nur in Jahrtausenden und Weltstaatdimensionen dachten. Beide haben verhindert, daß eine Antwort auf die Frage gefunden werden konnte, ob der Nationalstaat nach westeuropäischem Vorbild auch für Osteuropa, das ganz andere geographische und ethnische Voraussetzungen hat, eine Lösung sein kann; sie haben diese Frage einfach von der Tagesordnung abgesetzt. Wie kann man darüber verwundert sein, wenn sie jetzt wieder gestellt wird? Diese Länder kehren damit geistig noch nicht einmal bis zu dem Punkt zurück, an dem ihre Entwicklung abgebrochen und von außen bestimmt wurde. Vor dem Zweiten Weltkrieg hatten fast sämtliche osteuropäische Staaten faschistische oder klerikalreaktionäre Regierungen, sie waren in Grenzstreitigkeiten verwickelt und führten Kriege gegeneinander, bis in Jalta ein neuer Status quo festgelegt wurde, der das Ende einer Entwicklung vorgaukelte, das es nie gab.

Europa, wie es in unseren Vorstellungen existiert, ist Westeuropa. Doch Europa ist viel größer, und es ist vor allem ein Wurmfortsatz Asiens. Nur an seinem äußersten westlichen Rand hat sich tatsächlich eine Entwicklung vollzogen, deren Resultate heute das Gesicht der Welt bestimmen: die Herausbildung von Nationalstaaten, von parlamentarischen Demokratien und Industriegesellschaften. Kaum geboren, wurde dieses Modell mit dem Kolonialismus exportiert und damit gleichzeitig schon das Ende des Nationalstaates eingeläutet. Der Boden ist dünn unter diesem Europa; es sind Abgründe des Feudalismus darunter, der Sklaverei und des Despotismus in allen Schattierungen, der Stammeskriege, der Blutrache und des religiösen Wahns. Die Kolonien strömen inzwischen zurück. In London leben die Scheichs, Brüssel ist eine Stadt voller Kongolesen und Marokkaner, darunter ein paar Europäer mit Perücken und Glasaugen; Andalusien ist längst wieder in der Hand der Mauren, Süditaliens verlassene Dörfer besiedeln Afrikaner, durch Paris ziehen Beduinen, die an jede Ecke pinkeln.

Die neue Begegnung von Ost- und Westeuropa ist nur ein Vorspiel zu dem, was kommt, wenn wir tatsächlich in *einer* Welt zu leben beginnen, in der jeder die gleichen Rechte hat. Immerhin sind Europa und das aus seinem Geist geborene Amerika dabei, sämtliche nichtindustrielle Kulturen der Erde zu zerstören oder im besseren Fall zu verwandeln. Was sie dafür geben, ist vor allem eins: Waffen. An die Stelle von Dolchen treten Maschinenpistolen, an die Stelle von Kriegselefanten Panzer, Giftgas und mittlere Atombomben. Und es gibt noch viel miteinander auszutragen, eine Menge alter Rechnungen zu begleichen: Nach dem Vorbild Europas sind Nationalstaaten oder koloniale Imperien zu begründen, die von Europa gezogenen Grenzen sind zu korrigieren und seine totalitären Irrtümer zu wiederholen.

Die Situation in Osteuropa unterscheidet sich davon nicht wesentlich. Der Nationalstaat, Geburtsstätte und prägender Rahmen der Demokratie, ist östlich des Rheins nie zu einer Selbstverständlichkeit geworden – wie wäre es sonst möglich, daß sich die

Deutschen vor ihrer staatlichen Vereinigung genauso fürchten wie sie sie begrüßen? Der Anti-Nationalismus ist dabei nur eine andere Art des Größenwahns, aus den gleichen Komplexen gespeist wie sein Gegenteil: weil es nicht als selbstverständlich empfunden wird, eine Nationalität zu besitzen.

Die Angst vor der deutschen Einheit ist die Angst vor dem Osten, vor dem Wachsen und der Vermehrung, die Angst vor dem Ganzen. Der Abendländer will das geteilte Leben, in Blöcke und Fraktionen, in immer kleinere Segmente gespalten, bis es auszuhalten und leichten Herzens wegen seiner Kleinheit abzulehnen, wegen seiner Niedrigkeit zu erniedrigen ist; er will es überragen und sich nicht darin eingliedern und ihm aussetzen. Gemäß seiner naturwissenschaftlichen, nekrophilen Tradition soll das Leben analysiert und dazu in Einzelheiten aufgelöst und unters Mikroskop geschoben werden, damit man sagen kann, es enthält einen Zellkern, Zellplasma und soundsoviel Chromosomen. Als ob damit etwas gesagt wäre; als ob das Leben aus isolierten Teilen und nicht aus Austausch bestünde und die Angst davor nicht nur unsere eigene Einsamkeit und Isolation reflektierte.

Die Angst ist Angst vor Gestank, Schmutz und diffusen Vermischungen. Die westeuropäischen Länder sind in gewisser Weise von Natur aus ‹saubere› Länder, dem Meer zugewandt, durch Gebirge getrennt und homogen in ihrer Bevölkerung. Im kontinentalen Europa entfesselte Hitler eine Säuberungswut, die erst vor den blanken Knochen endete; Stalin begann, um sich nicht mit der Vielheit herumplagen zu müssen, einen ganzen Kontinent zu russifizieren. Das Resultat ist, daß es die größten Minderheiten in Mittel- und Osteuropa, die der Juden, Zigeuner und Deutschen, kaum noch gibt, daß die Völker nicht mehr selbstverständlich, wenn auch konfliktreich miteinander leben können, daß es nur noch potentielle Herrenvölker gibt. Die Angst vor dem Osten ist die Angst, daß die Unreinheit zurückkehrt, Subversion und Unterwanderung. Es ist die Angst, daß sich mit dreißig Jahren Verspätung der Satz Ionescus bewahrheitet: «Der Westen hat gesiegt, darum ist er verloren.»

Es ist die Furcht vor einer Welt, in der aus dem Kontinent der Vorstellungen einer der Realität wird und mit dem Niemandsland die Utopien aus ihr verschwinden. Ich vermisse sie nicht, das Leben *ist* ein Traum. Was anderes als eine durch und durch utopische Welt soll es sein, in der wir leben: mit einem fremden Herzen in der eigenen Brust, mit Wintergärten voller Palmen und mit Schneekanonen im Sommer, mit pünktlichen Babys, übervollen Basaren und so viel Glück, daß du nur stammeln kannst, was fang ich damit an? Alles was zum paradiesischen Leben gehört, ist bereits da und alles, was die Hölle braucht. So wie jetzt werden die Menschen bis zu ihrem letzten Tag leben: in Städten mit zwanzig Millionen Einwohnern, in videobewachten Schlössern, als Flüchtlinge über die Erde getrieben und in Zellen gepfercht, in komfortablen Häusern und unter dem nackten Nachthimmel, funkelnd von Sternen und Satelliten.

Das Glück oder Unglück ist das Glück oder Unglück aller, es gibt es nicht allein zu genießen. Du kannst es versuchen und es wie ein Stück Fleisch aus der Mitte der Meute reißen, in deine Höhle schleppen und allein verschlingen. Es wird dir nicht gelingen. Auch wenn du allein bist, sind immer alle dabei. Sie kläffen vor deiner Höhle, sie poltern im Keller, sie hocken bereits im Fernseher. Schalte ihn ein, und du wirst sie sehen. Sie sind vor allem in deinem Kopf. Der Wahnsinn ist deinem Kopf entnommen und torkelt durch die Welt. Es sind deine eigenen Träume, die von nun an im Tageskino des Leipziger Hauptbahnhofs gespielt werden.

Ich gestehe, meine Träume werden immer barbarischer. Seitdem ich rede, schlafe ich nicht mehr, habe im Halbschlaf schlechte Träume. Ich träume von Wölfen, die aus der Dunkelheit brechen, mit Kot zwischen den Zähnen. Ich träume vom Wahnsinn, der sich links und rechts von mir auf dem Kopfkissen drängelt, zwei rote Fleischlappen, lungenähnlich, pansenartig, die meine Wangen berühren. Ich träume, daß auf den Parkbänken entlang der ligurischen Küste merkwürdige Gestalten liegen, mit Sandalen, stoppligen Bärten und Beuteln auf der Brust. Sie haben schon Italien in ihrer Hand und werden bald ganz Europa besetzen, das wunderbare, gelassene, stille und arme Westeuropa. Ich träume haßerfüllt vom Schweinepriesterland. Schweine und Priester! Wer jagte wen im Schweinepriesterland? Es gab keinen Unterschied, jeder jagte jeden, bis sie als riesige Schweineherde durch die Zäune brachen, Säulen wie Knochen knackten, Dächer einstürzten und die ganze Welt ein einziges Maisfeld war.

Vor dem Ende der Utopie wurde ein anderes Ende betrauert, das der Geschichte. Alles war schon ein Danach, alle Briefe im Briefkasten aufgegeben und auf Nimmerwiedersehen in die Ewigkeit entschwunden. Die Geschichte gab es bis vor kurzem nicht mehr, jetzt ist plötzlich alles zu ihr geworden. Alles, was es immer gegeben hat, aber als Vorstellung hinter einem Eisernen Vorhang, gibt es jetzt wirklich und mehr denn je: Aufstände, Pogrome, Kriege und Revolutionen. Alle stehen wieder allen gegenüber. Die Paralyse der zweigeteilten Welt, das Interregnum des Stillstands der Zeit durch ihre Teilung ist beendet, die eine Hälfte der Menschheit kehrt aus der Utopie zurück, ihr Paradies ist geöffnet, eine Kriegslandschaft.

Das Jahrtausend im Sterben halluziniert noch einmal seine Genese: mit Kolonisation, Völkerwanderungen und heiligen Kriegen. Es endet so, wie es begonnen hat, und nur scheinbar sind der Osten und sein Lebensprinzip, von den einen asiatische Despotie genannt, von den anderen Orient, Kollektivismus und Morgenland der Poesie, am Boden. Es wird weiterleben oder auferstehen als Mafia und Mudschaheddin.

Europa wird wieder mit der Armut leben lernen, als ständige Bedrohung, als Teil des Lebens. Europa wird eins, die Welt wird eins. Das bedeutet, daß es wieder selbstverständlich sein wird, daß Polen in Berlin leben, Deutsche in Moskau, Türken auf der Krim und Russen in Istanbul, daß das Schwarze Meer wieder Binnenmeer wird, an dessen Küste ein Wald der Dinge und Menschen wächst, durch den

Mandelstams Geist begeistert und hellwach umherstreift. Im Orientexpress von Paris nach Istanbul in sechzehn Stunden! Lichterflirrendes, verruchtes Bukarest: Paris des Ostens. Und Kälte und Schneesturm und kein Heizöl – nicht nur in den Karpaten! Ich begrüße es!

Ich begrüße meine alten Nachbarn. «Kollega! Kollega!» schreien die rumänischen Zigeunerkinder den Kioskverkäufer an, nein, nicht *ein* Kaugummi wollen sie, den ganzen Lagerbestand für ihren Sack voll erbettelter Groschen! Ich begrüße die Zigeunerinnen am Trafalgar Square, die mit Säuglingen in Wickeltüchern jedem ihre Zettel entgegenstrecken: «Revolution in Romania!» Ich begrüße alle, die hokken und uns die Stuhlbeine unter dem Hintern wegschlagen. Ich begrüße die Zigeuner in Deutschland, die Polen auf ihren Märkten, die montenegrischen Hütchenspieler am Kudamm, die Russinnen im Ballhaus. Ich hoffe auf Synagogen und Moscheen in Berlin.

Ich war einmal in Andalusien, ging im Säulenwald der Mezquita von Córdoba umher: drei Religionen unter einem Dach, Moslems, Juden und Christen, das war Europa. Als ich in mein Hotel zurückkam, war die Zimmertür aufgebrochen, mein Koffer war zufrieden und leer, und die Sachen lagen über den Boden verstreut.

# 10

# Die Antiklage

Verehrter Herr Pfarrer, schon immer habe ich Ihre blonden Locken bewundert. Als ich mich Ihnen im Oktober bis auf wenige Schritte näherte, da war mir, als träte ich dem Erzengel Gabriel gegenüber. Jener, der immer neben meiner Matratze steht und wenn ich einschlafe sein Schwert fallen läßt, so daß mein Bein gegen die Bettdecke zuckt und ich weiß, ich bin nicht allein. Ich begegnete Ihnen auf der Buchmesse in Leipzig, nur zwei Steinigungswürfe von der Thomaskirche entfernt. Sie standen in der Kabine Ihres Verlages und lächelten, als gehöre er Ihnen. Nicht nur Ihr Mund, auch Ihre Augen leuchteten wie Ihre Locken. Jeden lächelten Sie an: Erkennen Sie mich? Ich bin der bekannte Pfarrer Sch. aus Wittenberg, haben Sie meine neuesten Thesen in der Zeitung gelesen, haben Sie mich bei der letzten Podiumsdiskussion gesehen? Und wenn Sie Ihr Gegenüber so lange angesehen haben, bis auch seine Augen ein Strahl des Erkennens erfüllte, so sahen Sie beiseite und dankten still Gott. Auch ich habe Sie erkannt, Herr Pfarrer, und wenn meine Augen nicht leuchteten, lag es an meiner Verwirrung, und ich hoffe, daß Sie, nachdem Sie beiseite gesehen haben, nicht still fluchten.

Meine Zerstreutheit hatte Gründe, denn mich

plagte das schlechte Gewissen, Herr Pfarrer. An derselben Stelle, an der Sie standen, hatte ich nämlich zum erstenmal das achte Gebot gebrochen und nicht nur ein Buch, nein, alle sieben Bände von Prousts «Auf der Suche nach der verlorenen Zeit» in meinen Plastiktüten verschwinden lassen und in einer Art Trance aus dem Messehaus geschmuggelt. Als ich damals auf der Straße stand und mit zitternden Händen meine Beute prüfte, stellte ich allerdings fest, daß ich nur Blindbände erwischt hatte. Ein schrecklicher Anblick: von der ersten bis zur letzten Seite waren alle Bücher leer. Seitdem bin ich süchtig nach gedruckten Buchstaben und lese alles, was mir unter die Augen kommt.

Auch Ihre letzten Thesen, Herr Pfarrer, habe ich vernommen. «*Die innerlich-psychische Lage der Ostdeutschen wird so dramatisch wie die äußerlich-soziale. Das könnte Folgen haben für die künftige Lage im geeint-getrennten Deutschland. Endlich gewonnene Pressefreiheit wird erlebt als Freiheit zur uneingeschränkten Verleumdung, zur öffentlichen Denunziation mit einem atemberaubenden Effekt. Die einen verdienen, die anderen verzweifeln am Leben, so teilt sich die Nation.*»

Welch gewaltige Worte! Mir blieben Sie im Hals stecken, und das ist auch der Grund, warum ich jetzt im Radio zu Ihnen spreche. Das Gedrucktwerden ist nämlich keine ungefährliche Sache. Auch einem Pfarrer kann, wenn er etwas anderes als seine Predigten drucken läßt, das passieren, was der respektlose Grabbe der schreibenden Frau von Varnhagen androhte, er wird als Autor behandelt. Es sei denn, der verwirrte Leser stellt sich taub, was jedoch bei der Stimmgewalt unseres vereinigten Priesterchores so gut wie unmöglich ist.

Ihr himmlischen Mächte, wieviel Pfarrer und Pastoren gibt es plötzlich in Deutschlands ehemals so atheistischem Osten! Wie viele Erzbischöfe, Bischöfe, Kantoren, Kustoden, Synodenvorsitzende und Synodale! Wo kamen sie nur alle her vor zwei Jahren? Nehmen wir einmal den Herrn de Maizière. Ganz bescheiden hatte er die Bratsche im Orchester der Sophienkirche gespielt, und plötzlich wurde aus dem kleinen Mann mit der unsichtbaren Zahnspange im Mund der Vorgeiger im evangelischen Streichorchester, der große Sieger im ersten demokratischen Wahlkampf auf ostdeutschem Boden seit 58 Jahren. Wie weit muß ein Land herunterkommen, dachte ich, daß Pastoren zu Revolutionären werden und eine Volkskammer füllen, daß die jeder Realität am weitesten entrückte Berufsgruppe, die klassischen Musiker, die zeitlosen Interpreten Mozarts und Brahms' gezwungen sind, Kabinette und Ministerien zu dirigieren?

Wie war die Luft von zarten Klängen erfüllt, die der Nordost aus der Sophienkirche herübertrug, über den Hackeschen Markt, über die in den Nächten noch immer leere Stadtmitte fegend, den kürzesten Weg über Checkpoint Charlie nehmend, bis zu den Füßen des Kreuzbergs. Wie jubelten die Geigen! Am Horizont zeichnete sich ein Deutschland ab, dessen oberste Repräsentanten auf so wohlklingende deutsche Namen wie Lafontaine und de Maizière hören. Es kam anders, wie wir wissen. Der eine rutschte auf einer Bananenschale aus, und der andere war eben doch kein richtiger Pfarrer, nur ein einfacher Bratscher im Kirchenorchester, der noch dazu nach den falschen Noten des Herrn Czerny spielte.

Aber andere und wahre Gottesmänner traten an seine Stelle. Was ist inzwischen nicht alles aus ihnen geworden! Kann es sein, daß der heilige Priesterstand einmal zum Sammelbecken für all jene wurde, die eigentlich die Berufung zu etwas anderem in sich spürten, das es aber in der DDR nicht gab: vielleicht zum Bundes- oder Landtagsabgeordneten, zum Talkshowmaster, zum Vorstandsmitglied der Raiffeisenbank? Ihr himmlischen Mächte, wie konntet Ihr zulassen, daß ein Volk, daß so die Vereine, Verbände und Organisationen liebt, nur die Wahl zwischen deren zweien hatte: entweder in die Partei zu gehen oder unter das schützende Dach der Kirche zu flüchten.

Seit langem, Herr Pfarrer, versuche ich mir klarzumachen, weshalb es mir unter diesem Dach immer etwas mulmig wurde und ich mich so sträubte, in seinem Schatten Gedichte vorzulesen. Jetzt ist es mir wieder eingefallen: ich fürchtete, auf meinen Stuhl gefesselt zu werden wie hinter mir Christus ans Kreuz und nie wieder wegzukönnen. Diese Furcht hat eine einfache Erklärung: eine Stuhlfesselung war nämlich das beeindruckendste Erlebnis während meines anderthalbjährigen Religionsunterrichts; sie traf einen Mitschüler, der einfach nicht glauben wollte, daß ein Mann namens Jesus über das Wasser laufen konnte, ohne unterzugehen, und daß er anschließend mit zwei Broten und fünf Fischen fünftausend ausgewachsene Männer fütterte und trotzdem kein Zauberer war. Der Religionslehrer (damals noch ohne Bart, aber mit sehr dicker Brille) holte kurzerhand einen Strick aus der Tasche und band meinen Mitschüler dafür auf dem Stuhl fest. Er nannte seine Ungläubigkeit Blasphemie und diese eine große Sünde.

Doch die Blasphemie, weiß ich inzwischen, ist nicht nur angesichts der christlichen Lehre eine Versuchung, auch mit den weltlichen Verhältnissen kann man blasphemisch umgehen. Nehmen wir zum Beispiel den Satz: *«Die innerlich-psychische Lage der Ostdeutschen wird so dramatisch wie die äußerlich-soziale.»* Das klingt wie aus der Apokalypse des falschen Johannes! *Die Lage wird:* das ist die verbalisierte Unausweichlichkeit, das ist das jüngste Gericht, das endgültige Ende der Welt. Und zweifellos haben Sie, Herr Pfarrer, recht: Gegenwärtig stirbt eine Welt, die man aber keineswegs mit *der* Welt verwechseln sollte: es ist die begrenzte Welt namens DDR, der man inzwischen ein *Ehemalig* voransetzt wie anderen Verstorbenen ein *selig*.

Dabei ist, seien wir ehrlich, bislang nur die staatliche Organisationsform dahingegangen und noch längst nicht die *äußerlich-soziale*, ganz zu schweigen von der *innerlich-psychischen*, die Sie nach altem Muster zum Resultat der ersteren erklären und das Individuum damit ein für allemal auf dem Stuhl der Geschichte festbinden. Wie anders schmerzhaft kann denn ein abrupter Wechsel der gesellschaftlichen Bedingungen sein, eine Notoperation bei vollem Bewußtsein, wie wir sie gegenwärtig erleben? *Dramatisch* erscheint sie mir keinesfalls, ich finde sie im Gegenteil höchst banal, weil sie für die meisten nichts als eine Frage der Umgewöhnung und der verstreichenden Zeit ist. *Dramatisch* war für mich die *innerlich-psychische Lage* vielmehr in den Jahren zuvor, in denen eine Bevölkerung eine *äußerlich-soziale Sicherheit* mit Stummheit, Dummheit, gegenseitigem Verrat und gemeinsamem Eingesperrtsein bezahlte.

Die alte Gemütslage, die zweifellos eine Form der Hospitalitis ist, verlangt nun beides zugleich: die neue Freiheit und das alte, wohlige Eingesperrtsein, das neue Geld und den alten Trott, die neue Skrupellosigkeit und das alte Versorgtsein. Wenn man die Unsicherheit, die nach dem Schleifen der Mauern eintreten mußte, dramatisiert, heißt das nichts anderes, als nach dem Verlust des alten Beelzebubs schnellstens einen neuen herbeizurufen. Das Drama, das sich gegenwärtig abspielt, ist ein Weltdrama, und zur Tragödie wird es in Armenien, auf dem Balkan, in Mittelasien und nicht in irgendwelchen neuen Bundesländern.

Die Akteure, Herr Pfarrer, die dabei die Hauptrollen spielen, sind allerdings die gleichen: es sind alte Gespenster und keine neuen, es ist der entfesselte Selbsthaß einer über Jahre asozialisierten Gesellschaft. Zum Drama in Deutschland kann es werden, wenn diese Verdrängungen mit den Verdrängungen der Westdeutschen zusammentreffen. Vor allem aber kann man diese Dramen durch Reden heraufbeschwören; man redet so lange von Weimarer Verhältnissen, bis wir sie haben, von der katastrophalen inneren und äußeren Lage, bis sie so ist.

Ist es sehr blasphemisch, wenn mich die Klagen der ostdeutschen Arbeitslosen langweilen, weil ich jetzt schon höre, worüber sie in drei Jahren, wenn sie ihre geliebte Arbeit wiedergefunden haben, klagen werden? Über die anderen Arbeitslosen nämlich, die nur von ihren Steuergeldern leben. Ich höre mir lieber die Geschichte derer an, die aufatmen, daß sie nicht mehr in ihren VEB Soundso traben müssen, sondern dorthin können, wo sie noch niemals waren. Die Geschichte des Burschen beispielsweise, der mit einer Tasche voll Bier im Zug nach München stand, heilfroh, daß der verdammte Winter endlich vorbei war und er aus Zehdenick wieder nach Freising fahren konnte, um auf den bayrischen Rummelplätzen Lose zu verkaufen und Weißwürste zu essen. Oder die Erlebnisse eines Kraftfahrers: Er hatte sich auf eine Annonce hin in Wuppertal gemeldet, dort eine Landkarte und einen Zündschlüssel in die Hand gedrückt bekommen, dazu von seinem neuen Chef einen Schlag auf die Schultern und die Worte auf den Weg: «Biste ein Kutscher oder nich? Wenn ja, dann fährste den Lastzug jetzt nach Istanbul, wenn nich, kannste wieder abhauen.» *Das* und nicht die Lamentos ehemaliger Staatsdiener in der Warteschleife sind Dramen, die den Schriftsteller bewegen.

Was höre ich? *«Endlich gewonnene Pressefreiheit wird erlebt als Freiheit zur uneingeschränkten Verleumdung, zur öffentlichen Denunziation mit einem atemberaubenden Effekt.»* Richtig, Herr Pfarrer! Bei diesem Klagelied finden Sie sich in einem Chor mit dem englischen Königshaus, dem Vater von Steffi Graf, Li Peng und dem Geist von Franz Josef Strauß wieder. Aber was kann man dagegen tun? Ein bißchen weniger Pressefreiheit, ein bißchen mehr christliche Moral und staatliche Zensur? Eine Blindseite in der Zeitung? Das ist schwer zu machen, denn wo fängt man an, und wo hört man rechtzeitig wieder auf? Was zum Beispiel meinten Sie genau mit der *öffentlichen Denunziation mit einem atemberaubenden Effekt*? Was genau sollte man verbieten? Das Nennen von ein paar Spitzelnamen durch Wolf Biermann oder daß er dafür mit dem Titel des Großinquisitors und Hexenjägers geehrt wurde? Das freiwillige Eingeständnis des vormaligen Konsistorial- und jetzigen Ministerpräsidenten von Brandenburg, daß er einige hundert Gespräche mit dem Geheimdienst seines Landes führte und dabei einige Dutzend Schnitzel verzehrte, oder die Stimmen derer, in deren Interesse er es zu tun vorgab und die es dennoch suspekt finden? Die Veröffentlichungen von Berichten der Gauck-Behörde oder die Korrekturen durch die Staatssicherheitsoffiziere?

Das ist eine sehr, sehr schwierige Frage. Auch ich würde am liebsten die ganze Presse verbieten, Fernsehen und Rundfunk sowieso, und nur noch den in Bleisatz gefertigten Buchdruck erlauben. Auch ich habe Grund zu klagen über eine Journaille, die angesichts der *endlich gewonnenen Pressefreiheit* plötzlich ihr kritisches Bewußtsein entdeckt, die pflichtbewußt die Gesänge des IM *Orpheus* druckt (zu früh und genau hatte er sich nach Eurydike umgesehen), die mit alttestamentarischem Gerechtigkeitssinn all jene verfolgt, die es gewagt haben, die Büchse der Pandora zu öffnen, und nicht nach denen fragt, die das Ungeziefer dahinein praktizierten.

Bei allem, was zu den alten Plagen an neuen Miseren noch hinzukommt: Das ostdeutsche Elend ist vor allem das Elend derer, die es beschreiben. Derjenigen, die vom alten Übel recht gut leben konnten und jetzt ein neues brauchen, weil sie sonst ohne Hemd und Hose, Schlips und Kragen, Schild, Schwert und Melone dastehen würden. Die die *äußerlich-soziale Lage* so gern mit ihrer *innerlich-psychischen* verwechseln und nicht eher ruhen, bis sie sie ihr angepaßt haben und sie im gewohnten alten Sumpf leben. *«Das könnte Folgen haben für die künftige politische Lage im geeint-getrennten Deutschland.»* Und was für welche.

Sie haben völlig recht, Herr Pfarrer: *«Die einen verdienen, die anderen verzweifeln am Leben»*, und meist sind es die gleichen wie zuvor. Manche aber verdienen und verzweifeln trotzdem am Leben. Und dann gibt es wiederum die, die am Leben weder verdienen noch verzweifeln. *«So teilt sich die Nation»*, so ist das Leben. Und obendrein ist das alles viel ernster und viel komischer, als daß es sich für Jeremiaden, Trauergesänge und Moralpredigten eignete. Denn ein Paradies, darin sind wir uns doch einig, Herr Pfarrer, gibt es weder im Himmel noch auf Erden. Es liegt ein für allemal hinter uns, und das ist ein Grund für alles mögliche, nur nicht um zu klagen.

11

# Stube und der Herr

*«Der Herr bittet Stube, noch weitere Leute wegen Mittwoch zu informieren, denn es müßten schon wenigstens hundert Mann zusammenkommen. Stube möchte wissen, was sie dann dort machen wollen. Der Herr stellt lachend fest, «uns wegschaffen lassen»… Stube meint, daß man hingehen muß. Vorsichtshalber sollte man sich auch eine Schachtel Zigaretten und eine Zahnbürste einstecken.»*
*Aus dem Protokoll einer B-Maßnahme*

*Der Herr* bittet *Stube* um ein Glas Wasser. Nachdem es Stube gebracht hat, fragt sie, was den Herrn zu ihr führt. Der Herr antwortet nicht. Dann sagt er, daß die Stille um ihn vollkommen ist. Hast du das Brummen des Kühlschranks nicht gehört, erwidert Stube, dein Husten und das Klacken, mit dem sich ein Brief im Kasten ankündigte?

Stille, sagt der Herr, ist die Abwesenheit von Sprache. Sie bedeutet die Weigerung der inneren Stimme, länger zu sprechen. Seit mehr als einem Jahr habe ich nicht gesprochen und mich nicht von der Stelle gerührt, um auch meine Gedanken ruhen zu lassen, sich zu setzen und zu klären. Wahrscheinlich verspüre ich sowenig Lust zum Sprechen, weil die Luft gegenwärtig von falschen Worten wimmelt. Schließlich sind sie frei wie die Gedanken, und es gibt keine Bosheit, Dummheit und Lächerlichkeit, die man nicht mit ihnen ausdrücken kann. Zur Zeit ist es besonders die Verlogenheit, die wahre Wortorgien feiert. Jedes Wort ist entweder selbst eine Lüge oder die Aufdeckung, die Verkleisterung oder Rechtfertigung einer Lüge. Wenn Wahrheit nur noch aus durchschauten Lügen besteht, ist das unbefriedigend. Richtig, sagt Stube, aber nur, um mir das zu sagen, wirst du dich nicht auf den Weg zu mir gemacht haben. Nein, sagt der Herr, ich komme, weil meine Sprachlosigkeit gerade heute eine entscheidende Steigerung erfahren hat und übergelaufen ist und ich unbedingt mit jemandem sprechen muß; am besten mit dir, Stube, die du mich so lange kennst. Stube fragt, was dem Herrn Schreckliches passiert ist.

Ich komme soeben aus der Super-Gauck-Behörde, antwortet der Herr, und habe jene Prozedur hinter mir, die man Einsicht in die Akten nennt. Früh am Morgen, liebe Stube, habe ich mich auf das Fahrrad geschwungen und bin über die ehemalige kalamazonische Grenze geradelt, was für mich immer wieder ein ebenso erhebendes Gefühl ist wie die nachfolgende Ernüchterung gründlich und unheilbar. Ich irrte also durch die Französische und umliegende Straßen, wo ich in alten Gebäuden neue Pförtner und in neuen Behörden alte Pförtner traf, bis ich endlich vor der richtigen Pförtnerloge stand, einen Zettel unterschreiben und meinen Personalausweis abgeben durfte und dafür eine Kennkarte um den Hals gehängt bekam. Dann stieg ich in den zweiten Stock hinauf und klopfte an einer Tür mit der Aufschrift 317. Dahinter saß in einer Glaskabine ein Mann, er erinnerte mich wegen des großen Bartes an den indischen Mönch aus dem Filmarchiv. Der Mann bat mich höflich, an der ihm gegenüberliegenden Seite des Schreibtisches Platz zu nehmen, und legte einen Stapel Papier vor mich, der mir allein durch den Modergeruch (welchen die toten Seelen der Kanzlisten so lieben) höchst zuwider war. Der

Mann sagte, daß dieser Haufen Altpapier meine Akte sei.

Nun red schon, drängte Stube, was hast du darin gefunden? Haben sie eine Wanze bei dir eingebaut, wer hat uns bespitzelt, was war mit dem Gasmann am Sonntagmorgen, gab es Frauen, die aus Berufsinteresse bei dir übernachtet haben? Der Herr antwortet, Stube solle bitte keine Details von ihm erwarten. Im Grunde, sagt der Herr, habe ich nur Worte gefunden, die Akten bestehen aus nichts anderem. Es ist das gleiche Material, das auch wir nur zur Verfügung haben, und daß wir den Großteil unseres Wortschatzes mit den Kanzlisten und Wanzen teilen müssen, verzeihe ich ihnen am wenigsten.

Jetzt, nachdem ich die Akten durchgelesen habe, fühle ich mein Leben von Akten, Wanzen und Kanzlisten vergiftet. Ich habe gemerkt, daß die Staatssicherheit für uns viel wichtiger war als wir für sie. Wir waren nur lästige Arbeit für sie. Nicht für das, was sie getan haben (das sind nur noch Worte auf Papier), hasse ich sie, sondern für das, was sie *nicht* getan haben. Daß man keine Narben zurückbehält, keine Nummern am Unterarm; daß allein ihre Existenz und ihr stärkstes Machtmittel, der *Verdacht*, genügten, um uns in Bann zu schlagen. – Stube fragt, was der Herr von der Einsicht in die Akten erhofft hat.

Der Herr antwortet, möglicherweise hat er erwartet, einen Teil seines Ichs, das in der Welt verloren gegangen ist, in ihnen wiederzufinden. Was ist überhaupt das *Ich*? fragt sich der Herr angesichts der

Akten. Auf keinen Fall ist es das, was ich denke, empfinde und fühle, was ich etwa an den Wanzen gefürchtet habe und von mir erhofft – das ist das *eingebildete* Ich. Es ist in meinem Kopf eingeschlossen und wird mit ihm von der Erde verschwinden. Wirklich wird das Ich nur in dem, was ich tue und ausspreche, und zwar so, daß es andere wahrnehmen. Das zu verhindern war das oberste Ziel von Akten, Kanzlisten, Wanzen und ihren Verwandten.

Stube bemängelt daraufhin die grobe Ausdrucksweise des Herrn. Stube, die behauptet, sich unter den diffamierend als Ungeziefer bezeichneten Kleinlebewesen auszukennen, meint, daß man da sehr genau sein muß. Man darf die unter einer Scheuerleiste eingebaute Wanze nicht zusammen mit der gleichnamigen Wandlaus aus der Familie der Ungleichflügler in einen Suppentopf werfen. Diese sind, genau wie die Kakerlaken oder gemeinen Küchenschaben, sterbliche Lebewesen, eß- und ungeheuer fruchtbar. Im Gegensatz dazu sind die von der Staatssicherheit installierten Wanzen leblose Dinger – Produkte der Elektrotechnik und nicht eines verliebten Wanzenpaares. Man kann sie ein- und ausbauen, an- und abstellen und sogar mit einem Hammer kaputtschlagen, doch immer bleiben sie dieselbe leblose Materie. Der Herr soll sich da keine Illusionen machen. Sie haben auch kein Ohr, in das der Herr sprechen kann, sagt Stube. Das Ohr sitzt hinter der Wanze. Es gehört irgendeinem Kalamazonier im Rang eines Fähnrichs oder Oberleutnants. Wenn du ihn Wanze nennst, tust du das gleiche, was die Staatssicherheit in ihren Abhörprotokollen mit uns gemacht hat: sie gab uns Namen wie *Zigarette*, *Stube*, *Fahrrad*, *Toxin*, *Hydra* und *Krake*. Auch auf *der Herr* kannst du nicht stolz sein, das ist mehr Spazierstock als Mensch. Wir waren bloße Gegenstände für sie, Ungeheuer, Gifte. Sie wollten die ganze Welt verwanzen. Auch aus uns wollten sie Wanzen machen, und wenn wir ihre Worte verwenden, wäre das ihr Triumph. Der Sieg der Einsamkeit, in der Dinge lebendig werden und Menschen zu Gegenständen.

Gut, sagt der Herr, ich werde in Zukunft zu all jenen, die sich in der Anonymität hinter den Akten verborgen haben, Kanzlisten sagen. Obwohl dieser Name viel zu schmeichelhaft ist, glaube mir, in den Akten wirst du Wanzenblicke finden, kalte Medusenaugen, mit denen sie alles erstarren lassen wollen. Die Akten sind der böse Blick des Maschinellen auf das Leben, das mehr als funktionieren will.

Oder bezweifelst du, fragt der Herr, daß ein Teil der Menschheit inzwischen zur Maschinenwelt übergelaufen ist? Die Kanzlisten haben nur den Zug der Zeit erkannt und sich mit der Macht verbündet – die ist immer Technik. Bei den technikbesessenen Nazis wurde der Mensch zur Fortsetzung eines Motors oder Gewehrlaufs, im Spätkommunismus die eines Karteikastens. Das ist dem Kanzlisten natürlich angenehmer, besser Kartei- als andere Leichen, sie sind nicht blutig. Das Resultat ist das gleiche: Bei ihrer Suche nach den Ursprüngen des kollektiven Lebens kommen sie nicht weiter als bis ins Zeitalter der Mechanik, und gerade können wir wieder erleben, wie auf handgreifliche Dinge zurückgegriffen wird: Baseballschläger, Molotowcocktails, Messer und Steine.

In diesem Zusammenhang vermutet der Herr, daß die Hinwendung zu den Gegenständen und die Sucht, sich und andere in Gegenstände zu verwandeln, vor allem ein Bedürfnis nach *Sicherheit* ausdrücken. Die Unsicherheit ist geradezu ein Kennzeichen des Lebendigen, sagt Stube. Es kann verletzt werden und verletzen, droht immer von etwas – Freude, Schmerz oder Zorn – zerrissen zu werden. Die mechanisierte Welt dagegen ist eine sichere Welt.

Ein unwiderstehlicher Hang nach Sicherheit, fügt der Herr hinzu, bestimmt das Konzept aller geschlossenen Gesellschaften, weil sie das Werk von Unsicheren sind, die sich als bedrohte Eliten fühlen. Die kalamazonische Staatssicherheit war gewissermaßen die Versicherungsgesellschaft der kalamazonischen Partei und ihrer Verbündeten. Im Gegensatz zu anderen Versicherungen zahlte sie aber wirklich: wer ihr beitrat, bekam eine Wohnung, einen höheren Posten oder Strafnachlaß im Knast. Es ging also vor allem um private Sicherheit, in zweiter Linie erst um die Sicherheit des Staates. Soviel Sicherheit muß natürlich bezahlt werden. Die Kapitaleinlage dieser ehrenwerten Gesellschaft war die vollkommene Unsicherheit aller anderen.

Der Herr meint, deshalb ist auch das Interesse an der Aufklärung der Stasi-Vergangenheit so gering. Wer möchte mit der Unsicherheit leben? Die Zukunft ist ungewiß – und hinter uns soll der Abgrund einer fragwürdigen Vergangenheit immer tiefer werden? Der Osten hat genug der Verunsicherung, und der Westen spürt mit wehmütigem Herzen, in was für einer sicheren Spielzeugwelt er bisher gelebt hat. Dem reicht die Verunsicherung offener Grenzen, schwankender Wechselkurse und steigender Steuern. Trotzdem überrascht mich das große Verständnis so vieler Panamazonier für den Verrat, sagt der Herr. Es zeigt, wie unsicher seiner selbst jeder einzelne ist. Das Arrangement mit der Macht ist ihm begreiflicher als eine Haltung, die sich freiwillig und aus unerklärlichen Gründen in Unsicherheit begibt. Denn sowohl in Ost als auch in West steht die *Gewöhnlichkeit* der Lebensexistenz in Frage, die bis vor kurzem noch die Norm war und mit dem Namen Stasi plötzlich als kriminell gebrandmarkt wird. Der Panamazonier fragt sich mit Recht, wie hätte ich reagiert, wenn ich vor der Alternative gestanden hätte, entweder ab und zu ein paar Gespräche mit dem Unterleutnant Hempel zu führen oder auf eine Wohnung mit Bad, einen höheren Posten, auf Telefon, Auto und Reisen zu verzichten – wo sein ganzes Leben doch genau darauf angelegt ist. Was bleibt vom Menschen, fragt der Herr, wenn man ihm das Machtspiel nimmt und seine Fähigkeit zur Affirmation?

Stube stöhnt. Die Sache liegt weit einfacher, sagt sie. Die Leute wollen nur nicht von ihren Gewohnheiten lassen. Schließlich leben wir in einem Land mit lauter Königen; alle sind sie einäugig, entweder auf dem linken oder dem rechten Auge blind. Die linksäugig Blinden haben ihr Ritual der Vergangenheitsbewältigung so ausgefeilt, daß sie unmöglich etwas daran ändern können. Als im Fernsehen der Film über einen Schriftsteller lief, der im Frauengefängnis von Hoheneck geboren wurde, selbst vier von acht Jahren Knast, zu denen man ihn verurteilt hatte, absaß, bevor man ihn in den Westen entließ, und der nach der Maueröffnung nun zurück nach Mecklenburg fuhr, um Gefängnis, Richter und Gefängniswärter wiederzusehen, da hieß es am nächsten Tag in der Zeitung: «Gott, was steht uns alles noch bevor? Vierzigtausend politische Häftlinge soll es da drüben gegeben haben? Werden wir uns jetzt all deren Märtyrergeschichten ansehen müssen?» – «Nein, das wollen wir nicht», sagen sie. «Zwölf Jahre Nazis reichen, an diese Brust haben wir uns wie die Klageweiber so lange geschlagen, bis das Imponiertrommeln von Gorillas daraus geworden ist. Wir sind zwar die Helden der Schuld, aber jetzt noch einmal vierzig Jahre, das ist zuviel. Das ist außerdem zu banal und zu schwierig: weil alle Generationen darin verstrickt sind, weil auch wir davon geprägt sind. Unmöglich kann man nach der Last der Vergangenheit auch noch die Last der Gegenwart tragen. Damit bleibt uns vom Leib, mit diesem stinkenden Mist. Hebt nicht den Sargdeckel auf, das laßt kalamazonische Geschichte sein, die vergangen sein soll mit dem kalamazonischen Staat.»

Wie du mir aus der Seele sprichst, sagt der Herr zu Stube. Außerdem sind die Täterstorys immer interessanter als die Berichte ihrer Opfer. Wie trostlos war seit jeher die traurige Figur des Heimkehrers aus Gefängnis oder Fremde! Diese unappetitliche Erscheinung will einem nur ein schlechtes Gewissen machen. Ganz anders der Henkersknecht: Da fasziniert das Schicksal des mißratenen Mephisto, der stets das Gute wollte, aber die unglücklichen Zeitumstände bewirkten, daß das Schlechte dabei herauskam. Da kann man sich wenigstens identifizieren, da spürt man den Hauch der eigenen Tragödie, da kann man Mitleid verschweppern: beispielsweise über das medizinische Phänomen der ewig blutenden Nieren des Epigonenhäuptlings Quallnix, der endlich als Spitzel enttarnt wurde. Das Wunder vom Prenzlauer Berg: Fritz Müller blutet wieder! Und weshalb blutet er? Wegen des bösen Wolfs, weil man ihm wegen dessen bösen Liedern auf die Nieren gehauen hat und weil der keinen besseren Dank weiß, als ihn *viehisch* zu verleumden.

Das Vieh Biermann, der Vampir, der sich nur noch an Stasiblut besaufen kann. Dreht es dir nicht auch den Magen um, Stube, wenn du mit ansehen mußt, wie man aus dem Fall Quallnix am liebsten einen Fall Biermann machen würde? Ist es etwa die Schuld des Sängers, wenn seine Stimme so unverschämt laut hallt? Doch nur, weil es ringsum so still ist und jeder das Maul hält wie eh und je. Genausowenig konnte er dafür, daß Kalamazonien so eng war und er lange Zeit der einzige, der laut und deutlich geredet und gesungen hatte, während unser aller Widerstand darin gipfelte, darum zu bitten, daß man uns diese Stimme nicht wegnimmt. Im Grunde war er damals so allein wie jetzt. Wie sollte er es nicht sein mit solchen menschlichen Eigenschaften wie Mut, Witz und Frechheit; und einer Ungeduld, die nicht wartet, bis seine Zeit durch den Abguß gerauscht und nichts als der Kalkstein der historischen Wahrheit zurückgeblieben ist. Er wird bis zum letzten Moment um sich treten und kratzen und an den Ketten des Reiches der Notwendigkeit zerren, die andere so gern beschreiben. Dafür wird er von den Visionären der Sicherheit als Verrückter abgestempelt, als durchgeknallter Narr, der keine Laterne mehr sehen kann, an der nicht ein Spitzel baumelt. Dabei ist ihm nur der gleiche Gedanke gekommen, den auch wir schon hatten, Stube: daß, wenn vorher Steine auf die Stasizentralen und Parteibüros geflogen wären, jetzt nicht so viele auf die Flüchtlingsheime hagelten; und daß es möglicherweise dieselben Leute sind, die das eine verhinderten und denen es sehr gelegen kommt, wenn das andere jetzt passiert.

Im weiteren Verlauf ihres Gesprächs kommen der Herr und Stube auf Verrat, Moral, Wahrheit, Lüge und Spitzelei zu sprechen. Der Herr meint, es bedürfe anscheinend des Zusammenbruchs von Diktaturen, damit der Mensch nicht aufhört, sich diese und andere grundsätzliche Fragen zu stellen. Stube glaubt, daß ihr die Antworten darauf nicht leichter als zuvor fallen. Moral beispielsweise gehört noch immer zu den Worten, die sie nicht in den Mund nehmen kann, ohne daß sie Sodbrennen bekommt. Manche Wörter sind unbrauchbar geworden, vor allem gehören solche mit e-Endungen dazu: Treue, Glaube, Würde, Ehre usw. Zwischen diesen Begriffen und dem, was heute nach Ausdruck verlangt, ist so eine Kluft, daß man allein daran schon verzweifeln kann. Manchmal kommt es ihr vor, sagt Stube, als bezeichneten die Worte weniger die Existenz eines Sachverhaltes als sein Fehlen, als wollten sie Brüche, Abgründe und Fehler in unserem Leben übertünchen. Vielleicht drücken die Worte nur die Sehnsucht nach etwas aus, das es nicht gibt, oder sie entstehen dann, wenn ein Sachverhalt bereits im Schwinden ist und man ihn festhalten will. Die unbezweifelbare Existenz von etwas bedarf keiner Vokabel.

Was ist nicht bezweifelbar? fragt sich der Herr. Wenn es danach geht, müßten wir stumm bleiben. Unter Moral kann man auch einfach ein gewisses Maß an Anständigkeit verstehen, also das Gegenteil von Skrupellosigkeit, Verlogenheit und Heuchelei. Die Frage ist natürlich berechtigt: Gibt es Anstand überhaupt? Kann man ihn von jemandem fordern? Kann man nach soviel falscher, nach soviel christlicher und sozialistischer Pseudo-Ethik noch eine echte erwarten? Oder ist das Bestehen auf der Amoral das einzig Ehrliche?

Stube behauptet, daß es auf keinen Fall eine Frage des Kopfes ist. Ihr ist rätselhaft, wie man im Alltag mit ständigem Moralbewußtsein über die Runden kommen kann. Sie haßt es, wenn mit Anstand um sich geworfen wird, dafür ist er viel zu selten. Man hat nur eine begrenzte Menge davon und muß aufpassen, daß sie im entscheidenden Moment nicht alle ist. Diesen Moment herauszufinden ist vielleicht am schwierigsten. Bei ihr geschieht das instinktiv, sie kann dann nicht anders, als auf altmodische Weise moralisch zu entscheiden, und das geschieht nicht aus dem Kopf, sondern aus dem Bauch heraus. Der

Anstand lebt im Bauch, entweder man hat ihn oder hat ihn nicht. Er ist eine Form von Lebenswillen.

Wahrscheinlich sind damit mehr Leute geschlagen, als man annimmt, sagt der Herr. Sonst wären die Knäste und Klapsmühlen nicht so voll. Habe ich dir schon von meinem Freund, dem Ex-Wirt aus Zeulitz, erzählt, der von sich behauptet, ein Mann der Wende zu sein? Seine Kneipe hatte er schon vor Jahren dichtgemacht, weil er sie nicht länger solch paramilitärischen Vereinen wie der Feuerwehr zum Trinken zur Verfügung stellen wollte. Statt dessen ging er in die Irrenanstalt, wo er sich die Frage zu beantworten versuchte, ob er noch lebt oder sich schon auf die S-Bahn-Gleise gelegt hat und sein Kopf im Rapsfeld liegt. Im Sommer 89 war er sich darüber immer noch nicht im klaren, im Herbst und Winter fuhr er jeden Montag mit dieser S-Bahn nach Leipzig und entrollte seine Transparente. Sie wurden immer größer, schließlich so groß, daß er Fremde ansprechen und sie bitten mußte, die zweite Stange des Transparentes zu halten. Das kostete ihn Überwindung, denn er war mißtrauisch geworden.

Bevor mein Freund Wirt in Zeulitz geworden war, schippte er Kohlen für die Kirche; dabei ließ er in seinem Kochgeschirr die ungesalzenen Mahlzeiten der evangelischen Gemeinde mitgehen, um sie den Studentenmäulern von Jena zu bringen, die die kalamazonische Revolution vorbereiteten. Er blieb auf seinem Fraß sitzen; kaum hatte sich einer der Studenten entschlossen, Revolutionär zu werden, verschwand er schon im Westen. Vielleicht hat mein Freund nicht einmal eine Akte, weder als IM noch als

OV. Er sitzt nicht in Talkshows herum, sondern mit Frau und Kindern in seiner leeren, verfallenden Kneipe, schippt wieder Kohlen für die Kirche und ist heiter und froh, weil ihn keine Freiwillige Feuerwehr mehr zwingen kann, Bier für sie zu zapfen.

Der Herr bemerkt, daß eine solche Haltung zumeist ignoriert, verachtet oder benutzt wird. Dabei ist die Welt so eingerichtet, daß es schon ein Verdienst sein kann, in ihr nicht zum Schwein zu werden. Ein Gespräch über Bäume ist eben *kein* Verbrechen, sondern eine wichtige menschliche Tat. Sie ist auch deshalb menschlich, weil sie keinen Menschen verrät. Der Verrat am Menschen findet nicht in Gesprächen über Bäume, sondern in Gesprächen über Menschen statt, in solch einfachen Sätzen wie *X hat die Absicht geäußert, in einem Telefongespräch nach langer Zeit endlich wieder einmal mit seinem Freund Y zu sprechen*, oder *Gedruckt werden diese Arbeiten bei einem Dresdner Siebdrucker. Z heißt er und wohnt Buchwitzstr. 41 oder 43. Er ist ein Siebdrucker ohne Arbeitsgenehmigung, der für bildende Künstler und Dichter in Dresden druckt.* Sätze ohne jede Lüge, präzise, wahr, Sätze, die Menschen hinter Gitter bringen können oder auf eine Weise das Genick brechen, von der sie nichts ahnen...

*Quallnix, der Epigonenhäuptling!* ruft Stube. Wer sonst kannte sich unter den Dresdnern Siebdruckern aus? Endlich wird es spannend! Sag schon, wer uns noch bespitzelt hat. Ich muß dich enttäuschen, sagt der Herr, ich habe nur Decknamen von Randfiguren gefunden. Alles deutet darauf hin, daß ohne den Oberquallnix und seinen Stellvertreter der Prenzlauer Berg ein von Bäumen überwucherter Gipfel geblieben wäre, dunkel und nebelverhüllt. Damit ist auch klar, daß er keine Erfindung der Staatssicherheit oder der Epigonen war. Wie sollte er, sagt Stube. Schließlich war das mal ein ganz normales Stadtviertel, besonders dadurch, daß die Leute, die da so dicht aufeinanderhockten, eine ziemlich brisante Mischung aus Arbeitern, Künstlern und Lumpenproletariern darstellten, aus Berlinern, Zugereisten, Betrunkenen und Nüchternen. Den ganzen Lesungskram, die freien Konzerte und Ausstellungen gab es lange bevor der Quallnix nach Berlin kam; plötzlich saß er aber mittendrin, erinnerst du dich noch? Uneingeladen und ohne falsche Hemmungen. Sofort schaltete er die Scheinwerfer der Staatssicherheit und der Westmedien ein, die Licht ins Dunkel dieser Rückzugsgebiete subversiver Elemente brachten und daraus eine *Szene* machten.

Und wie reagieren die Bespitzelten? fragt der Herr. Wie sich betrogene alte Schachteln bei der Gerichtsverhandlung plötzlich hinter den Heiratsschwindler stellen, so beteuern die betrogenen Poeten jetzt Verständnis für den Quallnix. Schließlich hat er sie einmal glücklich gemacht, hat ihnen eine Illusion gegeben, hat an dem Punkt, als die kalamazonische Literatur vor der Wahrheit ihrer Zerrüttung stand, ihr die neue Fiktion vom kollektiven Underground geschenkt. Die Frage lautet ja nicht mehr: War der Quallnix ein Spitzel? Die ist längst beantwortet. Man muß fragen, wie hat er und über ihn die Staatssicherheit Einfluß genommen, was war an unserem damaligen Leben überhaupt authentisch und was war inszeniert, gewollt, geduldet? Stube fragt, welche Ehre der Herr den Epigonen noch antun will? Sie weigert sich, den Fall Quallnix und seiner Kollegen als Szenen aus dem Künstlerleben zu betrachten. Wenn sich Schriftsteller auf die unglaublichsten Abwege locken lassen und andere selbst dorthinbringen, so gehört das zum Berufsrisiko; wenn sie der gleiche Wahnsinn, der sie zu außerordentlichen Werken trieb, auch in die Arme der extremen Ideologie jagte, mindert das nicht den Rang ihrer Dichtung. Das gehört zur Tragödie unseres Jahrhunderts. Aber was die Epigonen liefern, ist noch nicht einmal eine Farce. Das Spitzeltum gehört in einen ganz anderen Bereich, vielleicht in den der sozialen und psychischen Deformationen, auf keinen Fall aber zur Kunst. Denn nicht der Künstler wird irgendwann zum Spitzel, sondern der *verhinderte* Künstler. Niemand ist bekanntlich kunstfeindlicher als der verhinderte Künstler; eine Tatsache, die den schreibenden Spitzel übrigens mit dem berufsmäßigen Kritiker entfernt verwandt erscheinen läßt.

Jetzt geht Stube aber zu weit, meint der Herr. Obwohl er zugibt, ihm sei komisch zumute gewesen, als er in seiner Akte zwischen Verhörprotokollen, Personenbeschreibungen und diversen IM-Berichten auch fotokopierte Buchkritiken gefunden hat. Bei den Epigonen ist dabei am frappierendsten, wie sich die schizophrene Haltung der Person in der doppelten Sprachführung ausdrückt. Interessanterweise spiegelverkehrt: die geheimen Berichte sind in klaren, konkreten Sätzen verfaßt, während all das, was die Epigonen unter dem Etikett der Literatur *veröffentlichten*, in einer dunklen *Geheim*sprache gehalten wurde.

Der Herr sagt, er hat das sichere Gefühl, daß sie sich jetzt dem Zentrum der Problematik nähern. Dieser Punkt ist das *Geheimnis*. Das Geheimnis, sagt der Herr, ist die Würze jeder Diktatur. Sie umgibt sich mit der Aura eines Traumes, der entschlüsselt werden will. Und letztlich ist sie ja der wahrgewordene Allmachtstraum einer politischen Clique; wenn auch nur ihre Mitglieder sich im Besitz von Macht und Geheimnis befinden, so ist doch jeder an dieses Geheimnis gekettet, die große Masse der Nichteingeweihten dadurch, daß sie es zu entschlüsseln versuchen muß, zu deuten durch Gerüchte, zu entlarven und lächerlich zu machen durch Witze, deren hohe Kultur geradezu das Kennzeichen der Diktatur ist. Zweifellos verfügt sie damit über Wurzeln bis tief hinab zu den Urgründen der Macht; ihre Geheimniskrämerei hat nicht nur mit Machtsicherung zu tun, sie hält auch die Bindung an die Mysterien wach, in die sich staatliche und persönliche Gewalt immer gehüllt haben. Demgegenüber ist die bürgerliche Demokratie im Nachteil, denn sie ist zur Transparenz verurteilt, die sie um den Preis der Selbstaufgabe nicht trüben darf. Es bedeutet, daß sie scheinbar geheimnislos, daß sie offen und verletzlich, permanent selbstkritisch und darin bis zur Langeweile ermüdend ist. Sie muß sich fortwährend ihrer selbst versichern und hat keine andere Legitimation, als daß sie von der Bevölkerungsmehrheit gewollt wird.

Die Geheimbündelei, sagt der Herr, ist das Geburtszeichen jeder sich als revolutionär verstehenden Gruppierung. Da sie Feindin des Staates ist, kann sie nicht anders als konspirativ arbeiten. Die russischen Nihilisten und Sozialrevolutionäre, die die zukünftigen Machtstrukturen bestimmen sollten, gerieten ihrerseits in größte Abhängigkeit von den Geheimdiensten Europas. Bekanntlich wurden ihre Revolutionszirkel den Agentenzellen der Ochrana nachgebildet, einschließlich des ganzen konspirativen Firlefanzes, wie geheime Tinte und tote Briefkästen, Größenbegrenzung der revolutionären Trupps, die sich gegenseitig nicht kennen durften und erst recht nicht die Chefs ... Das sind typische Resultate meines Lieblingsstudienobjektes, der symbiotischen Beziehung, wirft Stube ein. Nicht nur Hund und Herrchen, Ehemann und Gattin und sehr gute Freunde werden sich im Laufe der Zeit ähnlich – wenn du nichts als Feinde hast, siehst du irgendwann wie dein Feind aus. Außerdem, sagt der Herr, waren schon damals die Grenzen zwischen den Feinden verwischt. Agenten der Ochrana saßen in den revolutionären Zellen und umgekehrt. Und womöglich hätte es die ganze Oktoberrevolution nicht gegeben, wenn ein anderer Geheimdienst, nämlich der des deutschen Heeres, daran nicht so brennendes Interesse gehabt hätte. Mein Herr, sagt bewundernd Stube, du hättest Historiker werden können.

Du beschämst mich, sagt der Herr, ich hasse die Objektivität. Mir kommt es nur darauf an, die völlig verdreckten Quellen der Apostel des Guten aufzuzeigen. Das ist ja das Perfide: die größten Verbrechen werden im Namen des Guten, Wahren und Schönen verübt, während die Propagandisten des Bösen nur Hand an sich selbst legen oder in der Bastille verfaulen. Zum Teufel mit den Wohlgesonnenen.

Dieses Kalamazonien war ein Geheimstaat, der sich allein für seine Mitglieder aus Geheimpolizei, Partei, Kultur und Sport verantwortlich fühlte und umgekehrt diese sich für ihn. Natürlich versuchte er so viele Untertanen wie möglich an sich zu binden, aber genau daran mußte er scheitern: Der geheime Staat hört auf zu existieren, wenn er zu groß wird. Hörst du das Geschrei, liebe Stube? Man hat uns unseren Geheimstaat genommen und verkauft unsere Geheimnisse! Der Liebhaber der Diktatur fürchtet in einem tieferen Sinne als dem der Enttarnung um seine Identität: Was bleibt von ihm ohne Geheimnis? Verkauft an die Presse, geht das, was einmal als Ersatz für Öffentlichkeit gedacht war, wieder an diese zurück.

In dieser Zeit haben sie neben politischen auch künstlerische Haltungen diskreditiert, die vor drei Jahren noch unanfechtbar schienen. Was fällt dir inzwischen ein, wenn jemand *Avantgarde* sagt, ein Wort so klar wie ein Trompetenstoß? Du meinst, fragt Stube, nachdem es von den Epigonen in ihren Wortschatz aufgenommen worden ist? Ich muß dich enttäuschen, für mich hatte es immer einen militärischen Beigeschmack. Und schließlich habe ich im Gegensatz zu dir das Statut der kalamazonischen Partei gelesen: Sie war die Avantgarde der Arbeiterklasse, ihre Vorhut und Speerspitze. So ist es kein Wunder, fügt Stube lachend hinzu, daß die selbsternannte künstlerische Avantgarde den besonderen Schutz von Schild und Schwert der Partei genoß. Das wolltest du doch hören?

Ich will sagen (sagt der Herr), die Epigonen haben den Avantgardebegriff auf ihren verschwörerischen Kern reduziert und damit den Tiefpunkt erreicht, zu dem eine Geisteshaltung verkommen kann, die sich einmal *revolutionär* oder, in ihrer verwässerten Form, *progressiv* nannte. Avantgarde ist bei ihnen nichts anderes als das auf die Kunst übertragene Weiterleben von Geheimbund-Phantasien. Genau wie die revolutionären Zellen, Zentralkomitees und Sicherheitsdienste sind sie Erben der Männerbünde und Priesterclans mit all ihren mysteriösen Kulten, Zeremonien, Initiationsriten und Geheimsprachen.

Ich will ihre spezielle Art von Verlogenheit begreifen, die sich weiter durch die Welt schwindelt, auch wenn die Staatssicherheit und ihr Geheimnis nicht mehr existieren. Denn die Lüge hat es für sie nicht gegeben, wie es die Wahrheit als Suche nie gegeben hat, nur als Besitz. Der Staatssicherheit gegenüber haben sie womöglich nie gelogen, nie verleumdet, haben ihr nur die lautere Wahrheit erzählt. Im Grunde hatten nur *sie* die Wahrheit (sie kannten sie als Geheimnis); denn nur wer lügt, kann sich in ihrem Besitz fühlen: Er behält sie für sich.

Wahrheit oder Lüge entsteht erst, wenn *zwischen* den Menschen geredet wird, sagt der Herr. Die grundsätzliche Lüge der Spitzel besteht darin, daß sie geheim und ohne das Wissen derer, über die sie sprachen, mit der Staatssicherheit plauderten. Diese kleine Verschwiegenheit (die tatsächlich Gold gegenüber dem Reden sein konnte) werden sie nie als Verrat akzeptieren, denn selbstverständlich bezweckten sie nur das Gute mit ihrem Geschwätz. Im Grunde, liebe Stube, ist es ein Adelszeichen, wenn man mit der Staatssicherheit gekungelt hat.

Der Stellvertretende Oberquallnix hat das in einem bemerkenswerten Artikel in der *Neuen Kalamazonischen Literatur* für alle, die etwas schwer von Begriff sind, noch einmal erklärt: die Staatssicherheit war das *Unterbewußtsein* Kalamazoniens, in dem sich die wirklichen, von der übrigen Gesellschaft verdrängten Prozesse abspielten und einer Lösung zugeführt wurden; nicht nur Personen, auch *Mißstände* wurden dabei denunziert; an deren Behebung arbeiteten gemeinsam Konsistorialpräsidenten, Schriftstellerverbandspräsidenten, Quallnixe und die Genossen der Staatssicherheit; daß sie das als *inoffizielle* Mitarbeiter taten, bedeutet nur, sie haben sich, da die *offiziellen* Wege versperrt waren, der Sache zuliebe auf gefährliche Nebenwege begeben. Die Staatssicherheit war also genauso inoffiziell wie die kalamazonische Subkultur, ihre Mitarbeiter gleichzusetzen mit Schwarzhändlern, Prostituierten, Schwarztaxifahrern, Geldschiebern und den Herausgebern schwarz gedruckter Zeitschriften oder Flugblätter. Alles, was kreativ war, war inoffiziell und gegenüber dem Offiziellen etwas Edles.

Mir wird schlecht, sagt Stube, ich muß etwas essen. Sie fragt den Herrn, ob er nicht auch etwas zu sich nehmen wolle, sie habe ein paar Töpfe auf dem Herd stehen. Der Herr fragt, was da drin ist. Stube antwortet, in dem einen ist drei Tage alter Grünkohl mit Rauchfleisch, Kassler Rippenspeer und Knakkern, in dem anderen sind übriggebliebene Salzkartoffeln. Grünkohl? ruft der Herr, das habe ich seit Ewigkeiten nicht gegessen. Beide verlassen den Raum.

Stube und der Herr kehren in die Stube zurück. Nachdem der Herr laut gestöhnt hat, fragt er Stube, ob sie etwas dagegen habe, wenn er seine Hose öffne. Beide sagen Prost! und trinken, den glucksenden Geräuschen nach zu urteilen, Bier. So, sagt Stube, jetzt will ich aber genauer wissen, was du in der Küche meintest, als du gesagt hast, auch ich habe schließlich meine Akte angelegt. Ich habe übertrieben, sagt der Herr. Ich wollte damit sagen, daß die Staatssicherheit nicht nur mich beobachtet hat, sondern umgekehrt ich auch sie. Meine Akte existiert zwar nur im Geiste und ist auch keine richtige Akte, aber auf jeden Fall lebendiger als die dürren Protokolle der Staatssicherheit. Und ich lasse mir von denen nicht meine Version nehmen, auch wenn sie nur auf Erinnerungen, Vermutungen und Halluzinationen beruht. Mich interessiert nicht einmal, ob der von mir Beobachtete wirklich bei der Staatssicherheit war, mir reicht, wenn er sich so benommen hat, als ob er dabeigewesen sein könnte. Mir geht es um die Kanzlistenseelen, die Büttel der Macht, wie es sie auf der ganzen Welt und in jeder Zeit gibt, wie sie aber in Kalamazonien besonders üppig gediehen. In jeder Schulklasse gab es mindestens zwei, später wurden vier daraus, vielleicht acht. Völlig unwichtig, ob sie bei der Staatssicherheit, bei der kalamazonischen Volkspolizei oder bei der Feuerwehr landeten: mit ihren militärischen und denunziatorischen Neigungen verpesteten sie überall die Luft. Hör endlich auf zu schimpfen, sagt Stube, und fang an zu *erzählen.* Willst du noch ein Bier? Hier, bitte. Nun fang schon an, ich bin ganz Ohr.

Der Herr sagt: Wie du weißt, bin ich alles andere als ein Herr. Ich war einmal ein Kind und lebte in einer Familie. Und von dieser Familie, liebe Stube, der Keimzelle allen sozialen Lebens, möchte ich dir zuerst erzählen. Da unsere Familie außerordentlich fruchtbar war und zu ihr zahlreiche Mädchen gehörten, die außerordentlich schnell wuchsen und, sobald sie damit aufgehört hatten, sich sofort verlobten und, sobald sie in nicht jugendfreie Filme gelassen wurden, sich verheirateten – blieb es nicht aus, daß zu unserer Familie einige Kanzlisten stießen. Einen brachte meine Schwester Franziska mit ins Haus, und er hörte auf den Namen Franz, ein Umstand, der als untrügliches Zeichen für eine glückliche Ehe galt. Wie man sich täuschen kann!

Ich konnte meinen Schwager Franz nie richtig leiden. Das beruhte auf Gegenseitigkeit, glaube ich. Dieses spezielle Verhältnis zwischen den Kanzlisten und mir, das ist vor allem eine Sache der Nasen. Man nimmt Witterung auf, wenn man sich begegnet, und dabei sticht jedem etwas Fremdes, ja Feindliches in die Geruchsknospen, und das Verhältnis ist ein für allemal festgelegt. Im Falle meines Schwagers war es ein Geruch nach Mottenkugeln, Lederfett und scharfer Seife. Mit anderen Worten: Mein Schwager Franz war Polizist. Kannst du dir innerhalb der Geruchswelt einen größeren Gegensatz vorstellen als den zwischen Polizisten und Hufschmieden?

Habe ich überhaupt schon erwähnt, liebe Stube, daß ich in einer Hufschmiede, in den dazugehörigen Stallungen, Schuppen und in der Küche meiner Mutter großgeworden bin? Ich entstamme also dem Mittelalter, und genauso stank ich auch. Wie ich jetzt rieche und wie selbst du schon zu schnuppern beginnst, kann dir nur eine kleine Ahnung vermitteln: damals stank ich nach Schweiß und Zigarrenqualm, nach Pferdeäpfeln, Schweinefutter, Ziegenstall, nach Hund und Katze, nach angebranntem Horn und verbranntem Grünkohl mit Rauchfleisch und Grützwurst. Für einen Polizisten eine schauerliche Geruchsmischung, entstammte sie doch jener Welt, die von der kalamazonischen Regierung zum Absterben verurteilt war. Mein Schwager, der Polizist, wehrte sich mannhaft dagegen, allzu eng mit ihr in Berührung zu kommen. Jeden Nachmittag zwischen fünf und sechs lehnte er am Küchenschrank, schnitt sich die Fingernägel und bewachte seine Ehefrau, die auf ihrem Rückweg von der Arbeit nie bei uns vorbeigehen konnte, ohne ein paar kräftige Prisen einzuschnüffeln. Vor allem paßte er auf, daß sich meine Schwester nicht an den Küchentisch setzte. Wenn sie sich erst einmal niedergelassen hatte, war sie rettungslos verloren, dann schwappte über ihr das Mittelalter zusammen, dann kamen die Kaffeekanne und Karten auf den Tisch und, nachdem die Schweine abgefüttert waren, gedämpfte Kartoffeln, und dann wurde hemmungslos erzählt. Wovon, liebe Stube? Von *früher* natürlich, wovon kann man sonst erzählen? Dieses Auflösen der gegenwärtigen Welt und Ordnung im Erzählrausch mußte unbedingt verhindert werden. Stumm wie der steinerne Gast stand mein Polizistenschwager neben meiner Schwester und wartete, daß sie endlich genug gerochen, geredet und gehört hatte und er mit ihr in die Neubausiedlung hinterm Rat des Kreises abdampfen konnte. Wenn sich meine Schwester trotzdem setzte und die Karten zu fliegen begannen (mein Schwager spielte nicht) und wenn mein Großvater und mein Vater ihre Zigarren anzündeten (mein Schwager rauchte nicht), dann ging sein Atem immer gepreßter, und er öffnete seinen obersten Kragenknopf, denn mein Schwager litt unter Asthma. Die Augen in seinem Kopf begannen mehr als gewöhnlich zu schielen, und er fing fürchterlich zu fiepen an. Trotzdem setzte sich mein Schwager niemals an den Küchentisch. Aufrecht blieb er in seinen Breeches und blankgewichsten Stiefeln am Schrank stehen und weigerte sich, eine der Asthmatabletten zu nehmen, die meine andere Schwester aus Hamburg schickte – wir befinden uns tief in den Fünfzigern.

Ein einziges Mal in seinem Leben hat er eine Westtablette geschluckt, doch das geschah im Zustand der vollkommenen Wehrlosigkeit. Als es nämlich an einem Freitagabend gegen zehn ging, meine Mutter die Kaffeekanne mit einer Flasche Eierlikör vertauschte (mein Schwager trank nicht), mein

Großvater, mein Onkel und mein Vater in ihren Erzählungen geradewegs auf das Jahr 1912 zusteuerten – verließ mein Schwager plötzlich seinen Klassenstandpunkt und legte sich laut röchelnd der Länge lang in unsere Küche. Während sich meine Schwester schreiend auf ihn stürzte und seine kaltgiftgrüne Uniformjacke öffnete, griff meine Mutter flink in die Schürzentasche, fingerte eine Asthmatablette aus dem Röllchen, warf sie meinem Schwager in den japsenden Mund und kippte ein halbes Glas Wasser hinterher.

Unterdessen kroch ich vom Sofa unter den Tisch hindurch, liebe Stube. Ich nutzte die einmalige Gelegenheit, meinen am Boden liegenden Schwager ungestört betrachten zu können. Ich sah seinen kleinen Kopf, den nach innen gedrehten linken Augapfel, ich sah den auf und zu schnappenden Mund, die glatt gekämmten Haare, von denen sich eine Strähne gelöst hatte, die nach einem Halt greifenden Hände mit den sauber geschnittenen und geputzten Fingernägeln. Und da seine Uniformjacke geöffnet war, sah ich über seinem Unterhemd zwei zaumzeugähnliche Riemen, und neben der Achsel sah ich (während ich zum erstenmal menschlichen Schweiß an ihm roch) in einem Lederfutteral seine schwarze Pistole liegen. Sie kam mir vor wie ein schweres totes Tier. Oder noch mehr wie der bestimmte Teil eines Tieres, wie der abgetrennte Penis eines Hengstes nämlich, genauso mattschwarz glänzend und anstatt zwischen Pferdebeinen unter den Achseln meines Schwagers hängend.

Merkwürdig, daß dieser junge Polizist ausgerechnet in unsere Familie einheiraten mußte. Er hätte sich keine unpassendere aussuchen können: Die Jungen waren längst über die grüne Grenze in den Westen abgewandert, und allein die sieben Geschwister meines Vaters brachten so viele Haftjahre zusammen, daß es für einen einzelnen zum Lebenslänglich gereicht hätte. Doch sie teilten sich brüderlich und schwesterlich die Delikte des Diebstahls kalamazonischen Eigentums, der Wirtschaftssabotage und des bei uns traditionell beliebten Meineides, so daß keiner länger als zehn Jahre sitzen mußte.

Es herrschte bei uns eine gewisse Distanz gegenüber Polizisten, vor allem galten sie als Personen, die zu faul waren zum richtigen Arbeiten. Mein Schwager hatte Glück: Von seiner Tellermütze leuchtete ein weißer, von eigener Hand stets glattgebügelter Bezug, der ihn von den simplen Bordsteintretern unterschied und als Verkehrspolizisten auswies. Wahrscheinlich war der *Verkehr* das einzige, was unsere Sippe mit einem Polizisten verbinden konnte. Allerdings hatte jeder seine eigenen Vorstellungen davon: während für meinen Vater Verkehr noch immer ein Kastenwagen, Leiterwagen oder eine Kutsche bedeutete, vor die man ein Paar Rotschimmel mit frischbeschlagenen und schwarzgeteerten Hufen spannte, zählte für meinen Polizistenschwager nur noch der motorisierte Verkehr. An den Sonntagen zog er regelmäßig seine Birnenhosen aus und einen Drillich an, legte sich unter eines der auf unserem Hof parkenden Autowracks und schraubte so lange daran herum, bis irgendwann der Motor ansprang. Nichts haßte ich so sehr, wie ihm dabei die Schraubenschlüssel zureichen zu müssen, diesem schweigenden, schniefenden Kerl, von dem ich nur die bestiefelten Füße sah, die ölverschmierte Hand, die nach dem stets falschen Schlüssel griff, worauf ich seine tonlos schneidende Stimme vernahm: «Den Sechzehner, habe ich gesagt, nicht den Zweiundzwanziger.»

Ein einziges Mal habe ich meinen Schwager dazu bewegt, auf einen rollenden Ball zu reagieren, obwohl er doch an seinen asthmafreien Tagen bei der Polizeimannschaft rechten Verteidiger spielte, auf einer Position also, die zu seiner Schnelligkeit und Härte paßte und dem unwiderstehlichen Drang, den Gegnern von hinten in die Beine zu fliegen. Als ich ihm den Ball zuschob, lernte ich kennen, was er unter Fußball*spielen* verstand. Er stoppte das Leder, deckte es ab und umsprang es so, daß ich, wenn ich es auch nur berühren wollte, mit meiner Nase gegen sein ausgerecktes Uniformhinterteil stieß. Nicht ein einziges Mal kam ich an den Ball; statt dessen hörte ich, während ich immer wieder von ihm zurückprallte, aus seinem Mund schallendes Gelächter; er lachte sonst nicht.

Mein Schwager Franz überlebte die Pferde, meinen Großvater, Onkel und meinen Vater. Er ließ immer neue Autokarossen anschleppen, machte aus drei kaputten eine fahrbare, aus der fahrbaren eine besser fahrbare, und aus dieser wurde schließlich ein nagelneuer Wartburg, das Resultat einer Beförderung zum Oberleutnant und stellvertretenden Amtsleiter. Zu dieser Zeit lag mein Vater in einem Leipziger Krankenhaus und kämpfte vergeblich um noch ein paar Jahre Leben. In seinen Lungen fraß der Krebs. Meine Mutter hatte immer geglaubt, die vielen Zigarren und hauptsächlich der beißende Rauch von verbranntem Horn hätten sein Leben zerstört. Ich bin anderer Meinung. Ich glaube vielmehr, er starb daran, daß er diesen Qualm nicht mehr einatmen konnte, daß es keine Pferde mehr gab, deren Hufe er beschlagen und teeren konnte.

Als mein Vater starb, kam die große Stunde meines Schwagers. Wie bereitwillig nahm er die Begräbnisformalitäten in seine sauberen Hände, wie war er meiner Mutter behilflich, die Schmiede aufzulösen und bis auf den letzten Nagel alles, aber auch alles zu verkaufen, was an sie erinnerte! Der gute Mensch verschaffte meiner Mutter sogar eine neue Existenz. Mit Begeisterung ging er daran, alle Schuppen, Ställe und Scheunen, aus denen die Tiere längst verkauft waren, abzureißen und statt dessen massive Garagen zu errichten, schweigend und von niemand anderem beobachtet als von mir.

Am unbegreiflichsten waren für mich die Steine, die er zu diesem Bau verwendete. Da in Kalamazonien Ziegelsteine, und womöglich noch in der gleichen roten Farbe, in der unser Hof brannte, ein so seltener wie teurer Baustoff waren, hatte sich mein Schwager nach einem anderen Material umgesehen. Um es gleich zu sagen: Er mauerte die Garagen aus Grabsteinen. Mein Schwager Franz nutzte dabei die guten Beziehungen zwischen unserer Familie und der Friedhofsverwaltung. Schließlich waren wir ihre besten Kunden, der Tod meines Vaters nur eines der letzten Glieder in der Kette rasch aufeinanderfolgender Unglücks- und Sterbefälle, an deren Beginn für mich das Aussterben der Pferde in unserer Gegend stand. Infolge seiner wie gedruckt aussehenden Schrift und einer nicht zu leugnenden Vorliebe für Behördengänge und Schriftwechsel in Sachen Tod hatte mein Schwager, der Polizist, trotz seiner materialistischen Grundanschauung gute Beziehungen zum Friedhofsverwalter hergestellt. Schon nach dem Tod Großvaters hatte er den Verkauf von dessen Lieblingsziege veranlaßt und anstelle des stinkenden Stalles eine Garage für seinen Wartburg gebaut – aus lauter alten Grabsteinen. Einen Monat nachdem mein Vater gestorben war, liebe Stube, fuhr bei uns ein Lastzug vor, von dessen Ladefläche ein halbes Dutzend Polizisten sprang und unseren Hof mit schwarzglänzenden und aschgrauen Grabsteinen vollstapelte.

Mein Schwager stürzte sich in die Arbeit, als ob er nie ein Polizeirevier von innen gesehen hätte. Binnen eines Jahres hatte er aus einer ehemals orangerot glühenden Ziegelstein- und Bretterwildnis, in der Generationen schwitzender und fluchender Menschen einträchtig mit Generationen von Hühnern, Schweinen, Pferden, Ziegen und Gänsen zusammen gehaust hatten, einen leergefegten Schacht gemacht, den links und rechts Garagen säumten wie Mausoleen. Ich blieb mit meiner Mutter allein in dieser Totenstadt zurück; nur nachmittags bevölkerten die Nekropole unsere neuen Kunden. Es waren ausschließlich Polizisten in kaltgrünen Uniformen, die nach Dienstschluß ihre Wartburgs, Trabants, Skodas, Sportawos und Motorroller aus den Garagen schoben, sich darunter legten und mit ihren Schraubenschlüsseln darin herumfuhrwerkten. Nachdem auch ich das Haus verlassen hatte, machte meine Mutter diesen Spaß nicht mehr lange mit, und dem falschen Friedhof zog sie den Platz im Familiengrab neben meinem Vater vor. Dort sah es noch ähnlich ziegelrot, grün und wirr aus wie früher auf unserem Hof.

Liebe Stube, die wie gedruckt aussehende Schrift meines Schwagers Franz war nichts gegen die gestochen scharfe Schrift eines Mitschülers von mir, von dem ich dir nun erzählen will. Sein Name war *Haase*, und er wußte alles. Genau wie mein Schwager schrieb auch er mit winzigen, siebzig Grad nach rechts geneigten Druckbuchstaben, doch benutzte er dazu kein Kästchenpapier, sondern zog seine Schriftzeilen auf unlinierte Blätter, in atemberaubender Geschwindigkeit und schnurgerade. Es muß dies ein Schrifttyp sein, den die Kanzlisten besonders lieben; ich begegnete ihm regelmäßig, wenn ich in meinen Akten auf handgeschriebene Notizen stieß.

Der andere Schüler, von dem ich erzählen will, hieß *Naumann* und hatte eine Sauklaue. Trotzdem wurden beide, die wir nie anders als bei ihren Nachnamen riefen, von uns als eine Einheit betrachtet. *Naumann & Haase*: das war ein Firmenname, das war das makarenkosche Musterpaar, das waren die zukünftigen Führungskader, vor denen man sich in acht zu nehmen hatte, denn der obligatorische Spitzel in jeder Klasse der kalamazonischen Oberschulen konnte nur einer von ihnen sein.

Wie die meisten meiner Mitschüler kamen auch Naumann und Haase vom Lande; besonders Naumann war der Dorfjunge noch anzusehen. Als er am ersten Schultag von seinem hochbeinigen Fahrrad mit den schlammverschmierten Reifen stieg – er hatte einen Schulweg von vierzehn Kilometern hinter sich –, brachen wir in Gelächter aus: zu hohen Schuhen und kurzen Hosen trug er ein weißes zerknittertes Hemd mit einem unter dem Kragen so fest geknoteten Pioniertuch, daß er krebsrot im Gesicht war. Nur Haase lachte nicht darüber (er lachte nie): er war bereits einen Schritt weiter und trug ein gebügeltes FDJ-Hemd.

Naumann setzte sich schweigend in die erste Bank der Türreihe, wo er vier Jahre ohne Nachbar sitzen blieb. Der clevere Haase hatte sich einen anderen Platz gesucht. Auge in Auge mit dem Lehrer hockte er in der Mittelreihe, im Zentrum des Klassengeschehens also, es kontrollierend und seine fröstelnde Fremdheit ausstrahlend. Von Anfang an vermittelte Haase den Eindruck, als ob er nicht zur Klasse gehöre. Seine Ambitionen waren auf etwas Höheres gerichtet. Im Gegensatz zu Naumann ließ er sich in keine Klassenfunktion wählen, wurde sofort Mitglied der FDJ-Schulleitung und war schon im zweiten Jahr zu deren Boß aufgestiegen. Besonders wenn er auf dem Appellplatz stand, um die Meldungen der Klassenchefs entgegenzunehmen, und seinerseits nach einer Kehrtwendung dem Schuldirektor Meldung erstattete oder starren Blickes der am Mast emporsteigenden FDJ-Fahne zusah, dann wußten wir, daß er bereits zu einer anderen Welt gehörte.

Irgendwann, liebe Stube, fiel den Lehrern zu meinem Unglück kein anderes Mittel ein, meinen Rededrang zu bremsen, als mich neben Haase zu setzen. Glaube mir, es waren die schrecklichsten Wochen meiner keineswegs leichten Schulzeit. Ich mußte es neben einem schweigenden Klumpen Fett aushalten! Einem Klumpen obendrein, der sein massiges Oberteil so geschickt über die unlinierten Blätter schieben konnte, daß ich nicht das geringste seiner makellos hingesetzten Formeln und Zahlenkombinationen zu Gesicht bekam. Genausowenig warf er jemals einen Blick auf die rechte Bankhälfte, wo ich in schönster chaotischer Offenheit meine Hefte präsentierte. Daß es mit dem Geben und Nehmen nun vorbei sein sollte, machte mich regelrecht krank! Schließlich hält es die Welt in Bewegung. Das geruchlose Schweigen und die Kälte, die Haase ausströmte, ließen im gleichen Maße, wie meine Leistungen sanken, die Temperaturen in meinem Körper steigen, ich fröstelte, mich schüttelte Fieber, mir wurde schlecht, meine Mandeln schwollen, und während Haase immer fetter wurde, magerte ich zusehends ab. Schließlich mußte ich zu Hause bleiben und mich von meiner Mutter mit Grünkohl und Rauchfleisch wieder gesund pflegen lassen. Als ich nach einem Monat in die Schule zurückkehrte, saß ein anderer Schwätzer neben Haase, und mein alter Sonnenplatz am Fenster war wieder frei.

Mit Naumann war der Umgang etwas einfacher. Immerhin gehörte er zu den Kanzlisten, mit denen man noch diskutieren konnte, wogegen einer der wenigen Sätze, die man von Haase außerhalb des Unterrichts vernehmen konnte, lautete: *Darüber diskutiere ich nicht* oder *Diskutiere nicht immer!* oder noch kürzer: *Keine Diskussionen!* Dann hatte er gerade eine Anordnung, etwa das Tragen von Blauhemden betreffend, weitergegeben. Diesen Satz sollte ich noch oft zu hören bekommen.

Es gab nämlich Zeiten, liebe Stube, in denen ich leidenschaftlich gern diskutiert habe. Die Jugend war bei mir nicht das Zeitalter der Pickel, sondern der Diskussionen. Vor allem liebte ich es, während der stumpfsinnigen Arbeit zu diskutieren, die wir im Rahmen unserer polytechnischen Berufsausbildung auf den Baustellen Kalamazoniens zu verrichten hatten. Kaum war der Lehrausbilder außer Sichtweite, brach ich eine Diskussion vom Zaun, irgendeine, über den gerade um die Ecke verschwundenen Lehrausbilder, über die Beatles und die Rolling Stones, über Chemie und Lokomotive Leipzig, über Osten und Westen. Wir legten also unsere Maurerkellen aus der Hand, suchten uns einen Platz hinter den Sauerkrautplatten und begannen zu diskutieren. Indessen mauerte Haase an der einen Ecke weiter und Naumann an der anderen; wenn die Diskussion langweilig wurde, zogen wir zu Naumanns Ecke, der seinen Mörtelkasten nie im Stich ließ, den wir aber als Vertreter der politischen Gegenposition dringend brauchten. Wenn er einmal angebissen hatte, wehrte er sich mit der Kelle in der Hand. Im Grunde setzten wir seinem Gemisch aus Zeitungsparolen und Bauernschlauheiten immer nur eins entgegen, das Wort *Freiheit*. Damit waren wir aber beim Richtigen gelandet! Wir hatten auch nicht mehr als eine Ahnung von etwas, das uns fehlte, aber Naumann wußte überhaupt nicht, wovon wir sprachen. Der Bauernjunge, der, bevor er seine vierzehn Kilometer bis zur Schule herunterstrampelte, zu Hause die Schweine füttern mußte, konnte sich nicht das geringste darunter vorstellen. «Freiheit, Freiheit?» knurrte er ärgerlich. «Was meint ihr eigentlich damit? Ihr könnt das Abitur machen, einen Beruf lernen, ihr könnt kostenlos studieren und fahrt mit dem Moped zur Schule – was wollt ihr eigentlich noch von unserem Staat?» Ihm war nicht zu helfen, er gehört zu den Menschen, in denen sich beim Hören des Wortes Freiheit absolut nichts regt. Trotzdem war er der harmlosere Fall in unserer Klasse. Immerhin nahm bei ihm die Stelle der *Freiheit* eine Menge anderer Wörter ein, wie *Arbeit*, *Schinkenbrot*, *Studium* und *Landwirtschaftliche Produktionsgenossenschaft*. Bei Haase, der in der Zwischenzeit stumm an seiner Ecke wartete, daß der Lehrausbilder auftaucht und er die Schnur höherrücken und weitermauern kann, gab es dagegen immer nur ein Wort, das diese Lücke füllte: *Macht*.

Mitunter gelang es mir sogar, mit unserem Lehrausbilder zu diskutieren. Ich wußte, womit die Alten zu ködern sind, mit *früher*. Dazu brauchte man nicht mal mit dem Krieg anzufangen, es reichten der Blick ins Dachgestühl einer Scheune und die Frage: «Meister, wie alt werden die Balken wohl sein?», und der Zimmermann kam ins Schwärmen: «Hm, hm, schwer zu sagen. Auf jeden Fall vor dem ersten Weltkrieg. Vielleicht 1912? Alle Balken aus einem Stück gehauen und nicht ein Nagel im ganzen Gestühl. Ja, unsere Vorfahren waren doch nicht so dumm, wie man immer glaubt …» Wenn man seinen Hintern noch auf die Sauerkrautplatten dirigiert hatte, dann war der Nachmittag gelaufen. Man muß die Leute einfach dazu bringen, sich zu setzen.

Bei Haase war das unmöglich, er verfolgte seinen Weg, ohne sich die kleinste Verschnaufpause zu gönnen. Jahre später, während einer montäglichen Zeitungsschau bei der Armee, entdeckte ich sein verkniffenes Gesicht auf einem Foto des FDJ-Zentralrates anläßlich irgendeines Feiertags; er stand noch ziemlich am Rande und versteckte seinen Oberkörper zwischen zwei Nachbarn. In der Folgezeit sah ich mir solche Fotos genauer an. Immer weiter rückte Haase in die Mitte des Bildes, und je mehr er sich dem Zentrum näherte, desto ungenierter zeigte er seine Massen, die inzwischen in einem ebenso hellgrauen Anzug steckten wie die von Egon Krenz; auf dem letzten Bild, als er schon direkt neben dem Zentralsekretär stand, gelang ihm sogar das zähnefletschende Grinsen seines Vorbilds. Da war es allerdings schon 1988 und ein Jahr später seine Karriere fürs erste beendet.

Von Haases Werdegang wurde ich nicht überrascht. Überrascht hat mich ganz anderes, und zwar noch während meiner Schulzeit. Als es im vorletzten Jahr darum ging, einen Studienplatz zu ergattern, meldeten sich plötzlich sieben Mitschüler als Offiziersanwärter zur Kalamazonischen Volksarmee. Zugegebenermaßen waren es nicht die Schlausten, doch immerhin hatten sie noch bis vor kurzem auf meiner Seite für Chemie-Leipzig, die Rolling Stones und die Freiheit diskutiert. Ich glaube, diese kräftigen Kerle waren einfach nicht mutig genug; bekanntlich ist der Drang zu Waffen, Uniformen und den Gefahren des Krieges ein unmißverständliches Zeichen der Feigheit.

Mit meinem Mut, liebe Stube, ist es auch nicht besonders weit her. Einen einzigen Meineid habe ich zustande gebracht, und den an der falschen Stelle. Ich schwor ihn unter einer Regimentsfahne, was mir einen achtzehnmonatigen Militärdienst eintrug; so, als hätte mein Onkel mir nie gesagt, das sei für die charakterliche Entwicklung schädlicher, als dieselbe Zeit im Gefängnis zuzubringen. Bereits nach der ersten Woche war ich so weit, mir ins linke Bein zu schießen – auch dazu reichte der Mut nicht. Meine Stärken liegen wohl auf anderem Gebiet. Der Kompaniechef, mit dem ich zu tun hatte, ein gewisser *Hauptmann Grade*, drückte das auf bildhafte Weise so aus: «Mit unserem Intelligenzler haben wir diesmal in die Scheiße gegriffen.»

Bevor ich den Anlaß für den Ausspruch schildere, muß ich noch ein paar Worte zu diesem Hauptmann Grade sagen, den es immer so aufregte, wenn ich ihn mit *Herr* und nicht mit *Genosse* anredete. Wie fatal erinnerte er mich an Haase und meinen Polizistenschwager, als ich von ihm zum erstenmal zum Regimentsfriseur geschickt wurde! Die Erinnerung an meinen Schwager wurde schon durch die grüne Uniform geweckt, die der Hauptmann trug; allerdings war die gesamte Kaserne mit diesen Uniformen voll, denn ein böser Geist wollte es, daß ich anstatt zur

Volksarmee zur Kalamazonischen Bereitschaftspolizei eingezogen wurde und mir nun, wenn ich in den Spiegel sah, ein kurzgeschorener Polizist entgegenblickte. Die tiefere Ähnlichkeit zwischen meinem Schwager, Haase und Hauptmann Grade saß allerdings *zwischen* Mützenschild und Kragenspiegeln: sie lachten nicht und redeten ungern, hatten kleine Augen, farblos dünnes Haar und eine kellerblasse Gesichtsfarbe. Ich glaube, Stube, das hing mit ihrer Vorliebe für geschlossene Räume und das Malen von kleinen schwarzen Druckbuchstaben auf Papier zusammen. Auch bei den Kanzlisten der Staatssicherheit ist mir das aufgefallen: Ihr Territorium war, entschuldige bitte, die Stube, außerhalb davon waren sie machtlos. Besonders die Straße war für sie feindliches Gebiet.

Einmal stand ich während meiner Armeezeit kurz davor, das mir so vertraute Gelände der Sandlatscher zu verlassen und in eine Stube vorzudringen. Der Hauptmann suchte nach dem ersten Halbjahr dringend einen neuen Schreiber. Da ich unter den Schäfern, Pflanzenproduzenten und Viehzüchtern der einzige Abiturient war, fiel die Wahl auf mich, und alle meine Bitten, mich lieber weiter unter der Gasmaske über den Waldboden kriechen zu lassen, wurden vom Hauptmann auf bekannte Weise beantwortet: *Darüber diskutiere ich nicht!* Da es zu den Aufgaben eines Schreibers gehörte, den Kompaniechef zu chauffieren, mußte ich am nächsten Tag in das Führerhaus eines riesigen russischen LKW steigen und mit Fahrunterricht beginnen. Doch kaum hatte ich den LKW zweimal gestartet und wie der abgewürgt, wurde ich vom Fahrerbock runtergeholt und in die Schreib-Stube befohlen. Hauptmann Grade sah mich verächtlich an. Nachdem er mir mitgeteilt hatte, daß ich nach Auskunft der Regimentsleitung ein Sicherheitsrisiko darstelle und schleunigst meine Gasmaske aufsetzen solle, fiel jener bemerkenswerte Satz: «Mit unserem Intelligenzler haben wir diesmal in die Scheiße gegriffen.»

Zweifellos hatte der Sicherheitsoffizier recht. Daß ich tatsächlich einen ausgesprochenen Unsicherheitsfaktor, und zwar nicht nur im politischen Sinne, darstellte, sollte sich im Laufe meiner Militärzeit noch beweisen.

Die Bereitschaftspolizei, liebe Stube, hatte in Kalamazonien die verschiedensten Aufgaben zu erfüllen. Wir sicherten die Straßen, wenn unsere Friedensfahrer durch die Städte fuhren, wenn Fidel Castro oder Gustav Husak Kalamazonien besuchte, wir sollten die Bevölkerung vor Gammlern und asozialen Elementen schützen und übten dazu auf dem Kasernenhof, wie man mit *Schlagstock hoch!*, *Schlagstock quer!* und *Schlagstock vor!* neben einer auf Pappfiguren spritzenden Wasserkuh hermarschiert, die von einem Schäfer aus Gransee gefahren wurde. Wir gingen auf Menschenjagd, wenn wieder einmal ein Rotarmist mit seinem Panzer in die falsche Richtung fuhr, bis ihm das Benzin ausging. Und, Stube, wir mußten in jener Nacht heraus, als die Iljuschin in das Getreidefeld bei Königs Wusterhausen stürzte... Wir kratzten die Leichenteile aus den Flugzeugtrümmern im Kornfeld und holten sie aus den Baumkronen. Wir mußten die verstreuten Koffer zusammensuchen und vor den Plünderern bewachen, die sich im Getreidefeld die Klamotten anhielten, ob sie paßten... Manche von uns brachten sich damals Splitter vom Flugzeug als Andenken mit. Trotzdem waren wir schweigsam und hatten tagelang andere Augen.

Hauptmann Grade hatte am Unglückstag übrigens Innendienst und sorgte für die Sicherheit der Kaserne. Doch etwas später war es mir vergönnt, sein Verhalten in einer außergewöhnlichen Situation zu beobachten. Unglücksfälle gab es in meiner Umgebung schließlich mehr als genug, diesmal handelte es sich um eine Naturkatastrophe. Es war im November. Schon am Vormittag war es in der Kaserne stockdunkel geworden, und am Fenster jagten Eichenblätter und Zweige vorbei. Doch der eigentliche Sturm brach erst am Nachmittag zwischen zwei und vier los, in genau jenen beiden Stunden, in denen ich Wachdienst hatte. Ich stand also auf meinem schwankenden Blechturm und sah entgeistert zu, wie der Wald um mich tanzte und taumelte (nur der Engel vom Neuen Palais stand still über dem tobenden Baummeer von Sanssouci), wie Äste durch die Luft wirbelten und zuerst die Kiefern, dann die Birken ächzend zur Seite kippten und mir im Niederstürzen zeigten, mit welch flachen Wurzeln sie sich im märkischen Sand halten. Rundum ging die Welt unter – da kamen Hauptmann Grade und Oberfeldwebel Wisch im Schutz des Munitionsbunkers auf meinen Postenturm zugelaufen. Ich dachte, jetzt holen sie mich herunter wie vom LKW, aber nein, sie taten, als seien sie auf normalem Postengang, stiegen die Leiter zu mir hoch, bauten sich vor mir auf, und ich schrie in den Sturm: «Keine besonderen Vorkommnisse!» Ich wollte noch etwas hinzufügen, aber Hauptmann Grade, der mich, seitdem ich als Scheiße enttarnt war, keines weiteren Wortes für würdig befand, winkte ab. Beide staksten die Leiter hinunter und machten sich, im Sturm verzweifelt um Haltung bemüht, weiter auf ihren Rundgang. Plötzlich sah ich zwei Uniformmützen durch die Luft wirbeln. Die Polizisten sahen sich um und rannten, als sie eine Kiefer auf sich zukippen sahen, geduckt los wie durch einen hinter ihnen zusammenbrechenden Tunnel, bis unter das Dach des Munitionsbunkers, auf das die Kiefer niederkrachte.

Den Oberfeldwebel Wisch, über den ich ansonsten den Mantel des Schweigens decken will, erlebte ich noch einmal in ähnlicher Panik. Das war im nächsten Winter, liebe Stube. Als ich Zwischenpisser geworden war, hatte man unsere gesamte Einheit aus Potsdam-Eiche in das Lausitzer Braunkohlenrevier versetzt, um den Zusammenbruch der Energieversorgung unserer Republik zu verhindern. Die Wirtschaft Kalamazoniens wurde ständig von Katastrophen bedroht, größer, als sie die Natur und abstürzende Flugzeuge jemals hervorrufen können. Wir hausten in einem riesigen Barackenlager zwischen Jugoslawen, Vietnamesen und bewachten Knastologen, die sich äußerlich von uns nur durch die gelben Stoffstreifen auf ihren Drillichanzügen unterschieden. Über allen waberten dieselben braunen Wolken aus den Schloten von Schwarze Pumpe und bepißten uns mit Rußregen. Ansonsten gab es nackte aufgewühlte Erde, frühmorgens weiß bereift, was besonders beeindruckte, wenn rot dazu die Sonne aufging und die Landschaft noch schwankte, sich zwischen Antarktis und Sahara zu entscheiden. Auf jeden Fall war es eine Erde ohne das überflüssige Beiwerk von Pflanzen und Tieren, es war die postorganische Erde, über die nur noch kilometerweit kreischende, rumpelnde, erdefressende Bagger krochen – und wir paar Überlebenden, die ihre Schrauben nachzogen, Lager schmierten und die in der Kälte gerissenen Förderbänder klebten.

Im Lagerleben aber herrschte eine göttliche Anarchie, die nicht gewisser infernalischer Züge entbehrte. Die Muschkoten soffen sich mit lizenzfreiem Bergmannsschnaps voll und liefen grundsätzlich nur noch in langen Unterhosen herum, die Wäschenummern in großen Ziffern auf den Hintern geschrieben. Sobald im Lagerkino das Licht ausging, vereinigten sich Knastologen, Jugoslawen, Vietnamesen und Bereitschaftspolizisten zu einem gewaltigen Freiheitschor, der ununterbrochen die lästerlichsten Losungen brüllte. Am beliebtesten war: *Macht dir das Leben keinen Spaß – vergifte dich mit Pumpe-Gas!* So schrie die Straße, das waren ein Flugzeugunglück und Herbststurm. Hier gaben unsere Offiziere und Kapos keinen Mucks von sich und liefen geduckt, als könnte jeden Moment ein Wald über ihnen zusammenstürzen. Nur der vertrottelte Wisch hatte das nicht begriffen, ausgerechnet mit unserem wasserkuhfahrenden Schäfer mußte er sich anlegen, nachdem der anderthalb Flaschen Bergmannsschnaps intus hatte. Wisch erwartete allen Ernstes Meldung, als wir Karten spielten. Der Schäfer erhob sich in seiner dreckigen, über und über mit Wäschenummern bedruckten Unterhose und jagte ihn, wie der Wolf das Schaf, aus der Baracke bis in einen ausgeschachteten Graben, wo er ihn so lange mit erhobener Flasche bedrohte, bis Wisch um Gnade winselte.

Solche Vergehen mußten ungesühnt bleiben, weil die Kohleproduktion für uns absoluten Vorrang hatte. Selbst auf mich wollte man nicht verzichten, liebe Stube. Wo sollte man auch hin mit mir? In welchen Winkel des Tagebaus man mich auch steckte, überall schaffte ich es, binnen kürzester Zeit eine Katastrophe zu verursachen. Ich kann von mir behaupten, in einem einzigen Winter der kalamazonischen Wirtschaft mehr Schaden zugefügt zu haben, als meine Vorfahren je im Rahmen ihrer Wirtschaftssabotage zustande brachten, welche sich auf solche Kleinigkeiten beschränkte wie unerlaubten Pferdehandel und das Verstecken von Tafelsilber, das ihnen nicht einmal gehörte. Regelmäßig brachte ich den gesamten Tagebaubetrieb von Schwarze Pumpe zum Erliegen! Unterbrach die Kohleproduktion, ließ den Strom ausfallen! Wie? Einfach indem ich schlief.

Es stellte sich heraus, daß ich für die Nachtschichtarbeit völlig untauglich bin. Am schlimmsten war es auf den sogenannten Umsetzerstationen. Das sind Kabinen hoch über den Stoßstellen, an denen ein Förderband seinen Dreck auf das nächste kippt, ein Vorgang, den man zu beaufsichtigen und zur Not mit der Schaufel in der Hand zu unterstützen hatte. Aber dieser Winter war bitter kalt! Während draußen das

Mondlicht den Tagebau in eine Gletscherlandschaft verwandelte, blieb ich in der warmen Kabine sitzen, bestellte über Funk das Nachtmahl (doppelte Portion) und fiel, nachdem ich es verzehrt hatte, regelmäßig in so tiefen Schlaf, daß mich erst die Alarmglocken wieder daraus weckten. Draußen standen alle Räder, Förderbänder und Bagger still, der Erdhaufen unter mir hatte die Kabine einen weiteren Meter nach oben gehoben, so daß ich fasziniert beobachten konnte, wie die Sonne über den von Rauhreif überzogenen Hügeln aufging, die Grube in ihr rosiges Licht tauchte und aus dem Eisgebirge wieder eine Sandwüste wurde. Durch diese Wüste näherten sich mir die schwarzen LKWs der Nottrupps, beladen mit Fässern voller Klebstoff und Flammenwerfern, meine Schicht war zu Ende.

Ich wurde später auf einen Kohlenbagger versetzt. Soll ich dir auch davon erzählen, liebe Stube? Soll ich berichten, wie ich zehn Minuten vor Silvester 1975 ein letztes Mal den Tagebau zum Schweigen brachte und ihn in tiefes Grabesdunkel hüllte? Daß ich zum erstenmal für meinen Schlaf Lob erntete, als mich die Schmierfrauen weckten und in den Mannschaftsraum geleiteten; daß auf dem Tisch Kerzen und Flaschen mit Bergmannsschnaps standen und die Besatzung beisammensaß und trank und auf den Glockenschlag im Transistorradio wartete, und wie dann im gesamten Tagebau die Alarmglocken schrillten?

Nein, ich werde von meiner letzten Begegnung mit Hauptmann Grade erzählen, denn das ist unser Thema. Vor der Abkommandierung in die Braunkohlengruben hatte er sich gedrückt, der Fuchs. In der Kaserne hatte er uns aufgelauert und zum Schikanieren jetzt noch drei Tage Zeit, während derer wir Waffen säubern, den Spind räumen, die Uniformen und Stiefel übergeben und unsere Laufzettel abstempeln lassen mußten. Als mich Hauptmann Grade zu Gesicht bekam, teilte er mir mit, wenn ich wieder nach draußen wolle, hätte ich mich am nächsten Tag mit frischgeschnittenen Haaren in der Schreibstube zu melden. Zugegeben, ich lief wie ein Penner herum, mit Zigarre im Maul, in Unterhemd und einer Trainingshose, die nur noch durch den Gummizug zusammengehalten wurde. Auf all das hätte ich verzichten können, nur nicht auf die Haare, die mir im Braunkohlenwinter in der Schwarzen Pumpe gewachsen waren. Ich wusch mir also den Kopf, ließ mir vom Schäfer ein paar Spitzen abschneiden und den Nacken rasieren, bis er brannte, und trat so bei dem Kompaniechef an. Hauptmann Grade warf einen kurzen Blick aus seinen eisgrauen Augen auf mich und bellte: «In zwei Stunden melden Sie sich mit einer vorschriftsmäßigen Kurzhaarfrisur zurück, sonst schneide ich Ihnen die Haare persönlich.» Diese Haare, liebe Stube, waren mir so wichtig, daß ich mich die nächsten beiden Tage im Heizungskeller versteckte.

Am letzten Abend kam ich wieder nach oben. Wir vier Sandlatscher setzten uns an den Tisch, begannen Karten zu spielen, Geschichten aus der Braunkohle zu erzählen und die letzten Flaschen Bergmannsschnaps auszutrinken. Nach der zweiten Flasche erhob sich der Schäfer und griff mir in den

Ausschnitt meines überreich numerierten Unterhemdes. «Wie siehst du Schlampe eigentlich aus?» fragte er. «Ist das nicht ein Armeeunterhemd? Willst du dich etwa so bei deiner Familie blicken lassen?» und, ratsch!, zerriß er das Unterhemd in zwei Teile. Daraufhin zerriß ich sein Unterhemd. Daraufhin nahm sich der Schäfer das numerierte Unterhemd unseres Tierzüchters vor, der Tierzüchter griff in das reich numerierte Unterhemd unseres Pflanzenproduzenten, woraufhin der mir den Gummizug meiner Trainingshose zerfetzte und ich ihm dafür die Unterhose vom Leibe riß. Zum Schluß, als wir nur noch mit den Bündchen unserer Unterhosen und Unterhemden bekleidet waren, ging die Tür auf, und Hauptmann Grade stand in unserer Stube. Nackt und besoffen grinsend nahmen wir Haltung an; wortlos verließ der Offizier den Raum.

Als wir am nächsten Morgen so auf dem Kasernenhof antraten, wie wir ihn betreten hatten – in alt gewordenem Zivil und mit einer Reisetasche neben den Füßen –, lief Hauptmann Grade die Reihen ab, bevor er dem Regimentskommandeur unsere Abmarschbereitschaft meldete. Er blieb kurz vor mir stehen, sah auf meinen rotrasierten Nacken und die ungeschnittenen Haare. Da er mich nicht erschießen konnte, ging er weiter.

Stube fragt den Herrn, ob er nicht eine Pause machen möchte. Unmöglich, antwortet der Herr. Noch ein Glas Bier würde nichts schaden, aber ansonsten müßte sich Stube darauf einrichten, ihm ohne Unterbrechung bis zum glücklichen Ende zuzuhören.

Kannst du dich entsinnen, fragt der Herr, wie ich kurz nach der Armeeentlassung zu dir gezogen bin? Unter uns wohnte ein Mieter, den du unmöglich vergessen haben kannst. Er hatte ein ähnliches Teiggesicht wie der Hauptmann, nur steckten anstelle von grauen Steinen zwei dunkle Korinthen als Augen darin. Er trug auch keine Uniform. Als ich das erste Mal an seiner Tür klingelte, klopfte und schließlich mit der Faust dagegen hämmerte, trat er mir in einem rotweinfarbenen Morgenrock und mit schwarzen Seidenpantöffelchen an den Füßen entgegen. Er sah mich an, als hätte ich ihn gerade vom Bidet oder aus einer Konferenz mit dem Christkind geholt. Daß er mein Klopfen nicht hörte, hatte einen einfachen Grund: Seine Ohren wurden von anderen, himmlischeren Klängen verstopft.

Erinnerst du dich, Stube, an die abscheuliche Musik, die im Winter jeden Mittag, nachdem der Kerl aufgestanden war (er arbeitete als Kellner im *Thüringer Wald*) bis zum Beginn seiner nächsten Schicht durch Fußboden und Ofenloch bis zu uns drang und mich fast in den Wahnsinn trieb? Es war die fürchterlichste Musik, die ich je gehört habe. Es klang ungefähr so, wie wenn der betrunkene Udo Jürgens immer wieder die gleichen Weihnachtslieder ins Mikrophon kräht und sich dazu auf einer verstimmten Hammondorgel begleitet. Am schrecklichsten aber war die Lautstärke, die der Kellner auf keinen Fall zu drosseln bereit war. Er erklärte mir auch, warum. Er probte nämlich sein neues Solo-Vorweihnachtsprogramm, mit dem er durch die Feierabendheime der kalamazonischen Hauptstadt ziehen und den Lebensabend unserer Alten versüßen wollte.

Doch ich wollte noch nicht sterben! Ich wollte auch dieses und das nächste Weihnachten überleben und nicht jeden Nachmittag unter dem leise rieselnden Schnee eines Kellners aus dem Thüringer Wald begraben werden. Also zog ich noch einmal vor seine Tür und pochte daran wie Knecht Ruprecht. Diesmal redete der Kellner Klartext mit mir. Er machte mir deutlich, daß er, wenn ich ihn weiter bei seiner Arbeit störe, Meldung bei seinem obersten Dienstherrn im Ministerium für Staatssicherheit machen müsse, weil ich ihn bei der Ausübung gesellschaftlich wichtiger Tätigkeiten behindere. Er deutete an, daß dies ernste Konsequenzen für mich haben könne. Schließlich sei er langjähriger Mitarbeiter des Ministeriums, und bevor er sich mit musikalischer Sterbehilfe befaßt habe, sei sein Hauptbetätigungsfeld die Hilfe bei der Resozialisierung straffällig gewordener männlicher Jugendlicher gewesen. Ob ich wissen wolle, was das heiße, fragte er eine Spur freundlicher, wenn ich ihm in seine Wohnung folgen würde, könne er es mir erklären. Ich zog es vor, zurück zu dir zu gehen. Eine Treppe tiefer war ich machtlos, das mußte ich mir eingestehen. Warum lachst du, Stube?

Du läßt dich zu leicht hinters Licht führen, sagt Stube. Kennst du nicht die Geschichte vom Theaterintendanten aus Mittweida? Mir hat sie *Zigarette* erzählt, die dort ihre Karriere als Beleuchterin gestartet hat. Der Direktor des Stadttheaters konnte drei Jahrzehnte lang sein Ensemble tyrannisieren, weil ihn jeder für einen Offizier des Ministeriums für Staatssicherheit hielt. Er selbst tat nichts gegen das Gerücht, in vertrautem Kantinenkreis ließ er sogar einmal seinen Dienstgrad durchblicken, er war mindestens Major. Von der Putzfrau bis zu den Regisseuren hielt er so das gesamte Theaterpersonal in Schach, und darüber hinaus mußten sich die Einwohner von Mittweida in jeder Saison ein neues von ihm verfaßtes, vertontes, inszeniertes und mit ihm und seiner Ehefrau in den Hauptrollen besetztes Produktionsstück ansehen. Du kannst dir vorstellen, wie man auf den Tag wartete, an dem sich auch in Mittweida die Aktenschränke öffneten und man Rache nehmen konnte. Aber die Offenlegung der Akten brachte nur eins ans Licht: Der Intendant war nie in seinem Leben Staatssicherheitsoffizier gewesen, nicht einmal ein simpler IM; alles, was da dreißig Jahre lang gespielt wurde, war *Theater*.

Lassen wir den Kellner, sagt der Herr, er quälte uns nur zwei Winter lang, dann war er verschwunden, und seine Tür zierten zwei grüne Siegelkleckse mit einem kurzen Bindfädchen dazwischen. Wohin kann es ihn verschlagen haben? Ist er seinen Alten aus dem Feierabendheim gefolgt, oder hat man ihn dorthin gebracht, wo seine geliebten straffälligen männlichen Jugendlichen sitzen, bevor sie resozialisiert werden? Wir wissen es nicht. Wir sind auf Vermutungen angewiesen. Doch was ist die Geschichte ohne Phantasie?... Ein Stück totes Holz, antwortet Stube, ich habe davon gehört. Der Herr sagt, auch bei der Geschichte, die ich dir jetzt erzählen will, bin ich auf Vermutungen angewiesen, obwohl sie auf einen konkreten Hinweis in meiner Akte zurückgeht. Auf der Seite 735 meiner Unterlagen machte mich eine Notiz stutzig, die etwa so lautete: *Inoffiziell wurde bekannt, daß sich der arbeitslose, angeblich als Schriftsteller tätige Herr bei der bekannten Weissenseer Grafikerin Agnes Moosleitner (OPK Brennessel) aufhielt, um dort einige Telefonanrufe zu tätigen. Nachdem er den Raum verlassen hatte, wurde auf dem Fußboden dieser Zettel gefunden. (HIM Ofenhaken)* Die Seite 736 bestand aus einem abgerissenen fettigen Zettel, auf dem, zweifellos von meiner Hand geschrieben, folgende Worte standen: *3 Flaschen Bier / 1 Kilo Kartoffeln / 1 Glas Grünkohl / 1/2 Pfund Schweineschmalz / 2 Knacker / 1 Pfund Kassler / oder 1 Pfund Rauchfleisch / oder 1 Pfund mageren Speck / oder 1 Pfund fetten Speck / fragen, ob Grützwurst reingekommen!*

Agnes Moosleitner ist über jeden Verdacht erhaben. Allerdings hat sie, wie nicht nur operativ bekannt, häufig wechselnde Männerbekanntschaften, bei deren Auswahl sie nie besonders wählerisch war. Je angestrengter ich darüber nachdachte, desto mehr fiel mein Verdacht auf einen Mann mit auffällig blassem Gesichtsausdruck, der jahrelang in Agnes' Küche herumgesessen und Holunderbeersuppe gekocht oder Zwetschgenmus eingeweckt hatte. Irgendwann hielt er sogar einen Säugling im Wickeltuch, der die gleiche blasse Gesichtsfarbe, die Glubschaugen und dunkelblonden Fusselhaare wie er hatte – und die gleiche überdimensionale und etwas nach oben gebogene Nase. Der *HIM Ofenhaken*! Ich recherchierte weiter, sprach offen mit Zigarette und schonend mit Brennessel, und allmählich formte sich vor meinem geistigen Auge die Geschichte des Paul Pawlowski, ehemals Oberleutnant beim Ministerium für kalamazonische Sicherheit, alias HIM Ofenhaken. Hier ist sie:

Paul Pawlowski war ein Arbeiterkind vom Prenzlauer Berg. In seiner Jugend, die in die Mitte dieses Jahrhunderts fiel, hatte er Koch im Regierungskrankenhaus des Klinikums Berlin-Buch gelernt. Dieser begehrte Ausbildungsplatz wurde ihm zugeschoben, weil sein Vater, ein strammer Trinker, bei der berühmten Schlägerei zwischen Kommunisten und Nazis im *Oderkahn* anno 1932 auf der richtigen Seite prügelte und dabei sein rechtes Auge verlor. Paul fuhr also jeden Morgen mit der S-Bahn nach Buch, zeigte dem Pförtner seinen Ausweis, ließ sich vom Sicherheitsbeauftragten des Regierungstraktes durchsuchen, ging dann zur Küche, um sich umzukleiden, die Hände zu waschen und zu warten, bis sein Lehrausbilder und Chefkoch kam. Der Chefkoch vollführte jeden Morgen die gleiche merkwürdige Zeremonie. Immer, wenn er seine Kochmütze aufgesetzt und sich die großen roten Hände gewaschen hatte (auf Sauberkeit wurde in der Klinikumsküche großer Wert gelegt), holte er aus seiner Aktentasche ein großes, einem Besteckkasten ähnliches Etui und entnahm ihm neun unterschiedlich lange spiegelblanke Messer, auf deren Stahl zwei Strichmänner eingraviert waren, von denen einer den Arm hob. Der Koch breitete die Messer auf seinem Küchentisch aus wie der Chirurg die Instrumente vor der Operation. Dann begann er sie lange und gründlich zu wetzen.

Paul sah dabei fasziniert zu. Doch nicht erst das Blitzen der Schneiden und die Wetzgeräusche reizten ihn; am aufregendsten war der Moment, wenn der Koch das Etui öffnete und Paul Pawlowski ein ganz besonderer Geruch in die schon damals große Nase stieg. Es roch überhaupt nicht nach Fleisch oder Fett, sondern fremdartig, kühl und auf eine bestimmte Weise aseptisch, die bei Paul jedesmal eine Erektion hervorrief. Auch ohne das Geständnis des Chefkochs, daß diese Messer in Solingen hergestellt wurden, hätte Paul gewußt: Nur der Westen riecht so.

Zum erstenmal hatte er diesen Geruch wahrgenommen, als ihn sein Vetter auf einem seiner Streifzüge durch die Bernauer Straße bis über die Sektorengrenze führte, zwischen die Buden der Geldwechsler und Schwarzhändler, vorbei an erleuchteten Zeitungskiosken, Imbißständen und Läden. Die ganze Welt war hier voll von diesem Geruch. Selbst die dunkle Nebenstraße (in der Dunkelheit konnte Pawlowski besonders gut riechen) duftete, durch die Paul nun bis zu einem Wohnblock geführt wurde, an dessen Ecke ein Kaugummiautomat hing. Er steckte zwei Münzen in den Schlitz, zog an einem Knopf, und unten kullerten ein Totenkopf und wie von einem Pillendreher gefertigte, runde Kaugummikugeln heraus. Alles hatte den gleichen unaussprechlichen Geruch: die verschwundenen Münzen, der Totenkopf, der Kaugummi, der Häuserblock, der Automat. Und der dünne Schnee auf der Straße, die Nacht darüber, die sauber blitzenden Sterne und das rotblinkende Flugzeugdreieck, das ihre Bahn kreuzte. Vielleicht ahnte Paul Pawlowski schon damals: Der Westen riecht nach dem Weltall, nach einer nicht irdischen Welt, in der die Moleküle und Atome anders geordnet, ja aus fremder Substanz sind.

Paul Pawlowski kam mit einer so gewaltigen Erektion nach Hause, daß sein Ofenhaken sich erst entspannte, nachdem sein Vater ihm das rechte Auge blau gehauen hatte. Nie wieder kaute Paul Kaugummikugeln; nie wieder ging er bis ans Ende der Bernauer Straße, und als wenig später eine Mauer den Weg dorthin versperrte, war er erleichtert.

Zum Glück gab es in der Küche des Regierungskrankenhauses Berlin-Buch nicht nur den Geruch nach Solinger Eisenwaren. Wenn Paul Zwiebeln schnitt oder Kartoffeln schälte, wenn er Rotkohl für Walter Ulbrichts Lieblingsgericht raspelte, Saure Eier mit Rotkohl und Vanillepudding, oder wenn er ein Huhn für die Nudelsuppe Erich Honeckers entbeinte und zur Abrundung des Geschmacks zwei Brühwürfel hineingab, da war die Welt für ihn in Ordnung. Paul machte diese Arbeit Spaß. Da selten mehr als zehn Patienten im Krankenhaus lagen und andererseits vierzehn Köche für deren leibliches Wohl arbeiteten, konnte man sich auf jeden Kranken einstellen und sich seine Eigenarten problemlos merken. Stoph aß am liebsten überhaupt nichts, Mielke von früh bis abends Buletten (mit viel Senf), Sindermann für sein Leben gern Champignons aus der Büchse, die man nur aufzuwärmen und leicht nachzusalzen brauchte; und mit Vanillepudding als

Nachtisch konnte man wirklich jedem eine Freude machen, Walter Ulbricht in seinen besten Zeiten verdrückte bis zu sechs Portionen davon.

Die kalamazonische Führung war sehr genügsam, das muß man sagen. Bis auf den einen Problemfall, den es überall gibt. Hier war es die erste Ehefrau des Genossen Kurt Hager. Sie rächte sich für die Scheidung, indem sie sich als Dauerpatientin in Buch einquartierte und darauf bestand, jeden Morgen frische, vom Dauerfrostboden Sibiriens tiefgekühlte Moosbeeren mit einer Aeroflot-Sondermaschine eingeflogen zu bekommen. – Aber es gab auch viel Abwechslung im Krankenhaus! Insbesondere nach der internationalen Anerkennung Kalamazoniens häuften sich die Fälle, wo Regierungsdelegationen aus fremden Ländern, ungewohnt der kalamazonischen Küche, die ihnen auf den Empfängen gereicht wurde, nach Buch zum Magenauspumpen kamen. Einmal wurde es sogar ausgesprochen gefährlich. Der Hofstaat des Emirs von Bahrein einschließlich seiner Haremsdamen besetzten für eine Woche das Regierungskrankenhaus. Sämtliche Ärzte, Krankenschwestern, Küchenkräfte und Sicherheitsbeamten trieb die Leibwache im Schulungsraum des Objektes zusammen und postierte davor zwei Wächter mit israelischen Schnellfeuergewehren im Anschlag. Das Weiß arabischer Kaftane hatte das Weiß der Krankenschwestern und Köche besiegt. Jedesmal, wenn Paul Pawlowski während dieser Woche auf Toilette ging (und er ging oft), sah er vor den Zimmertüren Araber sitzen, die sich mit der einen Hand in den Zähnen stocherten und mit der anderen ihr Gewehr auf dem Schoß hielten. Und Paul sah noch andere Dinge! Ganze Hammel schleppten die Beduinen auf ihren Schultern in die Küche, Körbe voll türkischem Honig hinterher, mit Früchten, Meeres- und Landtieren, die Paul noch nie gesehen hatte. Und dann fing es in der Küche zu hacken und brutzeln an, und Düfte nach Hammelfleisch, Knoblauch, Olivenöl und unbekannten Gewürzen zogen durch die Türritzen in den Schulungsraum, daß Paul Pawlowski fast die Sinne schwanden.

Trotzdem atmete Pawlowski auf, als der Scheich wieder gesund war und das Leben im Krankenhaus den gewohnten Gang nehmen konnte. Jetzt wurde ihm auch bewußt, was er an den eigenen Sicherheitskräften hatte, die, anstatt mit dem Schnellfeuergewehr herumzufuchteln, ihm nur über die Schultern sahen und jede Moosbeere, jede Bulette, jeden Vanillepudding, jedes saure Ei und jeden Teller Nudelsuppe kosteten, bevor sie in die Krankenzimmer verschwanden. Manchmal standen sie Paul allerdings etwas zu dicht auf den Hacken. Gern hätte er sich zum Beispiel an einem gewissen Montagmittag den diensthabenden Genossen ein Stück weiter weg gewünscht ...

Doch der diensthabende Unterleutnant Hempel war besonders aufmerksam. Als Paul Pawlowski eine Tüte mit Vanillepulver aufriß, um es in die Milch zu quirlen und daraus einen Extrapudding für den kranken Walter Ulbricht zu kochen, kitzelte ihm ein Geruch die Nase, der augenblicklich sein Glied in der Hose ein Stück anhob. «Was ist, Genosse Lehrling?» fragte Unterleutnant Hempel. «Warum zögerst du?» – «Ich weiß nicht, Genosse Unterleutnant», antwortete Paul, «aber mit dem Vanillepulver stimmt etwas nicht. Es riecht anders als sonst. Es riecht, es riecht... irgendwie nach Westen.» Unterleutnant Hempel nahm die Tüte und hielt seine Knollennase darüber. «Unmöglich», sagte er, «ich rieche nichts. Da man aber nicht vorsichtig genug sein kann, werde ich es ins Labor bringen und untersuchen lassen.»

Die chemische Analyse ergab, daß *besagtes Puddingpulver aus nichtsozialistischer Produktion* stammte, *mit hoher Wahrscheinlichkeit aus der Giftküche des bekannten Dr. Oetker*, daß dieses Pulver, *von Spionen in Tüten unserer «Puddinga»-Produktion geschmuggelt, für die schwere Krankheit des Genossen Ulbricht verantwortlich* war. *(Streng geheim!) Erst durch den Umstand, daß der Genosse Lehrling Pawlowski im Rahmen seiner Ausbildung mit der Puddingherstellung beauftragt wurde, konnte dies entdeckt werden. Der Genosse Paul Pawlowski ist unbedingt für die Mitarbeit als* IM *der Abt. XIII A zu gewinnen. (Geheim!)*

Wenige Tage nach diesem Vorfall wurde Paul in das Schulungszimmer gebeten. Dort erwartete ihn ein Mann in Zivil, der sich als Oberstleutnant des Ministeriums für Staatssicherheit vorstellte und mit Paul ein streng vertrauliches Gespräch zu führen hatte. Dieser Mann erklärte ziemlich umständlich (er atmete schwer durch die Nase und hatte einen kleinen Kopf), daß er mit dem Aufbau der neugeschaffenen Abt. XIII a beauftragt sei, die sich nach ihrem Aufgabengebiet AROMA, GERUCH & GE-

STANK nannte, und daß es dort für eine talentierte Kraft wie den Genossen Pawlowski ungeahnte Aufstiegsmöglichkeiten gäbe. – Paul bat um etwas Bedenkzeit. Er hatte an seiner Arbeit als Koch Geschmack gefunden; im Grunde fühlte er sich als Künstler, der sich in seinem Tun verwirklichen und den Menschen obendrein Genüsse verschaffen kann. Kochkunst: Das ist etwas. Doch was soll Geruchskunst sein? In Kalamazonien war sie völlig unbekannt. Für Paul war das Riechen eine rein rezeptive Angelegenheit, die seine Geruchs- und Geschlechtsorgane vor allem peinigte und ihm keinerlei Erlösung verschaffte.

Als Paul das Papier, das ihm der Oberstleutnant dagelassen hatte, am nächsten Tag immer noch nicht unterschrieben hatte, winkte ihn der Pförtner nach Dienstschluß in seine Kabine. Entgegen seinen Gewohnheiten öffnete er Pauls Aktentasche und zog daraus – wie ein Zauberkünstler aus dem Zylinder – ein Huhn, ein Glas Moosbeeren und eine lange Salami hervor. Damit war Paul Pawlowskis Schicksal entschieden. Gerade hatten sich seine Füße bis zur respektablen Schuhgröße 48 ausgewachsen, mußte er sie schon in ein Paar Stiefel zwängen. Unmöglich, liebe Stube, kann ich dir seine ganze Entwicklung bis zum Oberleutnant und späteren HIM Ofenhaken schildern; unumstritten ist, daß ohne Paul Pawlowski der Aufstieg der HA *XIII a* zu einer der wichtigsten Sektionen im Ministerium für kalamazonische Sicherheit undenkbar gewesen wäre.

Anfangs verbrachte Paul seine Arbeitstage noch in einem Hinterzimmer der Hauptpost in der Eberswalder Straße, um aus Briefen und Paketen ungenehmigte westliche Produkte herauszuschnüffeln. Ein besonders in der Weihnachtszeit mörderischer Job. Da Pauls Trefferquote 100% betrug, versetzte man ihn jedoch bald zur *Geheimen Forschungsgruppe NSDS (Nichtsozialistische Duftstoffe)*. Dieses bis jetzt so gut wie unbekannt gebliebene Forschungsprojekt verdient eine nähere Betrachtung. – Nachdem die Trauerzeit um den Genossen Ulbricht verstrichen war und der Genosse Erich Honecker die schwere Bürde seiner Ämter übernommen hatte, wehte in Kalamazonien bekanntlich ein milder Märzwind durch die Flure und Korridore. Neue Horizonte öffneten sich, unbekannte Ideen brachen über uns herein. Eine dieser Schnapsideen besagte, daß es ein vergebliches Unterfangen und ein sektiererischer Irrglaube sei, sich den Einflüssen der kapitalistischen Welt entziehen zu können. Man müsse ihnen vielmehr offensiv begegnen – gerade auch auf dem Gebiet der Gerüche. Von oberster Stelle kam die Anweisung, die Ursachen, Folgen (einschließlich der Spätfolgen) und vor allem die chemische Zusammensetzung des westlichen Geruchsstoffes zu ermitteln, um ihn selbst herstellen und allen Fabrikaten der volkseigenen Produktion beimengen zu können und damit unserem Gegner einen entscheidenden Vorteil bei der psychologischen Kriegsführung zu rauben. Um es vorwegzunehmen, dieses Projekt mußte scheitern. Weder die Chemiker noch Ofenhakens damals bereits als so gut wie unfehlbar geltendes Geruchsorgan konnten zweifelsfrei die Spezifik dieses Geruchs ermitteln. Wie ist er zu beschreiben, liebe Stube? Man kann all die Attribute aufzählen, die einem bei der Inhalation westlichen Aromas einfallen: sauber und frisch, herb, mild und kühl, distanziert, intim, verführerisch. Man kann die Dinge nennen, von denen dieser Geruch ausgeht. Vor allem Seifenpulver und verwandte kosmetische Artikel, aber auch Lebensmittel und Haushaltsgeräte, Kaugummikugeln, Autos und Wasserpistolen. Wenn man nach einem gemeinsamen Nenner sucht, fällt einem nur ein Wort ein, es riecht nach Westen. Nach Abendland, nach dem Ertrinken der Sonne im Meer.

Der Osten: Wenn man ehrlich ist, muß man sagen, er riecht überhaupt nicht, er stinkt. Er stinkt nach verfaulendem und frisch geborenem Leben, nach allem, was das pflanzliche und tierische Leben bei seinen Verwandlungsprozessen so produziert oder eine Industrie ausscheidet, die diese Prozesse auf vorsintflutliche Weise imitiert. Er stinkt organisch. Der Westen riecht nach anorganischer Chemie. Nach Technik, nach Synthese. Nach Polyamilchlorid, nach den Kunststoffschlangen, die aus den Rohren atlantischer Fabriken gespien werden. Er riecht nach Zukunft. Nach einem Leben, in dem es den Tod nicht mehr gibt und nicht mehr den Verwesungsgeruch.

Die Arbeit am Forschungsprojekt NSDS war endgültig in dem Moment gescheitert, als die westliche Warenwelt selbst über die Grenzen kam, teils von der kalamazonischen Regierung herbeigeschafft, teils in den Koffern der plötzlich zu Reisekadern avancierten Invaliden und Rentner. Im Jahr 1981 wurde die *Geheime Forschungsgruppe* NSDS aufgelöst, Paul Pawlowski zum Oberleutnant befördert und anschließend in die Geruchskonserven-Abteilung versetzt. Ein deprimierender Abstieg. Als Archivleiter verbrachte Pawlowski seine Tage in einem neonröhrensummenden Keller und stellte dessen Leiterregale mit Einweckgläsern voll, in denen die Geruchsspuren der Berliner Opposition lagerten. In welche Niederungen der kalamazonischen Geruchswelt war er da geraten! Unbeschreibliche Unterhosen bekam er unter die Nase, fußschweißverseuchte Einlegesohlen, von Tabakschnupfern braungesprenkelte Taschentücher, Monatsbinden aus dem Umkreis des Unabhängigen Frauenverbandes, nach Weihrauch und Haarwasser riechende Soutanen kirchlicher Würdenträger. Und all das mußte Pawlowski identifizieren, konservieren und bei Sondereinsätzen einem geifernden Schäferhund unter die Nase halten. War es demnach verwunderlich, daß sich der Genosse Pawlowski nach acht Dienstjahren und Geburt seines dritten Kindes (Paul hatte mit seiner Sekretärin eine Familie gegründet und war nach Hellersdorf gezogen) eines Tages fragte: Soll das alles gewesen sein? Soll ich ewig dreckige Socken riechen und in diesen Katakomben die Beschriftung von Etiketten an Einweckgläsern überwachen?

Paul Pawlowski stellte einen Antrag auf Versetzung in den Außendienst. Er wurde abgelehnt. Erst nach dem vierten Antrag und als er eine ärztliche Bescheinigung über eine Socken- und Unterhosenallergie vorlegen konnte, gab man seinem Drängen nach, und in Paul Pawlowskis Leben vollzog sich jenes Ereignis, von dem er bis heute nicht weiß, ob es ein Glück oder Unglück war. Aus dem Keller ging er auf die Straße, aus dem zukünftigen Hauptmann Pawlowski wurde der HIM Ofenhaken, zuständig für die Aufklärung der Künstler- und Malerkolonie in Berlin-Weißensee. Paul hatte sich selbst um die Bearbeitung des *OV Kaninchenstall* beworben; zum einen, weil die Schwester seines Vaters dort gelebt hat und er gute Erinnerungen an die Besuche im fast dörflichen Stadtbezirk bewahrte, zum anderen, weil er sich vom Umgang mit den Malern neue Inspirationen für sein Geistes- und Geruchsleben erhoffte. Doch wie verwirrend war es für Pawlowski, aus dem Konservenkeller in der Normannenstraße auf- und in das Berliner Stadtleben zurückzutauchen. Erst als er die Bekanntschaft mit einigen älteren Kontaktpersonen wieder angeknüpft und seine Ortskenntnisse aufgefrischt hatte, wagte er, sich dem Spürsinn seiner Nase zu überlassen und immer tiefer ins Gartenhausgewirr von Weißensee vorzudringen – bis in die Arme von Agnes Brennessel-Moosleitner.

Wer ist Agnes Moosleitner? Du kennst sie nicht, Stube, aber ich kann dir von ihr erzählen. Zum erstenmal sah ich sie, als sie zusammen mit ihrer holzschnitzenden Freundin Mira Kallenbach am Waldrand von Schmachtenhagen auftauchte und zu unserem Grundstück herüberkam, wo ich gerade den Tabakbambus jätete. Sie fragten nach meiner Frau, die war nicht da. Dann behaupteten sie, Henry Miller nackt im Walde gelesen zu haben. Armer Miller, schoß es mir durch den Kopf, allein in einem Bombentrichter mit den beiden Reffs, die sich von ihren langen Röcken und geblümten Blusen freimachen, um kostenlos ins Land Fick einzutreten, gelegen in

Amerika. Und die lange Agnes nimmt sich Henry vor und fängt an, die gekennzeichnete Passage zu lesen, wo er das Negerflittchen auf dem Schreibtisch der Kokkodämonischen Gesellschaft fickt, währenddessen spielt Mira an den Nippeln ihrer Titten und fährt mit ihrem dicken großen Zeh zwischen die Arschbacken von Agnes Moosleitner und dann weiter nach vorn, wo es feucht wird im dichten Busch, und im Schmachtenhagener Forst fangen alle Bäche an zu fließen. Und die Ameisen werden ganz verrückt, der Geruch zieht sie an, sie kommen in Heerscharen und fallen über das weiße Weiberfleisch im Bombentrichter her, und sie können ebenfalls ihren Saft nicht halten, und, wo sie können, beißen sie hinein ins saftige Fleisch, und die beiden Weiber springen auf und raffen ihre Sachen und rennen kreischend durch den Schmachtenhagener Forst und stehen eine halbe Stunde später im Garten, wo ich mich gerade auf den Spaten stütze und mir alles ausdenke.

«Wir haben Henry Miller nackt im Walde gelesen.» Dieser Satz hat dazu geführt, daß ich siebzehn Jahre lang kein Buch des Amerikaners angerührt habe. Ein Fehler vielleicht, doch wer Weißensee kennengelernt hat, wird meine Skepsis verstehen. Der gesamte Stadtbezirk war in jenen Jahren fest in der Hand von südkalamazonischen Landmädchen. Der Grund für die Anziehungskraft lag übrigens in der berüchtigten Kunstschule, die idyllisch neben einer Kunsthonigfabrik inmitten der Heinersdorfer Kleingärten liegt. Nebenbei gesagt, in beiden Objekten wurden ähnlich ungenießbare Sachen produziert, doch während die Berliner Arbeitermädchen frühmorgens lustlos und müde zu den Bändern in ihrer Kunsthonigfabrik pilgerten, war die Kunstschule voll mit Dorfschönheiten, welche ihre Scheußlichkeiten absolut freiwillig und mit eigener Hand produzierten. Aus allem, was hügelig war, kamen sie, aus dem Zittauer Gebirge, aus dem Vogtland, dem Erzgebirge, dem Thüringer Wald, dem Fläming und dem Ostharz. Es waren Töchter von Pastoren, Windmüllern und Kartoffelbauern, die ihre sämtlichen Berggeister mitbrachten. Mira beispielsweise, die älteste Tochter eines Mormonenhäuptlings, hatte die Kindheit in einem Lausitzer Umgebindehaus zusammen mit 23 Geschwistern und vier Müttern ein unerschöpfliches Reservoir schnitzbarer Dämonen beschert, einschließlich eines bärtigen, vergewaltigenden Vaters. Die meisten Künstlerinnen hatten runde Köpfchen mit roten Apfelwangen, braunen Haaren und braunen Augen; manche waren lang und knochig, andere untersetzt, mit Brüsten so groß wie Kohlköpfe. Zweifellos hätten sie im Mittelalter gute Hexen abgegeben, und auch zum Zeitpunkt, als der HIM Ofenhaken auftauchte, führten sie noch das Leben von Kräuterfrauen.

Wie bekannt ist, gab Weißensee dafür den richtigen Rahmen ab: mit all seinen zweistöckigen Vorstadthäusern, den Backsteinschuppen und Ställen, der Pferdeschlächterei in der Mussorgskistraße, den verwilderten Höfen und der alten Frommserfabrik neben dem jüdischen Friedhof. Hier konnten sie nach Herzenslust Katzen und Hühner füttern, Tomaten, Knoblauch und Sonnenblumen ziehen, ins Plumpsklo kacken, Mauern einreißen und Hochbetten für ihre mißratenen Kinder bauen, die sie sich um das dreißigste Lebensjahr herum anschafften und auf Namen wie Josef, Otto oder Hermine taufen ließen. Diese Monster, die sich bis zum elften Lebensjahr nur von Fliegen und ihrer eigenen Kacke ernährten, ähnelten sich allesamt auf fatale Weise, was nicht nur an der genetischen Verwandtschaft der Mütter lag, sondern daran, daß die Auswahl der zur Verfügung stehenden Väter sehr begrenzt war. Außer Mira, welche sich unter den im Schlachthof arbeitenden Mongolen bediente, teilten sich die Weißenseer Künstlerinnen in drei oder vier Liebhaber, welche keine andere Voraussetzung erfüllen mußten, als auf diese oder jene Weise etwas Besonderes zu sein. Ich erinnere mich an einen Zwerg namens Georgios mit Buckeln auf Brust und Rücken, welcher sich außerordentlicher Beliebtheit erfreute. An Hagen Kocinsky, den hyperleptosomen Mathematiker, der auf parapsychologischem Wege Ehrenmitglied eines südamerikanischen Indiostammes geworden war. Oder an einen jungen Rasputin aus Jüterborg, stotternd und bei jedem Sprechversuch so mit den Füßen ausschlagend, daß die Damen vor Entzücken fast ohnmächtig wurden.

Aber keiner, liebe Stube, konnte jenem Obermagier das Wasser reichen, der an einem mild bewegten Apriltag auftauchte und in jenem Frühjahr dafür sorgte, daß die meisten Weißenseer Nachkommen männlichen Geschlechts waren, eine riesige Nase, Glubschaugen und blonde Fusselhaare hatten.

Wie überrascht war der HIM Ofenhaken, als er zum erstenmal an einer Ateliertür klopfte und seine sorgfältig durchdachte Begrüßungsformel «Mein Name ist Paul Pawlowski, und ich bin von nun an für Ihren Schutz zuständig» aufsagte. Er stieß keineswegs auf die befürchtete Ablehnung, sondern die Malerinnen öffneten, nachdem sie den Herrn mit Schuhgröße 48 und dem formidablen Zinken im Gesicht erblickt hatten, weit ihre Türen, baten ihn auf das durchgesessene Ateliersofa, servierten ihm Hagebuttentee oder selbstgebrannten Slivowitz und entfesselten ein Gespräch über abstrakte und gegenständliche Kunst, Politik, Philosophie und die für Malerinnen so notwendigen Bildungsreisen ins westliche Ausland. An dessen Ende wurde er regelmäßig gefragt, ob er nicht bereit sei, Modell für eine kleine Aktskizze zu stehen, am besten sofort.

Seitdem tauchte Paul Pawlowskis fulminanter Pimmel mit der charakteristischen, etwas nach oben schielenden Eichel auf allen Aktdarstellungen der Weißenseer Malschule auf, egal ob sie nun einen olympischen Rückenschwimmer oder den am Kaukasus hängenden Prometheus darstellten. Zur Freude seiner Vorgesetzten war Ofenhaken binnen zwei Wochen der Hahn im Korb von Weißensee; doch seine Berichte wurden im Laufe der Zeit immer verworrener und schließlich reine Makulatur. Sämtliche ihm zur Observation anvertrauten Malerinnen lobte er über den grünen Klee, die Bulletins zur Lage waren voll von Auslassungen über die Notwendigkeit des Naturstudiums und des freien Reisens sowie der ökologischen Erneuerung unserer Großstädte (Anlegen von Dachgärten). Immer häufiger tauchte dabei der Name von Agnes Moosleitner als einer

Künstlerin auf, deren bedeutende Werke und bahnbrechenden Ideen über Kunst und Gesellschaft völlig unterschätzt würden.

Agnes war tatsächlich die Hohepriesterin der Weißenseer Szene. Sie zelebrierte den Kult von Natur, Kunst und Astrologie nicht aus Mode oder Gewohnheit, sondern aus tiefster Seele, welche ein phosphoreszierendes längliches Ding war, leicht behaart und nach Knoblauch, Minze und Oregano duftend. Paul Ofenhaken hatte das sofort erkannt, als er sie zum erstenmal in ihrem Atelier erblickte, die Hände tiefrot wie die von Salome nach der Enthauptung Johannes des Täufers. Sie experimentierte damals mit Pferdeblut und menschlichem Sperma. Pawlowski kam ihr dazu gerade recht, beim Anblick seiner Nase war ihr augenblicklich klar, daß die göttliche Fügung endlich einen zuverlässigen Rohstofflieferanten schickte, über Jahre hinweg und nicht nur an den Wochenenden. Agnes mußte keine kabbalistischen Formeln murmeln und betäubenden Getränke brauen, um Paul in ihren Bann zu ziehen – es genügte der Duft, der sie umgab. Schon im Treppenhaus der Pistoriusstraße 12 nahm er diesen so unbeschreiblichen, ihn in einen sanften Rausch versetzenden Geruch wahr, von dem er instinktiv wußte, daß nur er die Wunden seiner Seele heilen könnte, die ihm Einlegesohlen und Unterhosen einerseits und westliches Vanillepulver andererseits geschlagen hatten. Ein ewiger Duft, der über allen Systemen schwebte und doch so irdisch war: nach Knoblauch, Brennesseltee und Zwetschgenmus, nach Patschuli, getrockneten Pilzen, Brombeeren und

Sellerie, vermischt mit den wunderbaren Ausdünstungen von Ölfarbe, Terpentin, Firnis und Leim, welche den Malern ein so viel längeres Leben bescheren als den Schriftstellern.

Keine fünf Wochen dauerte es, und Paul lag Agnes auf ihren handgewebten Kelim-Teppichen zu Füßen, jeder Erinnerung an sein Weib und die drei Söhne in der Hellersdorfer Neubauwohnung beraubt und selbst die an seinen Führungsoffizier langsam verblassend. Weitere acht Monate dauerte es, und er windelte einen strammen Zehnpfünder mit großer Nase, stumpfgrauen Glubschaugen und noch dunklen Fusselhaaren. Die folgenden vierundzwanzig Monate waren zweifellos die produktivsten im gesamten Leben des Paul Pawlowski. Er zimmerte ein Hochbett für den kleinen Max, er durchbrach nach den Anweisungen von Agnes die Zimmerdecke zwischen drittem und viertem Stockwerk in der Pistoriusstraße 12 und verband sie durch eine Wendeltreppe; in der Pistoriusstraße 14 verwandelte er eine verkommene Bäckerei in ein Atelier mit Brennöfen für Keramik (und verschwand anschließend für zwei Monate unter der Erdoberfläche, um einen Tunnel zwischen Atelier und Wohnung zu graben); Pawlowski machte in den Heinersdorfer Rieselfeldern ein günstig erworbenes Grundstück urbar und errichtete darauf aus märkischer Kiefer ein Bauerngrundstück nach Skizzen, die Agnes in der Nähe von Batumi gefertigt hatte. Mit Erlaubnis des Kulturministeriums pflegte Agnes ihre Sommermonate nämlich in einem Zigeunerlager an der sowjetisch-türkischen Grenze zuzubringen, während in der

Zwischenzeit Pawlowski mit seinem Ebenbild im Brustwickeltuch durch die verödeten, staubigen Straßen von Berlin stapfte. Zur Belohnung schleppte Agnes ungefärbte Schafwollpullover heran, Teppiche, Knoblauchzöpfe, Säcke voller getrockneter Paprika und alle möglichen Sämereien, die sie, wo sie stand und ging, aus vollen Händen und mit verzücktem Kichern um sich streute. Weißensee wurde kaukasiert in jenen Jahren, das steht fest.

Doch auch diese Zeit ging vorüber. Zweiunddreißig Monate und zwei Tage nach seinem Einzug, als der kleine Max endlich laufen konnte und keine Windeln mehr brauchte, als das georgische Gehöft bezugsfertig war – fand sich Paul Pawlowski auf dem schmierigen Straßenpflaster Berlins wieder und bat um Wiederaufnahme in seine Neubauwohnung und in die Kampfgemeinschaft des Ministeriums für kalamazonische Sicherheit.

Vergebens. Es war inzwischen Herbst 1989 geworden, und dieser Herbst wurde Tag für Tag von einem tückischen Winter aufgefressen und rückstandslos verdaut, bis endlich, schon im Januar, eine Reihe makellos weißer Tage aufleuchtete. Paul Pawlowski hatte die Ereignisse der vergangenen Monate im Zustand völliger Betäubung an sich vorbeiziehen lassen. Er verstand nichts davon. Alles erschien ihm als absurde Filmgroteske, die gespielt wurde, um das einzig Wirkliche, seinen Schmerz, zu verhöhnen. Pawlowski war wie ausgeronnen, leer. Er lag auf einem Hotelbett in der Brunnenstraße, und da er nie das Trinken gelernt hatte, schluckte er Tabletten, und wenn er endlich in einen sackschweren Schlaf fiel, quälten ihn lange Träume, die ihn ebenso wie die Fernsehbilder verhöhnen wollten und in die hinein er immer wieder den Namen *AGNES* murmelte. Ab und zu ging er nach unten, um sich eine neue Pakkung Rudotel und etwas zum Beißen zu holen. Er wußte, was die vielen Leute da unten umtrieb, wußte, daß die Mauer immer klaffendere Löcher aufwies; doch nichts konnte ihn dazu bringen, seinen Weg zwischen Hotel und Ackerhalle zu verlassen, sich in das Gewimmel zu mischen und dem hin- und herwogenden Strom über die kalamazonische Grenze zu folgen. So rasch wie möglich kehrte er in sein Hotelzimmer zurück, vor allem, seitdem sich bei jedem seiner Gänge über die Straße bei ihm eine Erektion einstellte. Obwohl er unfähig war, etwas zu riechen, so wußte er doch: die Dinge des Westens waren in seine Welt eingefallen, und auch die Menschen selbst brachten den Geruch von ihren Ausflügen über die Grenze mit.

Zum erstenmal nahm Pawlowski diesen Geruch in jener Schneewoche im Januar wieder wahr; ja, durch die frostklare Luft begann er ihn bis in sein Zimmer hinein zu verfolgen, bis in seine tablettenvernebelten Träume. Auch wenn er sich nicht wusch und Ostzigaretten rauchte: dieser Geruch war stärker und würde nie mehr zu verdrängen sein. Es war der Geruch nach glatt gedrechselten Totenköpfen, nach Kaugummiautomaten, nach Sternen, blinkenden Flugzeugen und dem Schnee am Ende der Bernauer Straße.

Als Pawlowski nach einer sechs Tage dauernden und immer peinigenderen Erektion träumte, ein

Unbekannter hätte ihm in den Unterleib einen Stock gepflanzt (der zugleich sein eigener und ein fremder Penis war, den man in ihn bohrte), und in diesem Stock stäke ein Degen, den Pawlowski am Griff faßte und mitsamt dem Stock aus dem Leib zu ziehen versuchte, und er zog und zog so lange vergeblich, bis er schweißgebadet aufwachte, da kleidete er sich an und lief die Invalidenstraße vor in Richtung Westen. Es war Nachmittag und begann zu dämmern, die Stunde, in der die Leute von der Arbeit kommen und ihre Bewegungen leichter und gelöst werden. Pawlowski ging durch die Mauerlücke hinterm Naturkundemuseum, lief am Hamburger Bahnhof vorbei, folgte ein Stück der Spree, tauchte in den dunklen Tiergarten ein. Obwohl er noch niemals hier war, verirrte er sich nicht: Er brauchte nur seinem aufrecht stehenden Glied zu folgen. Es führte ihn durch Lampenalleen, an gefrorenen schmalen Wasserläufen entlang, über verschneite mondbeschienene Wiesen. Begleitet von dem über ihm schwebenden, wohlriechenden Goldengel auf der Siegessäule, gelangte er zu einer leeren Straße mit zerschossenen Marmorpalästen, über denen Schwärme von Krähen kreisten. Immer weiter führte ihn sein Schwanz, vorbei am Bahnhof Zoo mit seinen Geldwechslern und Schwarzhändlern, bis zum in der Dunkelheit strahlenden und duftenden Kurfürstendamm.

Paul Pawlowski ging wie im Traum in eine noch geöffnete Bank, zeigte, als er an der Reihe war, seinen Ausweis und ließ sich für hundert Ostmark einen nagelneuen Westhundertmarkschein geben. Wieder draußen, zog es ihn immer weiter den Kurfürstendamm entlang, bis er vor einer Passage stand, in deren Seitenschaufenster Hunderte von blitzenden Scheren, Messern, Gabeln und Beilen auslagen. Hier war der Geruch am stärksten. Er ging in den Laden. Pawlowski fragte die Verkäuferin, ob hundert Mark für ein Etui mit Solinger Küchenmessern ausreichten. Die Verkäuferin antwortete, sie könne ihm für 89,90 DM ein mittelgroßes Tranchiermesser anbieten. Paul Pawlowski kaufte es. Er tappte aus dem Laden und dann weiter in die Tiefe der Passage. An einer Ecke saß eine vermummte Alte inmitten eines Haufens von Plastiktüten, die sie wie eine schlafende Tierherde um sich geschart hatte. Sie roch wie der Inhalt einiger Gläser im Archiv; er ging rasch weiter bis zur nächsten Ecke. Pawlowski setzte sich hin, nahm das Tranchiermesser aus der Tasche und öffnete seine Hose. Er zögerte einen Moment und sah zu der Alten hinüber; doch die redete nur mit sich selbst, und als sein Blick schließlich auf den erhobenen Arm eines der Männer auf seinem Messer fiel, schloß er die Augen, hob ebenfalls die Hand und befreite sich mit zwei energischen Schnitten von dem furchtbaren Stock in seinem Leib. Eine rote Lache bildete sich auf den Fußbodenplatten. Alles um ihn wurde schwarz.

Als Paul Pawlowski wieder aufwachte, war alles um ihn herum weiß. Paul lag in einem Bett des ehemaligen Regierungskrankenhaus Berlin-Buch, heute eine Klinik der katholischen Lazarus-Stiftung. Zwischen Pauls Beinen steckte ein blutdurchtränkter Wattebausch. Wie bei einer Frau, dachte er. Er nahm ihn ab und sah die Wunde an: eine vernähte

Narbe. Wenn er jetzt ein neues Leben anfangen wollte, dachte er... Dann wurde er durch ein metallisches Klappern aus seinen Gedanken gerissen. In der Ecke neben dem Waschbecken stand ein Krankenpfleger mit dem Schieber in der Hand. Die Haare des Pflegers, die kreuz und quer standen wie ein Getreidefeld, in das der Wind gefahren ist, kamen Pawlowski bekannt vor. Nachdem er eine Weile den ungeschickten Bewegungen des Mannes zugesehen hatte, wußte er: Auch wenn er Weiß und kein Uniformgrün trug, konnte es sich hierbei nur um den Unterleutnant Hempel handeln. Als er den Schieber ausgespült hatte, sah Hempel in den Spiegel über dem Waschbecken, und als Pawlowski darin ein schiefes Lächeln auf Hempels Gesicht wahrnahm, wußte er, sie hatten sich erkannt.

# Inhalt

aktuell ESSAY

Peter–Jürgen Boock
**Schwarzes Loch im Hochsicherheitstrakt**
(aktuell 12505)
«Mein Bericht über die Hochsicherheitshaft ist parteiisch und soll es auch sein. Hochsicherheitshaft zerstört Menschen, ihre Psyche wie ihre Physis, dazu kann es keine "neutrale" Position geben.
*Jürgen–Peter Boock*

István Eörsi
**Erinnerung an die schönen alten Zeiten**
(aktuell 12990)
1956, nach dem ungarischen Volksaufstand, wurde István Eörsi, Anhänger von Imre Nagy und Schüler des später verfolgten Georg Lukács, verhaftet. Dreißig Jahre danach erinnert er sich ...

Alain Finkielkraut
**Die Niederlage des Denkens**
(aktuell 12413)

Robert Havemann
**Die Stimme des Gewissens** T*exte eines deutschen Antistalinisten*
(aktuell 12813)
Vom Volksgerichtshof unter Freisler zum Tode verurteilt, als Leiter des Kaiser-Wilhelm-Instituts in Berlin-Dahlem fristlos entlassen, in der DDR seiner Ämter enthoben und aus der Partei ausgeschlossen - Robert Havemann war ein unbequemer Zeitgenosse für das SED-Regime.

Hans-Jürgen Heinrichs
**Inmitten der Fremde** *Von In- und Ausländern*
(aktuell 13219)

Gunter Hofmann
**Willy Brandt** – *Porträt eines Aufklärers aus Deutschland*
(aktuell 12503)
«Willy Brandt war kein Held. Und er ließ das erkennen. Er war sich seiner selbst nicht ganz sicher. Politiker mit Schwächen kannte man, aber wenige, die sie zeigten. Er habe gelernt, "an die Vielfalt und an den Zweifel zu glauben", gestand er, als ihm der Friedensnobelpreis verliehen wurde.»
*Gunter Hofmann*

Karl Otto Hondrich
**Lehrmeister Krieg** *Essay*
(aktuell 13073)

Claus Leggewie
**Alhambra - der Islam im Westen**
(aktuell 13274)
Der Autor zeigt, daß die allenthalben spürbare Angst vor dem Islam weitaus gefährlicher ist als dieser selbst. Europas Moslems wollen keinen Gottesstaat, sondern einen reformierten Islam, der die Kluft zwischen Orient und Okzident einebnet.

rororo aktuell

aktuell ESSAY

Wolfgang Huber
**Protestantismus und Protest**
*Zum Verhältnis von Ethik und Politik*
(aktuell 12136)
«Der christliche Glaube ist so politisch, wie er persönlich ist. Er betrifft die äußeren Lebensverhältnisse, wie er das Innere der Menschen verwandelt. Er hat es mit dem Frieden der Staaten ebenso zu tun wie mit dem Frieden der Herzen. Denn er betrifft den ganzen Menschen. Wer ihn zu einem abgesonderten Lebensbezirk macht, verurteilt ihn zur Bedeutungslosigkeit.»
*Wolfgang Huber*

Ivan Illich
**$H_2O$ und die Wasser des Vergessens**
(aktuell 12131)

Rudolf zur Lippe
**Freiheit die wir meinen**
(aktuell 12900)
«Der gescheiterte Sozialismus hinterläßt ein erschreckendes Erbe. Die westliche Freiheit muß ganz neu ihren Aufgaben gerecht werden. Wie können wir ihre Werkzeuge tauglich machen, um den Erwartungen zu entsprechen und nicht länger Natur und Geschichte zu zerstören?»
*Rudolf zur Lippe*

Thomas Meyer
**Fundamentalismus Aufstand gegen die Moderne**
(aktuell 12414)
**Was bleibt vom Sozialismus?**
(aktuell 12898)
«Das Ende des Kommunismus kann keinen Sozialismus, der sich ernst nimmt, unberührt lassen. Was ansteht, ist eine neue Kritik des Sozialismus.» *Thomas Meyer*

3113/2a

rororo aktuell

Adam Michnik
**Der lange Abschied vom Kommunismus** *Essay*
(aktuell 13072)

Michael Lukas Moeller
**Der Krieg, die Lust, der Frieden, die Macht** *Essay*
(aktuell 13175)

Bahman Nirumand
**Leben mit den Deutschen** *Briefe an Leila*
(aktuell 12404)

Chaim Noll
**Nachtgedanken über Deutschland**
*Essay*
(aktuell 13120)

Richard von Weizsäcker
**Die politische Kraft der Kultur**
(aktuell 12249)
«Kultur ist das eigentliche Leben. Kultur ist kein Vorbehaltsgut für Eingeweihte, sie ist vielmehr unser aller Lebensweise. Sie ist folglich auch die Substanz, um die es in der Politik geht.»
*Richard von Weizsäcker*